oo1fn Foto: ih

Ildikó Hámos, Ilari Sohlo
KulturSchock Finnland

„Mieti tarkkaan, matkamies, mikä onkaan sinun ties."
(Überlege dir gut, Reisender, welchen Weg du wählst.)

finnisch-karelisches Sprichwort

Impressum

Ildikó Hámos, Ilari Sohlo
KulturSchock Finnland

erschienen im
Reise Know-How Verlag Peter Rump GmbH
Osnabrücker Str. 79
33649 Bielefeld

1. Auflage 2005

Gestaltung
Umschlag: Günter Pawlak (Layout)
Inhalt: Günter Pawlak (Layout), Anna Medvedev (Realisierung)
Abbildungen: Ildikó Hámos

Lektorat
Andrea Buchspieß

Druck und Bindung: Ebner & Spiegel, Ulm

ISBN 3-8317-1291-3
Printed in Germany

Dieses Buch ist erhältlich in jeder Buchhandlung Deutschlands, der Schweiz, Österreichs, Belgiens und der Niederlande. Bitte informieren Sie Ihren Buchhändler über folgende Bezugsadressen:

Deutschland
Prolit GmbH, PF 9, D-35461 Fernwald (Annerod) sowie alle Barsortimente
Schweiz
AVA-buch 2000, Postfach, CH-8910 Affoltern
Österreich
Mohr Morawa Buchvertrieb GmbH, Sulzengasse 2, A-1230 Wien
Niederlande, Belgien
Willems Adventure, Postbus 403, NL-3140 AK Maassluis

Wer im Buchhandel trotzdem kein Glück hat, bekommt unsere Bücher auch über unseren **Büchershop im Internet: www.reise-know-how.de**

Wir freuen uns über Kritik, Kommentare und Verbesserungsvorschläge.

Alle Informationen in diesem Buch sind von den Autoren mit größter Sorgfalt gesammelt und vom Lektorat des Verlages gewissenhaft bearbeitet und überprüft worden.

Da inhaltliche und sachliche Fehler nicht ausgeschlossen werden können, erklärt der Verlag, dass alle Angaben im Sinne der Produkthaftung ohne Garantie erfolgen und dass Verlag wie Autoren keinerlei Verantwortung und Haftung für inhaltliche und sachliche Fehler übernehmen.

Der Verlag sucht Autoren für weitere KulturSchock-Bände.

Ildikó Hámos, Ilari Sohlo

KulturSchock Finnland

Inhalt

Einbahnstraße oder Gegenverkehr? Als Fremder in Finnland 226

Anhang 238

Exkurse zwischendurch

Vorwort

In diesem Buch geht es nicht um Restaurants und Hotels. Es geht um eine Nation und ihr Land und wie das Land und seine geopolitische Realität seine Bewohner geformt hat. Manche ihrer Verhaltensstrukturen und Denkweisen mögen streng oder eigenartig erscheinen, andere erfrischend innovativ. Für den Reisenden, der das Land von innen erfahren will, gibt dieses Buch Antworten auf einige dieser verwirrenden Eindrücke, die die Einwohner Finnlands für manchen mitteleuropäischen Geist so unzugänglich erscheinen lassen. Wir dürfen jedoch nicht vergessen, dass dieses Land verschiedene geographisch und kulturell unterschiedliche Gebiete und ethnischen Gruppen beheimatet, wie dem aufmerksamen Leser nicht entgehen wird: Indigene Saamen, Karelier, Schweden, Roma, Russen, Tataren und Finnen haben möglicherweise unterschiedliche Weltanschauungen, die von ihrer ethnischen Identität abhängen.

Haben Sie nach einer Reise je Rückblenden erlebt, die wie unbewegte Bilder vor Ihrem geistigen Auge erscheinen? Diese Rückblenden können von belanglosen Situationen ausgelöst werden. Eine vertraut wirkende Kaffeetasse auf einem Tisch, ein bekannter Gesichtsausdruck auf einem unbekannten Gesicht. Rückblenden bringen uns in eine andere Zeit, an einen anderen Ort. Geben Sie sich dem Gefühl hin und lassen sich tragen, so gelangen Sie vielleicht an bezaubernde Orte. Vielleicht ist es nur ein schmutziger Tisch in einem verrauchten Lokal, wenn die Mosaikstücke plötzlich Sinn machen und dann beginnen Sie zu *verstehen.*

Für uns werden diese Rückblenden meist von Gerüchen ausgelöst. Auf unseren Reisen haben wir im Laufe der Zeit festgestellt, dass wir unterschiedliche Länder mit bestimmten Gerüchen verbinden. Der bittersüße Duft von geröstetem Mais in Mexiko, der durchdringend süßliche, benebelnde Geruch indischer Nag-Champa-Räucherstäbchen oder das leicht vermoderte, nasskalte Aroma englischer Vorstadthäuser – sie alle verbinden wir mit bestimmten, persönlichen Auslandserlebnissen. Haben wir uns einmal den Duft eines frisch gebackenen Baguettes, auf dem ein Stückchen Brie langsam die Geheimnisse eines sorgfältigen Reifungsprozesses preisgibt, als typisches Frankreich-Bukett eingeprägt, so ist auch nur die kleinste ähnliche Duftnote eine Sekundenreise nach Frankreich, in eine Welt voller Farben, Klänge und Erinnerungen.

Je fremder die Kultur ist, desto fremder sind auch alle ihre Klänge, Ansichten und nicht zuletzt Gerüche. Steigen wir in New Delhi aus dem Flugzeug, so wird uns auch mit verbundenen Augen und Ohren sofort klar sein, dass wir uns auf fremden Terrain befinden. In Helsinki jedoch werden wir uns mit allen unseren Sinnen davon überzeugen müssen, dass wir nicht in Wien oder Berlin aus dem Flugzeug gestiegen sind. Und genauso wie sich das Finnland-Aroma nicht ohne weiteres sofort erkennen lässt, unterscheidet sich die finnische Kultur auf den ersten Blick nicht sehr von der deutschen. Es braucht Zeit, Geduld und Offenheit, um Finnland in seiner Besonderheit zu erfassen. Wir müssen schon ein bisschen an der Oberfläche kratzen, um in die finnische Duftwelt Eingang zu finden. So entfaltet sich in kleinen roten Blockhütten mitten im Wald, wenn das Tannenholz im Saunaofen knistert und der See wie eine dunkelgrüne Scheibe zwischen den Birken hervorschimmert plötzlich unser Finnlandaroma, das wir sofort als solches erkennen: rauchiger Baumteer vermischt mit erdigem Kaffeeduft und dem Aroma zerstampfter Birkenblätter.

Das ist unser Finnland. Dieses Finnland wollen wir dem Leser hier vorstellen, so wie wir es kennen, lieben und verwundert betrachten. Und weil dies unser Bild von Finnland ist, kann dieses Buch kaum Anspruch auf Objektivität erheben. Jeder Mensch erlebt die Wirklichkeit von seinem eigenen Blickwinkel aus. Die Eindrücke und Geschichten, die in die folgenden Seiten Eingang gefunden haben, spiegeln weder Allgemeingültigkeit noch Vollständigkeit. Wir hinterfragen hier Tatsachen des finnischen Alltags, bieten geschichtliche Fakten und versuchen, daraus einen Ansatz dafür zu finden, warum Finnland so ist, wie es ist. Was hat die Finnen zu dem gemacht, was sie heute sind? Wir blicken hinter die Kulissen und deuten Zeichen. Dabei kommen wir zu Ergebnissen und Erklärungen, die uns unser Finnland besser begreifen lassen.

Die Kapiteleinteilung des Buches macht es notwendig, dass wir hie und da auf schon zuvor Beschriebenes verweisen, beziehungsweise es wiederholen. Wir tun dies, damit der Leser ohne ständiges Referenzlesen einzelne Kapitel auch unabhängig von den anderen Kapiteln lesen kann.

Dieses Buch ist ein Zusammenspiel von Eigenem und Fremdem. Während sich die Autorin in zahlreichen Finnlandaufenthalten und dem Erlernen der Sprache ein Bild von Land und Leuten gemacht hat, ist der Zweitautor gebürtiger Finne, der einen großen Teil seines Lebens außerhalb seiner Heimat verbracht hat. Aus diesen beiden unterschiedlichen Standpunkten heraus untersuchen wir das Land und versuchen, ein ausgewogenes Ganzes zu bieten. Das Buch ist kein Reiseführer, sondern versucht, die Gesamtheit Finnlands mit geweitetem, großzügigen Blick wahrzunehmen und darzustellen. Der Leser selbst wird anhand seines eigenen Finnlanderlebnisses feststellen müssen, ob er unser Angebot an Erklärungen und Deutungen annimmt. Sie selbst, lieber Leser, werden beurteilen, ob Birkenduft, Baumteer und Kaffeearoma auch Ihr Finnland ausmachen.

Ildikó Hámos und Ilari Sohlo

Kulturschock, wie wir ihn sehen

Auslandsreisen und längere Aufenthalte in fremden Ländern reißen uns aus dem gewohnten Bereich heraus und zwingen uns zur Beschäftigung mit dem Neuen, Fremden. Es gibt freilich verschiedene Strategien, mit denen man das Zusammentreffen mit Ungewohntem bewältigen kann. Manche suchen nach Ähnlichkeiten. Nach dem Grundsatz „Erkennen ist Vergleichen" versuchen sie festzumachen, unter welchen Umständen ähnliche Umgangsweisen in verschiedenen Ländern ähnliche Ergebnisse zeitigen. Vergleiche mit dem eigenen Heimatland sind hierbei genauso nützlich, wie das Ziehen von Parallelen zu anderen, zuvor kennen gelernten fremden Ländern. Diese Art der Beschäftigung ist oft eher passiv und sucht im eigenen Selbst nach Antworten.

Andere stürzen sich sofort ins kalte Wasser und beschäftigen sich eingehend mit dem Befremdlichen – den Teilen der unbekannten Kultur, die ihnen am eigenartigsten und unverständlichsten erscheinen. Durch Fragen, Beobachten und aktives Nachforschen versuchen diese Neugierigen, den Dingen auf den Grund zu gehen. Wieder andere mischen diese zuvor genannten Strategien oder lehnen sich zurück und lassen die Kultur auf sich wirken, indem sie versuchen, nicht sofort zu interpretieren und zu beurteilen. Keiner dieser Zugänge ist schlechter oder besser als der andere – es soll hier beileibe keine Rangliste aufgestellt werden.

Ein jedes Auslandserlebnis ist auch ein Spiegel der eigenen Person. Wir lernen durch Reisen über den Umweg des Fremden eigentlich uns selbst besser kennen. Wie reagieren wir auf Fremdes? Was ist uns selbst wichtig? Wie weit sind wir bereit, uns der fremden Kultur zu öffnen? Dies alles sind Fragen, die uns oft erst dann durch den Kopf gehen, wenn wir Ungewohntes zu Gesicht und Ohren bekommen. Folgen wir diesem Pfad, so wird alles, was seltsam, befremdlich, und manchmal sogar sinnlos erscheint, interessant. Denn jeder Stolperstein einer fremden Welt zeigt uns unsere eigenen Grenzen auf, die wir somit Gelegenheit haben zu durchbrechen.

Eine fremde Kultur muss nicht aktiv schockieren, damit wir das Phänomen des Kulturschocks erleben. Das Erfahren des Anderen, das Gefühl, das dabei hervorgerufen wird und der Versuch einer Interpretation – all dies sind Prozesse, die dem Kulturschock zugeordnet werden können. Gefühlsmäßige Hochzustände können sich hierbei mit Ablehnung, Unverständnis und Verstimmung abwechseln. In jedem Menschen bildet der Ablauf eines Kulturschocks einen eigenen Takt und ein bestimmtes Muster, das von vielen Faktoren abhängt. Wie wir uns alle voneinander unterscheiden, so unterscheidet sich auch das Erleben eines Kulturschocks von Mensch zu Mensch.

Das finnische Wort für Widerspruch ist *ristiriita,* eine Wortzusammensetzung aus *risti* („Kreuz“) und *riita* („Streit“). Dieses Wort ist ein passendes Bild für das, was bei einem Kulturschock passiert. Um Gemeinsames zu erleben, müssen sich zwei Kulturen treffen und aufeinander einlassen. Ihre Wege müssen sich kreuzen. Dort, wo sie einander berühren, passiert etwas. Diese Berührung kann Unverständnis hervorrufen und ein Gefühl des Unbehagens initiieren. Zwei Menschen ziehen, um die selbe Sache zu erreichen, in verschiedene Richtungen. Ein Kreuz-Streit ist geboren. Ein solcher Widerspruch muss jedoch nicht unbehandelt in der Luft hängen bleiben. Durch Beschäftigung, Gespräch und Beobachten kann das Unbehagen in Verständnis und Wohlgefühl umgewandelt werden. So lernen wir, eine Kultur, ein fremdes Land in seiner Relativität zu erkennen.

Danksagung

Unser persönlicher Dank gilt unseren Eltern Julianna und Árpád Hámos, sowie Heli und Jorma Sohlo, die unsere Arbeit finanziell und geistig unterstützt haben.

Weiterer Dank geht an Soziodrama-Trainerin Terttu Kuusela, Mobilist und Jäger Pekka Alasalmi, Finnischlektorin Anja-Leena Holtari, Wildnisführer/Geschäftsmann/Jäger/Fischer Martti Ahtinen, Kunstlehrerin Anna und Geschäftsmann JP Metsävainio, Sprachlehrerin Riia und Forscher Urpo Lamminmäki, Musiker Mika Kuokkanen, Geschäftsmann und Redakteur Jacob Matthan, Babyschwimmlehrerin Gisela Tauriainen, Projektleiterin Bärbel Fink, Studentin Meri Juvonen und Künstler Kamu Tembo.

003fn Foto: ih

NATÜRLICHE GEGEBENHEITEN

Finnland ohne Wald wäre wie ein Bär ohne Fell.
(Finnisches Sprichwort)

Seen und Rentiere: Flora, Fauna, Topographie und ihr Einfluss auf die Bevölkerung

Die finnische Seele ist eng mit der Natur des Landes verbunden. Viele Finnen leben unmittelbar mit der Natur zusammen, nützen sie und schützen sie und sie ist ein fester Bestandteil ihres Lebens. Die fünf Millionen Einwohner besitzen eine halbe Million Ferienhäuschen auf dem Land, meist mitten im Wald – allein daran kann man wohl die Naturverbundenheit schon ablesen.

Wald, Fels und Wasser, das sind die drei Hauptbestandteile finnischer Natur und dies oft in einer unberührten Wildheit, die viele vermeintlich einsiedlerische Ausflugsgebiete Mitteleuropas erblassen lässt. 65 Prozent

Die Hügellandschaft des Koli in Nordkarelien

der Landesfläche ist von Wald bedeckt – das ist mehr **Waldfläche,** als die meisten europäischen Länder besitzen. Der Rest ist eine Mischung aus landwirtschaftlichen Nutzflächen, Straßen und Brachland wie Sandstrände und Moore.

Finnland liegt zwischen dem 59. und 71. Breitengrad. Es ist ein nordisches Land, dessen **Klima** aber durch den Einfluss des Golfstroms gemildert wird. So ist auch in Finnlands Breiten noch Ackerbau möglich, wenn auch die Voraussetzungen dafür ungünstiger sind als in Mitteleuropa.

Finnen spazieren tagtäglich auf den ältesten Felsen Europas umher; diese zählen nämlich mitunter an die 29 Millionen Jahre. Die Bodengestalt des Landes ist noch vor der letzten **Eiszeit** vor 10.000 Jahren entstanden; die Erosion von Jahrmillionen schliff schroffes Gestein und raue Berge zu flachen, weichen Konturen ab. Als sich die Kälte zurückzog, hob sich das von dem Gewicht des Eises befreite Land über das Wasser: Tausende von Seen und Inseln wurden geboren und gestalteten die zerklüfteten Schärengebiete und die Seenlandschaft. Das reißende Schmelzwasser führte alles lose Material mit sich und schüttete kleineres Gestein zu zahllosen Moränen auf.

Die Nachwirkungen der letzten Eiszeit sind auch heute zu spüren: Noch immer atmet das Land nach dem ungeheuren Druck des Eises auf und hebt sich aus dem Wasser. Die Trockenfläche Finnlands wächst jedes Jahr um rund sieben Quadratkilometer. So entstehen immer wieder neue **Inselgruppen** und erweitern vor allem die Südwestküste, die flach und zerklüftet ist. Hier ist dem Land ein Archipel von rund 17.000 Inseln und Schären vorgelagert. Die Ålandinseln weiter westlich bilden einen eigenen Archipel. Etwa 95.000 Inseln glauben fleißige Finnen in ihren Hoheitsgewässern gezählt zu haben.

Einen weltweiten Spitzenplatz nimmt Finnland aufgrund der Anzahl seiner **Seen** ein. 187.888 Seen gibt es, und in dieser Zahl sind bloß die größeren, mindestens 500 m^2 großen enthalten. Würde man jede Pfütze mitzählen, wäre die Zahl wohl noch um einiges größer. Auf der Landkarte stechen die blauen Flächen im Südosten und in Mittelfinnland gleich ins Auge – dieses Gebiet nennt sich **finnische Seenplatte.** Will man dieses Gebiet durchreisen, muss man sich auf teilweise sehr lange Busfahrten einstellen: Beträgt die Luftlinie zwischen zwei Punkten in diesem Gebiet nur einige Kilometer, so muss der Busfahrer dennoch einen kurvenreichen Umweg um die smaragdenen Seen einlegen. Das größte Seengebiet ist der **Suur-Saimaa** mit seinen 4400 km^2, das nach Saimaa, dem Hauptsee

Der Felsuntergrund in Finnland ist einer der ältesten der Welt des Gebietes, benannt wurde, der gleichzeitig auch der größte See Europas ist. Sehr tief sind die finnischen Seen allerdings nicht: durchschnittlich etwa sieben Meter, allerhöchstens knapp hundert Meter. Trinkwasserqualität wird noch immer vielen dieser Seen attestiert – vor allem im Norden darf man unbesorgt aus dem kühlen Nass schöpfen. Im Südosten des Landes sind die Seen häufig auch durch Flussläufe und Kanäle miteinander verbunden, was den Holztransport wesentlich erleichtert. In einem normalen finnischen Winter frieren die Seen zu und oft sind auch der Bottnische Meerbusen im Westen und der Finnische Meerbusen im Süden mit einer dicken Eisschicht bedeckt, auf der Personenkraftwagen fahren können. Ab 40 cm Eisdicke trägt die ungewöhnliche Fahrbahn sogar Lkws.

Finnland ist kein Gebirgsland. Viele **flache Hügel** bis zu 100 Metern Höhe bedecken das Land und verleihen ihm eine sanfte, weibliche Struktur. Daher und von der Form auf der Landkarte kommt auch die Bezeichnung „finnisches Mädchen", mit der die Finnen gern ihr Land titulieren. Nur im Norden, im „Arm", den das finnische Mädchen zwischen Norwegen und Schweden ausgestreckt hält, findet man höhere **Berge,** von denen der höchste der Halti mit 1328 Metern ist.

009fn Foto: ih

Energieressource Wald

Der Wald ist einer der Stützpfeiler der finnischen Gesellschaft, nicht nur in wirtschaftlicher Hinsicht, sondern auch geistig. Eine starke emotionale und **mythische Beziehung zum Wald** war typisch für alle Völker des Nordens, deren Überleben von den Produkten und Bewohnern des Waldes abhing. Davon legt Zeugnis ab, dass *Tapio,* der Gott des Waldes, ein Hauptgott der frühen Bewohner Finnlands war.

Ein anderer Beweis für die große Bedeutung von Wald und Bäumen ist der **Weltenbaum,** der in der finnisch-ugrischen Gesellschaft ein Pfeiler des geistigen Lebens war. Die finnischen Stämme bauten ihre Häuser als Miniaturausgaben des Universums: In der Mitte stand ein starker Holzträger, der den Weltenbaum repräsentierte, wie er in der schamanistischen Tradition als Symbol für ein komplexes Weltbild gilt. Auch heute noch machen sich Rudimente des Weltenbaumes in der finnischen Kultur bemerkbar: Sowohl der Maibaum in schwedischsprachigen Gebieten des Landes als auch der Tanz um das Mittsommerfeuer weisen auf seine einstige Existenz hin.

Heute ist das Verhältnis der Finnen zum Wald freilich distanzierter, dennoch wird in Finnland der Wald zu **Erholungs- und Sportaktivitäten** gerne genutzt und ist aus dem Alltagsleben nicht wegzudenken.

Holz ist schon seit Jahrhunderten eine der wichtigsten Ressourcen des Landes. **Baumteer,** der beim langsamen Verbrennen von Holz gewonnen wird, war schon im 17. Jahrhundert ein bedeutendes Handelsgut. Die Stadt Oulu an der nördlichen Westküste war im 17. Jahrhundert der wichtigste Exporteur von Baumteer auf der ganzen Welt. In der Zeit von Holzschiffen war Baumteer in militärischer Hinsicht von großer Bedeutung, weil man damit die Fugen der Holzplanken abdichtete.

Der Großteil der finnischen Wälder gehört der **borealen (nördlichen) Nadelwaldzone** an. Wälder vom Typ des mitteleuropäischen Laubwaldes gibt es nur an der Süd- und Südwestküste. Mit Ausnahme der Birke überwiegen in Finnland die Nadelbäume. Fichten und Kiefern sind die typischen Vertreter dieser Baumgruppe und dunkle Nadelwälder werden bis in den hohen Norden hinauf von den hellen Birken aufgeheitert. Größeres Unterholz gibt es kaum, auf dem oft sandigen Boden gedeihen aber Beerensträucher sehr gut. Neben den auch in Mitteleuropa bekannten Preisel- und Heidelbeersträuchern gibt es in Finnland in reicher Fülle Moos- und Multbeeren (auch Moltebeere oder arktische Sumpfbeere genannt) sowie einige weitere Beerenarten, die alle in der finnischen Küche verwendet werden. Pilze sind ein weiteres Geschenk der Wälder, das gern gesammelt und verschmaust wird.

Im hohen Lappland geht der nördliche Nadelwald schon in die arktisch-alpine **Tundra** über. Hier wechseln sich gegen Norden immer spärlicher werdende Nadelwälder mit Moorgebieten ab.

Finnlands Tierwelt

Von der Waldlandschaft ist auch die Fauna geprägt, die zum paläarktischen Typus gehört. Großwild wird in Finnland vom Gesetz geschützt und diesen Maßnahmen ist es zu verdanken, dass sich so manche Bestände erholt haben.

Das heißt natürlich nicht, dass **Wilderei** nie stattfindet. Die finnische Verfassung schützt Rentierbesitzer, weil die Rentierhaltung eine traditionelle Erwerbsart des Landes ist. Dies bedeutet auch, dass nach jedem von einem Raubtier gerissenen Ren dem Halter eine Abfindung vom Staat gezahlt wird. Erfahrungsgemäß begnügen sich die Rentierhalter jedoch damit nicht: Vermeintlich „schuldige" Bären und Wölfe werden erwildert. In den großen Waldgebieten finden staatliche Förster oft nur noch Blutspuren und Fellreste als Hinweise auf solche Aktionen. Die Existenz von steuerfreien Motorschlitten erleichtert den Rentierhaltern die Jagd auf herdenbedrohende Wildtiere und deren illegalen Abschuss außerordentlich.

Ungefähr 65 Säugetierarten gibt es in Finnland und fast alle der **350 Vogelarten** ziehen im Herbst in den Süden. Die größten Greifvögel des Landes, die See- und Steinadler, haben sich heute nach fast völliger Ausrottung wieder erholt.

Das größte in Finnland lebende Tier ist der **Elch,** der gern in sumpfnahen Gebieten lebt. Er hat sich in den letzten 30 Jahren derart vermehrt, dass sich der Elchbestand vervierfacht hat. Der Staat greift ein, um das natürliche Gleichgewicht wieder herzustellen: 40.000 Abschussgenehmigungen für Elche werden jährlich erteilt. Außerdem ereignen sich im Jahr durchschnittlich mehr als 2000 Elchunfälle in Finnland, die 5 bis 10 Menschen das Leben kosten – und 2000 Elchen.

Rentiere sind vor allem in Lappland zu finden und das unglücklicherweise nicht selten um und auf Autostraßen, was häufig zu Unfällen führt. Für finnische Autofahrer gibt es eine eigene Versicherungsrubrik, die sich *hirvi-palo-kolari* nennt, also „Hirsch-Brand-Unfall", und diese versichert das Fahrzeug gegen einen Zusammenstoß mit einem großen Vierbeiner, typischerweise einem Elch oder Rentier. Die Rentierzüchter wiederum schneiden bei solch einem Unfall, der für die Rentiere in fast allen Fällen tödlich ausgeht, gar nicht so schlecht ab: Der Staat zahlt ihnen für jedes Tier eine saftige Abfindung.

Rentiere ernähren sich von Bodenbewuchs, Flechten, Moosen und Pilzen und gehören trotz ihrer halbwilden Lebensweise Züchtern, die sie auf weiten Gebieten umherstreifen lassen. Nur zweimal im Jahr werden sie zusammengetrieben, um die zur Schlachtung bestimmten Tiere von den Jungtieren und gebärfähigen Weibchen zu trennen. Solch eine Rentierscheidung ist mit einem Fest und Jahrmarkt verbunden. Dies passiert im Herbst. Im Sommer werden Jungtiere, die ihren Müttern nachtrotten, mit Ohrenmarken oder -kerben als der Herde zugehörig gekennzeichnet. Waldrene, also völlig wilde Rentiere gibt es seit den 1950er Jahren wieder, nachdem sie Anfang des 20. Jahrhunderts von Jägern ausgerottet worden waren und später über die Grenzen wieder nach Finnland einwanderten. Die neue Population umfasst an die 2400 Tiere, und sowohl diese, als auch die Zuchtrentiere dürfen nicht bejagt werden.

Der **Braunbär** ist in Finnland verbreitet und sein Bestand wächst Jahr für Jahr auch aufgrund der strengen Abschussregelungen. **Wölfe** sind wahre Grenzgänger und wandern in harten Wintern aus Russland nach Finnland herüber. In der letzten Zeit haben sich die Wölfe bedeutend vermehrt; so lebten im Jahr 2003 schätzungsweise 150 Wölfe in Finnland, die immer wieder Hunden, Rentieren und Schafen gefährlich wurden.

Luchse, Füchse und Vielfraße finden ihr Auskommen ebenfalls in den Wäldern. Der Luchs ist die einzige frei lebende Wildkatzenart, die in Finnland heimisch ist. Seit 1968 steht er unter Naturschutz und heute kann das Land auf einen Bestand zwischen 400 und 800 Luchse stolz sein. Der Polarfuchs erträgt große Kälte und lebt ganz im Norden des Landes. Auch er ist stark geschützt.

Eine echte Seltenheit und finnische Spezialität ist die **Ringelrobbe,** die im verzweigten Seensystem des Saimaa lebt. Nur 250 Exemplare gibt es und das macht dieses Tier zu einem der gefährdetsten in Europa.

Lemminge, kleine mausartige Säugetiere, treten in den nördlichsten Teilen des Landes zu bestimmten Zeiten in großer Zahl auf. Sie wandern zwischen Sommer- und Winterfressgebieten und haben eine stark schwankende Population. In Spitzenjahren, ca. einmal in 30 Jahren, trifft man sie in Lappland auf Schritt und Tritt.

Flughörnchen, die in Europa äußerst selten sind, sieht man immer wieder auf ihrem Brückenschlag zwischen zwei Bäumen.

Die Gewässer Finnlands sind voll von **Fischen.** Für rund 70 Arten bieten die klaren Seen einen idealen Lebensraum: Forelle, Renke, Äsche, Barsch, kleine Maräne, Zander und Hecht sind die typischen Fische in finnischen Seen; Hering, Dorsch und Makrele werden an den Meeresküsten gefangen. **Krebse** gehören zur sommerlichen Küche dazu, allerdings sind sie heute nicht mehr annähernd in solchen Mengen vorhanden wie früher.

Zum traditionellen Krebsessen kommen heute meist importierte, sündhaft teure Exemplare auf den Tisch.

Ohne Zweifel ist ein Tier jedem Finnlandreisenden bekannt: die **Mücke.** Dieses blutrünstige Insekt tritt vor allem an warmen Sommertagen in Gewässernähe auf und macht den Touristen zu schaffen – die Einheimischen sind meist längst immun gegen sein Gift. Früher verwendeten die Jäger Birkenholzteer, das sie sich als Schutz gegen die kleinen Biester auf die Haut schmierten. Glücklicherweise gibt es heute angenehmere, wenn auch vielleicht nicht so wirksame Methoden.

Natur mit Symbolcharakter

Die Liebe der Finnen zu ihrer Natur zeigt sich auch in der Nationalsymbolik. Die Farben der **finnischen Flagge,** blau und weiß, stehen für Himmel, Schnee und Wasser. Sechs nationale Natursymbole haben die Finnen in öffentlichen Abstimmungen (im Radio, in Zeitungen etc.) in den 1980er und 1990er Jahren gewählt.

Der **Singschwan** war zu Beginn der 1950er Jahre fast völlig ausgerottet. Ein Buch rettete den Schwanbestand: „Der Singschwan" von *Yrjö Kokko,* einem Tierarzt aus Lappland, erzählte von den Beobachtungen des Autors und weckte das Interesse der Finnen für den Wasservogel. Der intensive Schutz des Tieres begann schon zu Lebzeiten des Autors und sein nächstes Buch über diese Schwanenart konnte *Kokko* bereits „Sie kommen zurück" nennen. Heute leben an die 2000 Singschwanpaare in Finnland. Der Singschwan hat tatsächlich eine Stimme: Sein Ruf ist klangvoll und trompetenartig. In den jahrtausendealten Felsmalereien am Ufer des Onegasees ist der Schwan dargestellt. Im finnischen Volksepos „Kalevala" kommt das Motiv des Schwanes der Unterwelt vor – der Singschwan war im Osten Finnlands schließlich schon immer ein heiliger Vogel. Außerdem ist der Schwan das Motiv des Nordischen Umweltzeichens.

Der **Braunbär** war wohl eines der Stammessymbole im vorgeschichtlichen Finnland. Um ihn entwickelte sich ein Kult, der beispielsweise das Aussprechen seines Namens nicht erlaubte: Das Wort für Bär wurde zum Tabu. Deswegen hat der Bär viele umschreibende Namen, wie zum Beispiel *mesikämmen* (Honigtatze). Man glaubte und glaubt teilweise immer noch: Wenn man seinen Namen äußert, sucht er die Familie heim. Daher wurden für ihn Decknamen und Umschreibungen verwendet. Trotz alldem wurde der Bär seit jeher bejagt.

Der **Barsch** ist der am häufigsten vorkommende Fisch Finnlands. Er ist sowohl in Binnenseen als auch im gering salzhaltigen Wasser der Ostsee zu finden. Jährlich werden an die 10 Mio. Kilogramm Barsche gefangen.

010fn Foto: ih

Die **Birke** ist ein weiteres nationales Symbol der Finnen. Ihre Verbreitung im Land und die Verwendung aller ihrer Bestandteile machte sie zu einer wichtigen Lebensquelle: Ihr Saft wurde getrunken, ihre Rinde zu Behältern und Schuhen verarbeitet, ihr Holz diente zur Möbelverarbeitung, ihre Zweige wurden in der Sauna verwendet und die getrockneten Blätter dienten als Winterfutter für Haustiere. In harten Zeiten, in denen die Landbevölkerung dem Hungertod nahe war, wurde das Mehl für Brot mit Birkenrinde gestreckt. Die heute entbrannte Diskussion um die Gesundheitsschädlichkeit von hauptsächlich aus Nadelbäumen wie der Kiefer, aber auch aus Birken gewonnenem Teer, der von der Europäischen Union sogar verboten werden soll, erregt viele finnische Gemüter. Schließlich wurde und wird Baumteer für viele traditionelle finnische Produkte von der Seife bis zum Lutschbonbon verwendet. Die Birke liefert eine hervorragende Papierfaser und Xylitol, Karies hemmenden Birkenzucker, der in Kaugummis verwendet wird. Ab September 2006 werden die Biozidregelungen, die Regelungen zur Schädlingsbekämpfung der EU, den Verkauf von Mitteln verbieten, die nicht nachgewiesen sicher sind. Baumteer fällt unter diese Kategorie, da er relativ zur Größe der EU nur in sehr kleinen Mengen hergestellt wird und die Erforschung aller seiner Eigenschaften deshalb zu kostspielig wäre. Obwohl also gar nicht sicher ist, ob Baumteer tatsächlich schädlich ist, soll er verboten werden. Finnland versucht nun, bei der Union eine Sonderregelung für Baumteer zu erreichen.

Das **Maiglöckchen** ist eine der giftigsten Pflanzen Finnlands und als Heilmittel bekannt. Gegen typische Feldblumen wie Margeriten und Kornblumen gewann es 1982 in einer Abstimmung den Rang als Nationalblume, obwohl es in der finnischen Kultur keinen besonderen Platz einnimmt.

Der finnische Felsuntergrund besteht zu etwa der Hälfte aus **Granit.** Dieses Gestein ist vielseitig verwendbar und wird in Finnland sogar zum Kirchenbau gebraucht.

Dass Finnen ein nahes Verhältnis zu ihrer Natur haben, zeigt sich auch in der **Namensgebung:** Frauenvornamen finnischen Ursprungs sind sehr oft aus der Natur und damit verbundenen Phänomenen entlehnt: *Marja* („Beere"), *Terttu* („Dolde", „Traube"), *Kirsi* („Kirsche"), *Pilvi* („Wolke"), *Tuuli* („Wind"). Die Augen einer Tulli sehen Sie auf dem Umschlagbild dieses Buches. Für Männer gibt es ebenfalls einige naturverwandte Namen wie *Terho* mit der Bedeutung „äußere Schale der Eichel" oder *Tapio,* der als Waldgott aus der finnischen Mythologie bekannt ist. Auch finnische Nachnamen bergen meist Landschaftsbezeichnungen. Sie enden oft auf -nen, zu Deutsch etwa -er, -cher. Der Name *Nieminen* bedeutet etwa „Halbinsler", *Mäkinen* heißt „Hügelbewohner".

Aurora borealis im Land der Mitternachtssonne: Klimatische Gegensätze

Finnland liegt zwischen dem 59. und 71. Breitengrad. In diesen Breiten könnte man schon mit extrem kalten **Temperaturen** rechnen. Und doch ist das Klima milder als in ähnlichen Breiten, beispielsweise in Sibirien oder dem südlichen Grönland, wo die mittlere Temperatur um mehr als 10 °C niedriger ist. Es sind drei Umstände, die das Wetter in Finnland angenehmer gestalten: Der Golfstrom, der über den Umweg des Westwindes, den er am Atlantik erwärmt, seinen Einfluss auf Finnland ausübt, die Ostsee mit ihren vielen Buchten und die Binnengewässer. Das Klima schlägt in Finnland oft heftige und unerwartete Kapriolen und diese Launen lassen sich auf das asiatische Kontinentalklima zurückführen, das eine wilde

Das Maiglöckchen ist die finnische Nationalblume

Mischung aus Meeres- und Festlandklimazone ist. Je nachdem, aus welcher Richtung der Wind weht, ist es demnach beißend kalt oder schweißtreibend heiß. Dazwischen haben die Finnen wettermäßig schon alles durchgemacht.

Der jährliche Temperaturdurchschnittswert variiert sehr stark in verschiedenen Teilen des Landes. Während er in Helsinki 5,3 °C beträgt, liegt die 0 °C-Temperaturgrenze noch südlich des Polarkreises.

Die Jahreszeiten unterscheiden sich klar voneinander.

Winter

Die längste Jahreszeit ist der Winter, der in Lappland schon im Oktober, im südwestlichen Schärengebiet jedoch erst im Dezember beginnt. An die 200 Tage müssen die Bewohner Lapplands mit dem Winter verbringen, bloß die Hälfte davon dauert er im Südwesten, wo es am wärmsten ist. Die kältesten Gebiete des Landes sind selbstverständlich Lappland und ein wenig erstaunlicher (aber durch die Lage im Inneren des Landes, wo keine warmen Winde wehen, erklärbar) der Osten: Hier kann es im Winter zu Spitzen von -45 bis -50 °C kommen, dies zumeist gegen Ende des Monats Januar. In Helsinki beträgt die bisher gemessene tiefste Temperatur -34,4 °C, so verzeichnet im Jahre 1987. Der Finne sagt „35 Grad Frost", und nicht wie im deutschen Sprachraum „minus 35 Grad".

Die kalte Jahreszeit korreliert auch mit der dunkelsten Zeit des Jahres. Das so genannte *kaamos,* die nordische **Polarnacht** dauert in Nordlappland 51 Tage an. In südlichen Landesteilen steigt die Sonne am kürzesten Tag für 6 Stunden über den Horizont - große Unterschiede also zwischen verschiedenen Teilen des Landes, erklärbar damit, dass sich Finnland von Nord nach Süd über 1100 km erstreckt. Der Winter ist die Zeit des Rückzugs, des Kerzenscheins und der Familiensauna, die die vor Kälte erstarrten Glieder auftauen lässt. Alles passiert etwas langsamer, das Land und seine Leute ruhen ein bisschen im Winterschlaf. Was allerdings die Jugend nicht davon abhält, bei -35 °C am Wochenende vor dem In-Club der Stadt Schlange zu stehen. Vor Restaurants und Lokalen werden Fackeln und Windlichter aufgestellt, spezielle Lampen sollen die **Winterdepression** vertreiben. Die Bedeutung der Sonne etwa für das Wachstum von Kindern durch die Bildung des lebenswichtigen Vitamins D wird in letzter Zeit immer öfter diskutiert. Die Lichttherapie wird in Finnland in der Bekämpfung und Vorbeugung von psychischen Problemen und Alkoholismus erfolgreich angewendet. Die Regierung investiert viel in die Forschung um die Lichttherapie, die das Potenzial des Lichtes zur Vorbeugung psychischer Krankheiten auslotet.

Nordlichter

Das Nordlicht, mit wissenschaftlichem Namen *aurora borealis,* ist ein Phänomen, das am häufigsten auf der Nordhalbkugel der Erde zu beobachten ist. In Finnland sieht man das Nordlicht oft sehr gut, weil an kalten Wintertagen der Himmel meist wolkenfrei ist. Diese wundersame Erscheinung tritt vorwiegend in klirrend kalten Winternächten auf, hat aber mit der Kälte nichts zu tun, sondern mit der Ablenkung von Teilchen durch das Magnetfeld der Erde. Die Teilchen werden zu den magnetischen Polen der Erde, die in etwa mit den geographischen Polen zusammenfallen, gelenkt. Daher ist dieses Phänomen nahe den Polen häufiger als in unseren Breiten. Im finnischen Sommer sind die Nächte oft einfach nicht dunkel genug, um diese Lichter sehen zu können. Es ist in der finnischen Kunst ein immerwährendes Motiv und seine breiten Bänder, die in Farben von rot, gelb, grün, blau und violett über den Himmel tanzen, wurden lange Zeit mit Ehrfurcht und Angst betrachtet. Man fürchtete das Nordlicht als Omen schlimmen Unheils, sah es doch nur zu oft so aus, als ob der Himmel in Flammen stünde. Heute kann man die faszinierenden Lichter sogar von einem Planetarium aus betrachten. Im Observatorium der nordfinnischen Stadt Sodankylä hat man gute Chancen, Nordlichter zu beobachten.

Vielleicht etwas erstaunlich für Bewohner mittlerer Breiten: Vom Spätherbst bis zum Frühwinter wird der **Schnee** sehnsüchtig erwartet, weil die weiße Decke die Dunkelheit etwas erhellt. Die bleibende Schneedecke, die meist 2 Wochen nach Eintritt der kalten Jahreszeit die Landschaft bedeckt, kann bis zu 70 cm dick werden. Kein Wunder, dass der finnische Name für den Monat Januar *helmikuu,* also „Perl-Monat" heißt, denn die glitzernd weiße Schneedecke erinnert tatsächlich an die makellose Schönheit einer Perle. Die schneereichste Region in Finnland ist das Gebiet um Pudasjärvi-Taivalkoski nordöstlich der Stadt Oulu zwischen den Skigebieten Iso-Syöte und Ruka. Mitte März, wenn die Tage schon hell und sonnig sind, die Temperaturen jedoch eisig, erreicht die Schneedecke ihre größte Dicke. Der Schnee macht übrigens 30–40 Prozent der Gesamtniederschlagsmenge im Jahr aus.

Auch die Seen treten ihren Winterschlaf an: Zwischen Ende November und Anfang Dezember schließt sich die **Eisdecke** auf ihnen und erreicht seine größte Dicke (ungefähr ein halber Meter) Anfang April. In Lappland tauen viele Seen erst Anfang Juni auf. Während der Bottnische und Finnische Meerbusen weitgehend eisfrei bleiben, kann die Ostsee in harten Wintern fast vollständig zufrieren. Im Spätwinter, wenn die Sonne die Schnee- und Eisdecke glitzern lässt, wachen die Finnen - wie ihre Nachbarn, die Bären - aus ihrem Winterschlaf auf und gehen in Massen Langlaufen, Eisfischen und Rodeln. Aktivitäten, die sich die Zähesten unter den Finnen auch in den dunklen Tagen des Winters nicht nehmen lassen.

Frühling

Der Frühling beginnt im April. Ausnahme hiervon ist wieder einmal das kalte Lappland, wo das Tauwetter bis weit in den Mai, manchmal sogar bis Anfang Juni auf sich warten lassen kann. Der 1. Mai wird nicht als Tag der Arbeit, sondern als Frühlingsbeginn gefeiert. Am Vorabend, dem *vappuaatto*, ist ganz Finnland Schauplatz ausgelassener Feste mit einem Alkoholkonsum, der den Erstbesucher erschrecken könnte. Alle, vor allem die Studenten, wünschen sich für *vappu* schönes Wetter, denn dies ist das größte Fest der Studenten im Jahr.

Sommer

Der Sommer erwärmt das Land ab Ende Mai. Der Maßstab, der an den Sommer angelegt wird, ist in Finnland jedoch ein bescheidener: Sommer ist, wenn die **Durchschnittstemperatur** dauerhaft über 10 °C liegt. Und dennoch kann es auch heiß werden in diesem kalten Land. Im Jahr 2003 erlebten die Finnen beispielsweise einen außergewöhnlich heißen Sommer: Den ganzen August hindurch lag die Temperatur sogar im hohen Norden über 30 °C. Normalerweise gibt es vom Süden bis in die Mitte des Landes hinein im Jahr im Schnitt 10–15 Hitzetage; im Norden und an der Küste, wo das Meer das Land etwas abkühlt, nur 5–10.

Der Sommer bringt auch **lange Tage** und im Norden Finnlands will die Sonne für lange Zeit gar nicht untergehen: Im nördlichsten Lappland dauert der längste Tag vom 31. Mai bis zum 16. Juli. In der Hauptstadt muss man sich mit einem fast 20-Stunden-Tag begnügen, aber auch das ist für einen Mitteleuropäer schon ein Phänomen. Die Nordhalbkugel der Erde, die aufgrund der schrägen Neigung der Erdachse im Frühling und Sommer näher zur Sonne steht, bekommt zu dieser Zeit eine gehörige Portion Licht ab und das wirkt nach den dunklen Tagen des Winters nur gerecht. Tatsächlich beeinflusst die **Mitternachtssonne** neben Fauna und Flora auch den Menschen. Nicht nur Finnland, sondern ganz Skandinavien ist sonnentrunken. Geschlafen wird im Winter, so scheint die Devise zu sein, jetzt werden Feste gefeiert, die Bars, Cafés und Plätze sind voller Leute.

Das **Mittsommerfest** ist ein Fest der Natur und des Sommers, des Saunierens und Feuerlegens, bei dem sich heidnische Bräuche mit modernen Gewohnheiten verbinden. Hier lassen die Finnen ihre Sonne hochleben, die kurze Wachstumsperiode des Landes, die die Zeit der Knospe, Blüte und Reife auf durchschnittlich 6 Wochen verdichtet.

Der Sommer ist auch die **Zeit der Festivals.** Das ganze Land feiert die freudige Jahreszeit mit Veranstaltungen, z. B. den weltberühmten Opernfestspielen von Savonlinna, den Kammermusiktagen im ostfinnischen Kuhmo, „Ruisrock" in Turku und den Volksmusiktagen in Kaustinen.

Die Seen erwärmen sich im Sommer aufgrund ihrer geringen Tiefe relativ schnell. So wird die Sommerfrische am Häuschen mit Seeblick - vorausgesetzt, es regnet nicht - zu einem angenehmen Urlaub. Der durchschnittliche Jahresniederschlag nimmt von März bis August stetig zu; so kann es schon passieren, dass man einige Regentage erwischt. Aber in diesem Fall gibt es ja die Sauna ...

Herbst

Im Herbst explodiert die Natur nur so im Farbenspiel. *Ruska,* die finnische Variante des Indian Summer, ist eine Freude für das Auge. Wenn der Übergang zwischen Sommer und Winter sich länger hinzieht, so haben die Blätter Zeit, ihre Farbpalette richtig durchzuspielen. Um diese Zeit gibt es bei ausreichenden Niederschlägen eine reichliche Pilzernte und auch die späten Preiselbeeren, die ihr Aroma am besten dann entfalten, wenn sie schon vom ersten Frost „gebissen" wurden, werden dann gesammelt. Der Regen ist im finnischen Herbst ein häufiger Besucher: „Schlamm-Monat", *lokakuu,* heißt auf Finnisch der Oktober.

Acht Jahreszeiten

In Finnland gibt es eigentlich acht statt vier Jahreszeiten: Winter, Frühlingswinter, Frühling, Sommerfrühling, Sommer, Herbstsommer, Herbst und Winterherbst. So drücken die Finnen diese Übergänge tatsächlich aus und manchmal wird auch hinzugefügt, dass ja ein einziger Finne auch acht Charaktere in sich trage, die - genau wie das Wetter - von einer Minute auf die andere umschlagen können. Die extremen Wetterbedingungen haben Beobachter von außen immer wieder dazu bemüßigt, die Eigenheiten der Finnen mit ihnen zu begründen.

Der letzte katholische Bischof Schwedens, *Olaus Magnus* (1490–1557) erklärte beispielsweise in seiner „Carta Marina et Descriptio Septentrionalium Terrarum" die Taten der Finnen mit der rauen Wetterlage, mit Kälte, Eis und Schnee. Er glaubte daran, dass Bewohner rauer Klimazonen tapferer und härter im Nehmen wären als Menschen aus umgänglicheren klimatischen Gebieten. Die Finnen ächzen zwar gerne unter dem Kreuz des harten Winters samt Dunkelheit, andererseits verschaffen sich aber doch immer wieder Stimmen Gehör, die den Wechsel der Jahreszeiten loben. Denn wer will schon das ganze Jahr hindurch nur von der Sonne geröstet werden?

Die Saubermänner: Umweltschutz auf Finnisch

Ein großer Teil der Bodenfläche und der Gewässer in Finnland ist in privatem Kleinlandbesitz. Lediglich in Nordfinnland verfügt der Staat über weite Flächen. Es steht jedem frei, sich ungehindert in der Natur zu bewegen - wem auch immer das durchwanderte Gebiet gehören mag - und Pilze und Beeren zu sammeln. Dieses so genannte Jedermannsrecht hat sicherlich dazu beigetragen, dass die Bevölkerung eine **sehr positive Einstellung gegenüber dem Naturschutz** hat. Schließlich gehört das Land irgendwie allen seinen Bürgern, jeder kann Nutzen daraus ziehen; daher ist der Naturschutz weitgehend eine Selbstverständlichkeit.

Entwicklung des Naturschutzgedankens

Umweltschutz in Finnland war die Fortsetzung der Suche nach der nationalen Identität, denn im 19. Jahrhundert vermeinte man individuell finnische Züge in der Landschaft entdecken zu können. Diese wurden dann zur Erklärung des Charakters des Landes und seiner Leute herangezogen. 1840 wurde Punkaharju, eine Hügellandschaft im Südosten des Landes, die mit ihren eiszeitlichen Bergrücken umrahmt von glitzernden Seen den Prototyp einer finnischen Landschaft darstellt, zu einer stillen Zone erklärt, was im Klartext Holzfällverbot über das Gebiet verhängte. Dies war ein besonderer Wunsch des Zaren. Um diese Zeit entdeckten die Finnen die **Notwendigkeit des Naturschutzes,** da Abholzung und Brandrodung zur Gewinnung von Landwirtschaftsnutzflächen die jungfräulichen Wälder rapide vermindert hatten.

011fn Foto: ih

Erst nach dem Zweiten Weltkrieg aber, als Industrialisierung, Urbanisation und Wirtschaftswachstum an Tempo gewannen, um die Reparationszahlungen an die Sowjetunion ausgleichen zu können, wurden die Wälder Finnlands im Sinne der wirtschaftlichen Nutzbarkeit von Holz neu entdeckt. Die neu entstandene **Holzindustrie** sorgte zwar für eine Vergrößerung der Waldfläche und die Erhöhung der produzierten Holzmenge, nutzte und zerstörte damit jedoch auch weite Flächen der jungfräulichen Wälder. Nur ca. 5 % der ursprünglichen Wälder bestehen heute noch und die Abholzung geht weiter, da die Waldindustrie um ihr Überleben kämpft. Ironischerweise wurde durch Recycling der Abholzungseifer weltweit nur weiter gesteigert, da das sinkende Interesse an Holz den Wettbewerb auf dem Markt noch härter und rücksichtsloser werden ließ. Dies wird weiterhin so bleiben, wenn nicht eine massive Umgestaltung des Arbeitsmarktes stattfindet, die es den Arbeitskräften der Holzindustrie und anderer überlasteter Wirtschaftszweige ermöglicht, Arbeit in einem anderen Bereich zu finden.

Um zu den 1840er Jahren zurückzukommen: Naturschutz stand damals noch viel eher im Dienste der Bevölkerung als heute. Die Idee hinter der Stillegung eines Gebietes war, den von Arbeit ermüdeten Bürgern Entspannung und **Erholung in der Natur** zu bieten und das sollte in einer Umgebung passieren, mit der sich jeder einzelne Finne identifizieren konnte, die er als Heimat betrachtete: in einer typisch finnischen Landschaft also, unberührt und wild.

Als im 19. Jahrhundert Naturgebiete zum besonderen Schutz ausgeschrieben wurden, geschah dies viel eher zum Vorantreiben des Tourismus und des Kennenlernens des eigenen Landes als aus der reinen Bestrebung, die Natur zu schützen. Der Mensch sollte die Natur nicht „in Ruhe lassen", sondern im Gegenteil, sich mehr in ihr bewegen, sie kennen lernen und aus ihr erholsamen Nutzen ziehen.

Was war der Auslöser für diese Verschiebung im Denken? Dieselben Menschen, die oft die zündenden Ideen für neue Trends haben: **Künstler.** Künstler, die auf der Suche nach der Identität des finnischen Volkes waren, verschafften der Nationalromantik und dem Idyll des Landlebens Zugang zu den Geistern der Stadtmenschen. Da Stadtbewohner oft wohlhabender waren als die Landbevölkerung, hatten sie eher die Möglichkeit zu reisen. Stadtbewohner bereisten die finnische Landschaft auf der Suche nach Gallen-Kallelas (praktisch der Nationalmaler Finnlands) **Idealbild der finnischen Natur,** um einen Gegenpol zum hektischen Stadtleben zu finden.

Erst nach dem Zweiten Weltkrieg kam der Gedanke des **ethischen Naturschutzes** auf, nach dem der Mensch als Krone der Schöpfung nicht nur für seine Mitmenschen, sondern auch für alle anderen Kreaturen der Erde Sorge tragen soll. Dass dies im 19. Jahrhundert noch kein maßgeblicher Gedanke war, beweist auch die vermehrte Errichtung von Aussichtstürmen samt zuführenden Straßen in landschaftlich ansprechenden Gebieten um diese Zeit.

Die finnische Natur birgt Schätze, die es nirgendwo sonst auf der Welt in dieser Form gibt

Nationalparks und Naturparks

Ein erstes **Naturschutzgesetz** wurde nach gesamteuropäischem Beispiel im Jahre 1923 verabschiedet. Die finnische Besonderheit dabei war, dass neben den Nationalparks auch Naturparks gesetzlich verankert wurden, in denen sich von Besuchern abgeschirmt die Natur ohne menschlichen Einfluss entwickeln sollte. Nationalparks wurden an Hauptverkehrsadern des Landes angelegt und sollten Besucher anziehen, während Naturparks sich im schwerer zugänglichen, unberührten Land befanden. Außerdem war Finnland das einzige nordische Land, in dem der Naturschutz die Aufgabe von staatlich bezahlten Beamten und nicht, wie in anderen Ländern, von freiwilligen und ehrenamtlichen Helfern war.

Ministerpräsident **Aimo Kaarlo Cajander,** selbst ein glühender Naturschützer, trieb die Sache der Nationalparks voran und so wurden 1938 Finnlands erste vier **Nationalparks** und sechs **Naturparks** gegründet. Bis zum Ende des Zweiten Weltkriegs gab es in Finnland 55 Naturschutzgebiete. Heute stehen etwa 3 Millionen Hektar, also rund ein Zehntel der Fläche des Landes unter Naturschutz. 3,6 % dieses Gebietes ist produktives Waldgebiet, 3 % langsam wachsende, unproduktive Tundra und der Rest Torfland, Sumpfgebiet und Auland.

Als nach dem Zweiten Weltkrieg der Naturschutz mit dem Gedanken der Sicherung des menschlichen Lebensraumes verbunden wurde, avancierte der 1938 gegründete finnische **Naturschutzverband** zu einer politischen Bewegung. Natur wurde jetzt bereits als Wertgegenstand, nicht mehr als Gefahr wahrgenommen. Tiere und Pflanzen wurden nicht mehr als Behinderung und Bedrohung durch ihre Wildheit verstanden, sondern als Wertträger. Ihr jeweiliger Platz in der Nahrungskette und die Bedeutung der Arten im Ökosystem allgemein stand im Brennpunkt des Interesses vieler Wissenschaftler. In den 1950er Jahren setzte eine massive Landflucht ein, die alsbald zu einer Explosion der urbanen Bevölkerung führte. Doch kaum waren die Finnen in die Stadt gezogen, als sie sich in jeder freien Minute schon zurück in den Schoß der Natur begaben – und dies mit einem eindeutig gewachsenen Respekt vor und Liebe zu ihr. Sommerhäuser wurden gebaut, in denen man viele Wochenenden und ganze Sommer verbrachte.

Naturschutz

Nach 1960 begann man sich in Finnland mit der Nutzung des Waldes, ihren Auswirkungen und dem Schutz des „grünen Goldes" zu beschäftigen, das ja die Lebensgrundlage des Landes darstellt. Als die zerstöreri-

schen Auswirkungen des sauren Regens bekannt und gemessen wurden, begann der **verstärkte Schutz der Wälder,** von denen vor allem die Nadelwälder höchst empfindlich sind.

Zum Teil haben die giftigen Regenfälle ihren Ursprung außerhalb der finnischen Grenzen; deswegen wird seit über 10 Jahren von finnischer Seite vermehrt versucht, **mit den Nachbarländern gemeinsam Naturschutzprojekte** zu realisieren. Eines der wichtigsten Projekte dieser Kooperation ist die Reinigung der Sankt Petersburger Abwässer, damit auch die Ostsee sauberer gehalten werden kann. Aufgrund der Überdüngung der Ostsee infolge der Schadstoffeinleitungen ist der Sauerstoffgehalt des Wassers stark abgesunken, was eine direkte Gefahr für Fische und das ökologische Gleichgewicht bedeutet. Doch auch innerhalb des Landes gibt es eine Ursache für die Versauerung: Der starke Kraftverkehr produziert empfindlich hohe Stickstoffemissionen. Um die Ausbeutung natürlicher Ressourcen zu reduzieren (vor allem das Aufstauen von Gewässern für Kraftwerke) wurde Finnland 2002 das einzige Land, das weitere Atomreaktoren baut, anstatt sie zu reduzieren.

Kahlschläge in den finnischen Wäldern sind immer wieder ein heiß diskutiertes Thema. Während Befürworter dieser Methode meinen, dass der

Viele finnische Sümpfe stehen unter Naturschutz

Kahlschlag die einzig vertretbare Möglichkeit einer Waldverjüngung sei, führen die Gegner das Zerstören der Biodiversität als Gegenargument an: Denn das, was nach einem Kahlschlag nachwächst, sei kein Wald mehr, sondern bloß eine Holzplantage. Mittlerweile ist die in Finnland gängigste Methode der Waldpflege die **Durchforstung,** das heißt die Methode, nach der alte, beschädigte oder andere Pflanzen am Wachstum behindernde Bäume gefällt werden. Fremde Baumarten werden erst gar nicht angepflanzt und neue, von der Natur selbst „importierte" Arten werden an vielen Stellen abgeholzt, um eine in der Pflege einfache Monokultur zu erhalten. Dies bedeutet eine Bedrohung des Waldes auf lange Zeit gesehen, da die Gefahr des Verlustes der Biodiversität besteht. 60 Prozent der finnischen Wälder sind jung, was bedeutet, dass die Bäume gefällt werden, sobald sie eine gewisse Reife erreichen. Nur ca. 5 Prozent des Waldes ist jungfräulicher **(Ur-)Wald,** der vom Menschen nicht oder nur kaum erkennbar verändert wurde. Wälder wie diese sind für viele Tierarten der

Recycling und Energieeinsparung

Das Sammeln von Altpapier ist schon eine Selbstverständlichkeit in Finnland: Seit sechs Jahrzehnten sammelt und recycelt die finnische Bevölkerung Papier. In Relation zur Bevölkerungsdichte sind die Finnen die emsigsten Papier- und Kartonsammler der Welt, die Rücklaufquote bei Altpapier betrug 2001 74 Prozent. Bereits zu Beginn der 1940er Jahre begann man, Papier als nützlichen Rohstoff wiederzuverwerten. Seit 1949 gibt es ein systematisches Sammelwesen, das von Holzverarbeitungsfirmen gegründet wurde.

Das Pfandflaschensystem funktioniert gut und Altmetalle werden ebenfalls erfolgreich gesammelt.

Finnland ist ein Großverbraucher von Energie, was vor allem auf das kalte Klima und die langen Transportwege zurückgeführt werden kann. Energieeinsparung ist deshalb ein Thema und in den letzten Jahrzehnten hat sich die Energieeffizienz in der Industrie zum Positiven gewandelt. Finnland hat beschlossen, seine Bioenergieproduktion (Energie aus erneuerbaren Ressourcen) bis 2025 zu verdoppeln, was den Prozentsatz an der eigenen Gesamtenergieproduktion auf 35 erhöhen würde. Im Moment steht Finnland mit 16 % an dritter Stelle der EU nach Schweden und Österreich. Der EU-Durchschnitt liegt bei 6 %. Großes Potenzial liegt beispielsweise in der Holzproduktion, wo Abfallprodukte wie Späne für die Erzeugung von Wärmeenergie durch Verbrennung verwendet werden können. Genauso ist auch eine Nutzung von Torf für die Erzeugung von Energie möglich.

In puncto Energieeinsparung ist in Finnland vor allem die gut entwickelte, fortschrittliche Architektur und Häuserkonstruktion zu nennen. Finnische Architektur hat

Für die meisten Finnen ist die Mülltrennung eine Selbstverständlichkeit einzige Lebensraum, vor allem für die rund 700 waldabhängigen bedrohten Arten. Charakteristisch für diese Wälder ist das verstärkte Vorkommen von totem, morschen Holz, Baumstümpfen, Flechten, Moosen und Pilzen.

Finnland hat einen riesigen Absatzmarkt verloren, als die Sowjetunion zerbrach. Nach dem Zweiten Weltkrieg war Finnlands Auslandshandel an den kommunistischen Block gebunden und ein Großteil der Exporte gingen in die Sowjetunion. Nach dem Ende des Kalten Krieges wurde von Finnland eine von den USA inspirierte, harte, stark Gewinn orientiere Wirtschaftsökonomie übernommen. Dies bedeutet oft, dass die Profitsucht auch vor solch unmessbar wichtigen Werten wie den **Rechten der indigenen Bevölkerung** nicht Halt macht. Finnland ist nicht das einzige Land, das die indigenen Saamen ausbeutet. Auch Schweden, Norwegen und Russland, die jeder einen Teil Lapplands auf ihrem Stück der Landkarte haben, tun dies. Zurzeit laufen mehrere Gerichtsverfahren gegen schwedische und finnische Holzfällergroßunternehmen, die auf Saami-

schon viele internationale Preise für ihre Energiespareffizienz gewonnen. Die perfekt geplante Isolierung des Wohnbereiches ist ein wichtiger Bestandteil davon. Finnen wundern sich bei Besuchen in mitteleuropäischen Regionen immer, warum eine simple Sache wie dreifaches Fensterglas, das in Finnland Norm ist, hier völlig fehlt.

013fn Foto: ih

Land roden. Ebendiese Wälder sind aber der einzige Lebensraum für die meisten Menschen dieser bedrohten Ethnie. Ur- und Altwälder sind auch die einzigen Wachstumsorte für boreales Moos, das Hauptnahrungsmittel der Rentiere, von denen die Saamen wirtschaftlich abhängen. Dass auf die indigene Bevölkerung wenig Rücksicht genommen wird, beweist die Tatsache, dass noch keines dieser Gerichtsverfahren von Saamen gewonnen wurde – obwohl die Vorgehensweise der Rodungsfirmen wohl gegen eine Reihe von EU- und UNO-Richtlinien verstößt. Erst vor kurzem nahm sich Greenpeace der Sache an. Es ist jedoch wahrscheinlich, dass die Holzgiganten erst auf internationalen Druck „besiegt" werden können.

Ein anderes lebenswichtiges Thema für Finnland ist der **Schutz seiner Binnengewässer.** Das Gleichgewicht der Seen kann aufgrund ihrer geringen Tiefe leicht umkippen. Während zu Beginn der 1970er Jahre die Qualität von finnischen Seen vor allem um die Industriezentren des Südens schlecht war, ist es seither aufgrund eines intensiven Gewässerschutzes gelungen, die Schadstoffeinleitungen drastisch zu reduzieren. Heute werden 80 Prozent der finnischen Seen als Gewässer mit guter bis ausgezeichneter Wasserqualität eingestuft.

Die **Luftqualität** ist heute auch in den Städten gut; die Umstellung auf Fernwärme reduzierte die Schwefeldioxidemissionen.

Der **Artenschutz** ist auch in Finnland ein Thema. Rund 10% der einheimischen Pflanzen-, Tier und Pilzarten sind gefährdet. Gibt es geschützte Arten in einem Waldgebiet, so darf kein Baum gefällt werden, egal, wer der Besitzer ist. Es ist schon öfters vorgekommen, dass die Forstkommission keine bedrohten Arten auf einem Rodungsgebiet finden konnte, während NGOs (Non-Governmental Organisations, Nichtregierungsorganisationen), die die Region besichtigten, diese sehr wohl antrafen. Oft behindern komplizierte Gesetze eine effiziente Arbeit. Hier wäre eine unabhängige Behörde zur Feststellung der Lage unerlässlich.

014fn Foto: ih

Finnland hat sich in Sachen Umweltschutz an die nordischen Staaten angeschlossen: Das Zeichen für nordische Umweltverträglichkeit ist der Schwan.

Umwelterziehung ist ein wichtiger Bestandteil des Lehrplans von finnischen Grundschulen und sie fruchtet auch: Finnland wurde beim Weltwirtschaftsforum in Davos 2002 zum Anführer der Liste der 142 Staaten mit den besten Umweltschutzleistungen befunden. Finnische Umweltpolitik setzt sich als Hauptziele die Abbremsung des Klimawandels, umweltverträglichere Produktionstechniken und Verbrauchergewohnheiten und die Wahrung der Biodiversität.

Seit 1983 gibt es ein **Ministerium für Umweltschutz,** das die Arbeit eines Umweltinstitutes für Forschung und Entwicklung, von 13 regionalen Umweltzentren und 3 regionalen Umweltgenehmigungsämtern koordiniert. Der Staat gibt im Jahr rund 720 Millionen Euro für die Umwelt aus.

Die Tatsache jedoch, dass Finnland mit 1500 bedrohten Arten, von denen 700 im Wald leben, als eines der eifrigsten und besten Länder in Sachen Naturschutz gilt, ist ein trauriges Zeichen. Wenn der Beste „nur" 1500 bedrohte Tierarten hat, wie viele bedrohte Arten gibt es dann unter den Letzten der Liste?

Das **Projekt Natura 2000,** von der EU im Jahr 2000 gestartet, hat als Ziel, weitere Gebiete zu Naturschutzgebieten zu erklären, um Lebensraum zu gewährleisten und die Biodiversität zu sichern. Hin und wieder hört man in Finnland die Meinung, dieses Projekt gehe zu weit. Zusammentreffen mit Bären beispielsweise sind häufiger geworden, seitdem durch EU-Vorschriften die Bärenjagd sehr eingeschränkt wurde. Davor wurde in Finnland die Zahl der Bären bei einem Minimum gehalten, um das Risiko des Zusammentreffens von Mensch und Bär zu senken, ist doch der Mensch bei solch einer Begegnung nicht immer der Stärkere. Viele fürchten, dass die Bären domestiziert werden und sich zu sehr an die Menschen gewöhnen. Dann würde das geschehen, was in den amerikanischen Rocky Mountains passiert ist: Bären kommen in Hinterhöfe und Gärten, um nach Essbarem zu suchen und bedrohen damit das Leben von Menschen.

Das **Umweltbewusstsein** und die Liebe zur Natur verhindert in Finnland das Entstehen des einen oder anderen Golfplatzes, da viele Bewohner das *sydänmaa,* wörtlich „Herzland", also den unberührten „Urwald" oder das von Menschen selten betretene Moorgebiet schützen wollen. Die Gefahr ist jedoch, dass bei einer gleichbleibend hohen Arbeitslosenrate wie der zum jetzigen Zeitpunkt, Politiker ihre Entscheidungen bloß nach wirtschaftlichen Faktoren richten müssen. Das hat auf das Wachstum und die Gesundheit des Ökosystems einen negativen Einfluss.

Weniger als 5 % der finnischen Wälder können als Urwälder eingestuft werden

004fn Foto: ih

VON HERKUNFT UND SYSTEM

Im Sandwich zwischen Russland und Schweden: Geschichtliches

Zwei Lagen Roggenbrot: Erste Siedler

Die ersten Siedler sind nach der traditionellen Theorie vermutlich nach der letzten Eiszeit aus den Tundren im Osten und Südosten in das Gebiet, das das heutige Finnland ausmacht, gekommen. Mit einiger Wahrscheinlichkeit kann angenommen werden, dass sie zu den **finnisch-ugrischen Völkern** gehörten und vom Sammeln und Jagen lebten. Die ersten Siedlungen befanden sich rund um den Bottnischen Meerbusen und Funde bestätigen, dass es schon damals Kontakte zu den Kulturen jenseits des Meeres gab. Die Wohnform der Jurte weist auf eine hauptsächlich nomadische Lebensform hin, bei der die Jagdbeute verfolgt wird.

Die Olafsburg, Savonlinna – ein Wahrzeichen schwedischer Herrschaft in Finnland

Erst als **indoeuropäische Zuwanderer aus dem Baltikum** ins Land kamen, begannen die Bewohner Finnlands sesshaft zu werden. Eine wichtige Ursache der Sesshaftwerdung war die Tatsache, dass die Neuankömmlinge Ackerbau und Viehzucht betrieben, die von den Einheimischen langsam übernommen wurden. Neuere Theorien, unter anderem die von Professor *Albert de la Chapelle* besagen, dass die Finnen germanischen Ursprungs sind und sich sprachlich an eine viel kleinere finnisch-ugrische Gruppe (möglicherweise die Vorfahren der Saamen) angeglichen haben.

Ab etwa 800 gelang es den **Wikingern,** von den Küsten Finnlands aus Richtung Osten und Westen zu expandieren. Sie gründeten Handelsstützpunkte entlang der Flussläufe, an der Küste und in der Nähe schon vorhandener Siedlungen und trieben Handel mit den Kareliern. Von hier aus gründeten sie die mächtigen Reiche Kiew und Nowgorod. Die Wikinger hielten sich so lange in der Gegend auf, bis das Christentum langsam seinen Eingang nach Finnland fand. Manche Wikingersiedlungen assimilierten sich nicht oder nicht gänzlich. In der Stadt Närpiö an der Westküste, südlich von Vaasa wird noch heute eine Wikinger-Form von Schwedisch gesprochen, die nicht einmal von anderen Schweden verstanden wird und die leider im Verschwinden begriffen ist.

Kirche und Käseblätter: Unter schwedischer Herrschaft

Die **Wikinger** nahmen um 1050 als Ergebnis von Kreuzzügen, Missionierungsbestrebungen und Handelsbeziehungen aus Mitteleuropa den christlichen Glauben an und werden ab diesem Zeitpunkt Schweden, Dänen, Jütländer etc. genannt.

Die Schweden ihrerseits fingen bald an, Finnland zu missionieren. Zu Beginn der geschichtlichen Zeit, das heißt, als das Christentum nach Finnland kam, konnte das Land keineswegs als Einheit angesehen werden: Verschiedene Stämme wie z. B. die „Eigentlichen Finnen“, die Tavastländer und die Karelier waren im Grunde genommen verfeindet. Der **Name Finnland** deckte ursprünglich nur den südwestlichsten Teil des Landes und wurde so genannt, weil die Schweden bei ihrer ersten Landung mit dem Stamm der Finnen in Kontakt kamen. Später, als sich die Bevölkerung schon über das gesamte Land zwischen Meer und Russland verteilte, wurde diesem südwestlichen Teil der Name „Eigentliches Finnland“ *(Varsinaissuomi)* gegeben und so wird dieses Gebiet auch heute noch genannt. Bis ins 18. Jahrhundert hinein fielen Gebiete im Norden und Osten des Landes nicht unter den Namen Finnland. Da die Finnen durch ihre Kämpfe mit anderen Stämmen geschwächt waren, hatten die Schweden es leicht, ihre Macht zu entfalten und Finnland untertan zu machen.

In organisierter Form gelangte das Christentum um 1155 von Schweden nach Finnland. Dieser so genannte **Erste Kreuzzug** wurde von König *Erik dem Heiligen* und seinem Bischof *Henrik* angeführt. Dass es dabei nicht in erster Linie um den nachbarschaftlichen Heilsgedanken ging, sondern viel eher um politischen Machtgewinn, braucht nicht genauer erläutert zu werden. *Henrik* ging es bei den wilden Heiden in Finnland schon bald an den Kragen: Ein kriegerischer Bauer mit dem friedvollen Namen *Lalli* meuchelte den heiligen Mann mit einer Keule. Dieses Instrument sollte später zum Zeichen der Freiheit der Bauern in Finnland werden.

Das Christentum allerdings ließ sich nicht so leicht abschrecken. Unaufhaltsam hielt die **katholische Kirche** von Schweden her Einzug in das Land, ein Kreuzzug nach dem anderen erfolgte und schon 1216 ging die Rechnung der Schweden auf: Der Papst sprach das Eigentumsrecht an Finnland dem schwedischen König zu. Doch auch Nowgorod war interessiert an dem Land: 1323 fiel der östliche Teil des heutigen Finnlands an Nowgorod und es bildete sich eine kulturelle und religiöse Grenze, die Finnland für alle Zeiten prägen sollte. Während sich Südwestfinnland und Tavastland Richtung Westen orientierten, blickte Karelien immer nach Osten.

In den folgenden Jahrhunderten übernahm Finnland die Gesellschaftstruktur Schwedens, in der es unter anderem keine Leibeigenschaft gab. Turku wurde ab der Gründung 1229 zum wichtigsten Handelszentrum, kulturellen Mittelpunkt und zur Hauptstadt des Landes (obwohl Finnland offiziell eine Provinz Schwedens war), wo sich auch der Bischofssitz des neu gegründeten Bistums befand. Der schwedische König wurde auch mit finnischem Einfluss gewählt: Vertreter wurden zu den Wahlen entsandt und dies war per Gesetz im schwedischen Königsstaat verankert.

Die **Reformation** hielt in Finnland und Schweden gleichzeitig Einzug, und mit ihr die Betonung des Finnischen. Bis zu diesem Zeitpunkt hatte das Finnische immer das Nachsehen gehabt, unter anderem, weil es noch keine Schriftsprache besaß und das Schwedische die Sprache der Herrscherklasse war. *Michael Agricola,* der Bischof von Turku schuf eine **finnische Schriftsprache** und übersetzte das Neue Testament 1548 ins Finnische.

Im **Russisch-Schwedischen Krieg** von 1570 bis 1595 besetzte Schweden russisch-karelische Städte und als Preis für den Rückzug der Schweden wurde die nordöstliche Grenze drastisch verändert. Die Grenze verlief nun entlang der gedachten Verlängerung des Bottnischen Meerbusens hinauf bis zum Eismeer und verband Schweden und Finnland nun auch über Land miteinander. Beinahe das gesamte Siedlungsgebiet der Finnen gehörte nun zu Schweden.

Im 17. Jahrhundert wurde Schweden zur Großmacht und verschob die Grenze Finnlands immer weiter Richtung Osten. In dieser Zeit wurde den Finnen viel abverlangt: Missernten, Seuchen und Hunger dezimierten die Bevölkerung. Schon 1596 brach der so genannte **Keulenkrieg** aus, ein Bauernaufstand, der – wie derartige Aufstände so oft – mit dem Sieg der Regierungstruppen endete.

Als Ergebnis eines **zweiten Russisch-Schwedischen Krieges** von 1611 bis 1617 bekam Schweden große Teile Kareliens und Ingermannland, das Gebiet, auf dem heute Sankt Petersburg steht. Dadurch wurde Finnland mit Estland verbunden und Schweden war ein zusammenhängendes Land geworden, dessen Teile alle über den Landweg miteinander verbunden waren. Als Schweden 1630 in den **Dreißigjährigen Krieg** zog, wurden seine Kavallerietruppen von finnischen Landsknechten unterstützt, die auf den liebreizenden Namen *Hakkapeliten* (stammt von finnisch *hakka päälle* und heißt „hau drauf") hörten. Diese waren wegen ihrer brutalen Kampfmethoden gefürchtet von den katholischen Mitteleuropäern, die an geordnetere Kampfstrukturen gewöhnt waren.

Die **schwedische Herrschaft** intensivierte ihren Einfluss auf das Land weiter: Führende Beamte in Finnland waren fast ausnahmslos Schweden. 1640 kam es zur Gründung der ersten Universität auf finnischem Boden, der „Åbo Akademi". Die schwedische Sprache und Kultur setzte sich immer stärker durch.

Zu Beginn des 18. Jahrhunderts begann die **schwedische Vormachtstellung zu bröckeln.** In fortwährenden Kriegen zwischen Russland und Schweden mussten die Schweden immer größere Gebiete an Russland abtreten. In diese Zeit fällt der Bau der Festung Viapori (heute Suomenlinna), die aufgrund ihrer Stärke und Lage im Meer vor Helsinki den Beinamen Gibraltar des Nordens erhielt. In der finnischen Bevölkerung wurden Stimmen laut, die die Loslösung Finnlands von Schweden forderten.

Als Ergebnis eines weiteren Krieges gelang es Russland 1809, Finnland gänzlich zu erobern. Auf dem Landtag zu Porvoo schworen die Finnen dem Zaren noch im gleichen Jahr ihre Treue. Vom heutigen Standpunkt gesehen mag dies ein Segen für Finnland gewesen sein, da die **russische Herrschaft** vor allem zu Beginn nicht repressiv war, so wie es die schwedische mehr oder weniger gewesen war. Die neue Zarenfamilie der *Romanovs* wollte Untertanen gewinnen und investierte viel in die Entwicklung Finnlands.

Die Burg in Turku ließ das schwedische Königshaus um 1280 bauen.
Die Stadt war damals schon Mittelpunkt Finnlands.

015fn Foto: ih

Zaristische Schinkenscheiben: Russisches Großfürstentum

Zar Alexander I. forderte keine größeren Angleichungen Finnlands an Russland: Ihre lutherische Religion, ihre Verfassung sowie ihre Sonderrechte durften die Finnen behalten. Erst jetzt wurde Finnland zu einem autonomen Staat: ein Großfürstentum, dessen Monarch der Zar war. In Zeiten schwedischer Vorherrschaft war Finnland noch kein staatliches Gebilde, sondern nur eine Reihe von Provinzen gewesen. Der Zar wurde in Finnland durch seinen Generalgouverneur vertreten. Der Senat, bestehend aus finnischen Mitgliedern, entschied autonom über Verwaltungsangelegenheiten. Alle finnischen Belange durften dem Zaren persönlich vorgelegt werden und mussten nicht erst den Umweg über den russischen Beamtenapparat gehen. Alle diese Begünstigungen hatten wohl den Zweck, den schwedischen Einfluss in Finnland zu minimieren. Helsinki wurde 1812 statt Turku zur Hauptstadt gemacht, um die Distanz zu Stockholm zu erhöhen und die zu Sankt Petersburg zu verringern. Der Zar investierte in den Ausbau des Fischerdorfes Helsinki zu einer Hauptstadt.

Während dieser Zeit **erwachte das finnische Nationalbewusstsein.** Der Arzt und Dichter *Elias Lönnrot* veröffentlichte 1835 das finnische Nationalepos „Kalevala". Im Mittelpunkt der Bemühungen, um Finnisch zur Landessprache zu erheben, stand vor allem der Senator und Universitätsprofessor *Johan Wilhelm Snellmann.* Die finnisch Gesinnten nannten sich Fennomanen und stritten öffentlich mit den die schwedische Sprache unterstützenden Svekomanen um den Status der offiziellen Landessprache. *Snellmans* legendäre Aussage lautet: „Wir sind keine Schweden, wir werden keine Russen werden, lasst uns daher Finnen sein." Viele Menschen änderten ihre schwedischen Namen in finnische und sprachen nur noch Finnisch mit ihren Kindern. Dies und gemischte Ehen führten zur steten Abnahme der Zahl der Schwedischsprecher in Finnland. Die finnische Sprache gewann immer mehr an Boden. *Zar Alexander II.* reagierte 1863 mit dem Sprachendekret darauf: Er erklärte Finnisch zur offiziellen Landessprache und verlangte einen Nachweis der Kenntnis des Finnischen von jedem Beamten.

Schlagartig änderte sich die privilegierte Stellung Finnlands, als sich in Russland die panslawistische Bewegung durchzusetzen begann. **Russifizierungsbestrebungen** konzentrierten sich auf zwei so genannte Unterdrückungsperioden zu Beginn des 20. Jahrhunderts und wurden vom Generalgouverneur *Bobrikow* streng umgesetzt. Als Reaktion auf die Unterdrückung wurde *Bobrikow* 1904 von einem finnischen Patrioten namens *Eugen Schauman* erschossen. Die **russische Revolution** und der darauf folgende Generalstreik 1905 brachten Finnland unversehens eine neue Parlamentsordnung: ein Einkammerparlament und das allgemeine Stimmrecht, verbunden mit dem ersten Wahlrecht für Frauen in Europa. Russland machte Finnland diese Zugeständnisse, um es in wirren Zeiten ruhig zu halten.

In den ersten zwei Jahrzehnten des 20. Jahrhunderts geschah eine für Finnland ganz neue Spaltung der Nation. Als Reaktion auf die panslawistischen Bestrebungen Russlands entstand eine patriotisch ausgerichtete Gruppe, die für die finnische Sprache und Kultur eintrat. Die Gruppe der finnischen Weißen, oder Rechten, war geboren. Als Gegenpol zu den Rechten verdichteten sich die besitzlosen Bauern zu einer politischen Gruppe, die bis zu diesem Zeitpunkt gewohnt gewesen waren, arm, aber unabhängig zu sein und ihr eigenes Land zu bewirtschaften. So entstand die Gruppe der Linken, oder Roten. Aufgrund sozialer Unterschiede entstand ein **tiefer Graben zwischen politischer Rechten und Linken.**

Am **Ersten Weltkrieg** nahm Finnland nicht aktiv teil, das Land orientierte sich jedoch immer mehr an Deutschland und wurde dem Herrscher Russland immer abgeneigter. Freiwillige gingen zur militärischen Ausbildung nach Deutschland. Ungefähr 2000 „Jäger", das zukünftige Herzstück der finnischen Armee, wurden nach einer Ausbildung an der deutschen Militärakademie geheim an die deutsche Ostfront geschickt, um Kriegserfahrung zu sammeln. Als die Oktoberrevolution in Russland weitere Unsicherheit brachte, erkannte Finnland *Lenin* als Nachfolger des Zaren nicht an.

Gewürzgurken und Soße: Die Unabhängigkeit

Unabhängigkeitserklärung und unruhige Zeiten

Der 6. Dezember 1917 war ein bedeutender Tag in der finnischen Geschichte: Das Land erklärte seine Unabhängigkeit. Diese Entscheidung wurde stark von deutscher Seite unterstützt. Die Finnen wählten 1918 sogar einen Deutschen, den hessischen Landgraf *Prinz Friedrich Karl,* zu ihrem **König** und nannten ihn, in Anlehnung an den Held des „Kalevala", des finnischen Nationalepos, *Väinö I.* Nachdem Deutschland aber den Ersten Weltkrieg verloren hatte, dankte der König, der seinen finnischen Thron nie bestiegen hatte, ab.

Stabilität brachte die neu gewonnene Unabhängigkeit jedoch nicht: Weiße und Rote konnten ihre Meinungsverschiedenheiten nicht beilegen, die 1918 zu einer **sozialistischen Revolution** in Finnland führten. Die Lage war auch deshalb brisant, weil zu dieser Zeit noch eine nicht unbedeutende Anzahl russischer Truppen im Land waren. Die Regierung musste aus Helsinki fliehen und ein **Bürgerkrieg** brach aus. General *Carl Gustav Mannerheim* führte die weißen Regierungstruppen an, die von den aus deutscher Ausbildung zurückgekehrten „Jägern" unterstützt wurden, und konnte schließlich einen Sieg über die Roten verzeichnen. *Mannerheim* hatte am Russisch-Japanischen Krieg von 1904–1905 als Offizier der russischen zaristischen Armee teilgenommen. Aber seine hochstrebende militärische Karriere wurde durch die russische Revolution, die er in Sankt Petersburg erlebte, beendet. Er kehrte in seine Heimat Finnland zurück und trat in den militärischen Dienst seines Vaterlandes. Der Sieg der Weißen unter *Mannerheim* war unter anderem auch möglich, da sich die russische Armee infolge des Friedensvertrags von Brest-Litowsk aus Finnland zurückzog. Der endgültige Sieg der weißen Truppen wurde im Frühling 1918 bei Tampere errungen.

Der Bürgerkrieg hinterließ eine **geteilte Gesellschaft:** Dem „roten Terror" folgte nun der „weiße Terror", in dessen Folge ca. 12.000 Rote in Konzentrationslagern zu Tode gequält wurden, verhungerten oder dahinsiechten. Viele Rote flohen nach Russland, wo die meisten von ihnen in der Stalin-Ära ihren Tod fanden.

General *Mannerheim* missbilligte Finnlands starke Annäherung an Deutschland und aus diesem Grund verließ er nach dem Bürgerkrieg die finnische Armee und das Land – seine Beziehung zur Regierung war zu gespannt. Als aber Deutschland im Ersten Weltkrieg zusammenbrach, wurde *Mannerheim* zurückgerufen: Er wurde zum Reichsverweser ernannt. In den ersten Präsidentschaftswahlen des Landes im Sommer 1919 wurde jedoch *Kaarlo Juho Ståhlberg* zum Präsidenten gewählt.

Deutsche Kolonialinteressen an Finnland verschwanden mit der Niederlage im Ersten Weltkrieg und der deutsche Prinz *Friedrich Karl von Hessen,* gewählter König von Finnland, wurde nie offiziell gekrönt. Finnland wurde zur Republik und die Krone *Vainö des I.,* des finnischen Königs deutschen Ursprungs, der nie auf dem Thron gesessen hatte, ist heute in der Juwelengalerie von Kemi in Nordfinnland zu sehen.

1920 unterzeichneten Finnland und Russland in Dorpat (heute Tartu in Estland) einen **Friedensvertrag,** der Finnland einen Eismeerzugang in der Region um Petsamo (Petschenga) verschaffte.

Noch einmal wurde die junge Republik von einer inneren Krise geschüttelt: Schon 1929 begann die so genannte **Lapua-Bewegung** (benannt nach ihrem Entstehungsort Lapua in Westfinnland), die ursprünglich als eine antikommunistische Bewegung entstand, aus der aber bald eine faschistische wurde. 1930 zerstörten an die 3000 Männer die Druckerei und Redaktion des kommunistischen Blattes „Pohjan voima" in der Stadt Oulu und in Helsinki und anderen Städten des Landes kam es zu antikommunistischen Kundgebungen. Die Mitte-Rechts-Regierung ergab sich dem Druck: Kommunistische Blätter wurden verboten. Nach dieser Aktion radikalisierte die Bewegung zusehends. Im Oktober 1930 wurden der frühere Präsident *Ståhlberg* und seine Frau gefangen genommen, geschlagen und nach Ostfinnland verschleppt. Dies sollte der erste Schritt eines Putsches sein, der jedoch misslang, da die Bewegung ihre breite Unterstützung in der Öffentlichkeit verlor. 1932 schließlich kam es zum so genannten Mäntsälä-Aufstand, im Zuge dessen Mitglieder der Lapua-Bewegung eine sozialdemokratische Versammlung in der südfinnischen Stadt Mäntsälä gewaltsam unterbrachen. Der Aufstand schlug fehl und die Bewegung wurde Ende 1932 verboten.

Der Zweite Weltkrieg und seine Folgen

Die Sowjetunion betrachtete Finnland als ihr Interessensgebiet zu betrachten und hielt dies auch im Zusatzprotokoll des Nichtangriffspaktes, auch **Molotov-Ribbentrop-Abkommen** genannt, das sie mit Deutschland 1939 abschloss, fest. Nur 9 Tage später griff Deutschland Polen an und

Kampf gegen die sowjetische Übermacht, Winterkriegsmuseum in Kuhmo der Zweite Weltkrieg nahm seinen Lauf. Als sich der erste Staub in Polen gelegt hatte, begann die Sowjetunion nach Finnland vorzustoßen. Sie verlangte, militärische Stützpunkte am Eingang zum Finnischen Meerbusen, also auf finnischem Gebiet, errichten zu dürfen. Die baltischen Staaten gestatteten der Sowjetunion Stützpunkte auf ihren Gebieten, Finnland jedoch lehnte ab. Als Reaktion darauf griffen die Sowjets Finnland Ende November 1939 an.

Der so genannte **Winterkrieg** dauerte drei Monate, viel länger, als man es aufgrund der starken Übermacht der sowjetischen Armee hätte annehmen können. Die Kälte machte den Finnen viel weniger zu schaffen als den Sowjets und außerdem waren sie mit ihren Skiern viel schneller und wendiger. Trotzdem ging der Winterkrieg zugunsten der Sowjetunion aus: Finnland stand allein gegen eine 10:1 Übermacht, ohne Unterstützung und Verbündete. Finnland verlor große Gebiete in Karelien und musste den zuvor verweigerten Stützpunkt in Hanko am Finnischen Meerbusen den Sowjets überlassen. Die abgetretenen Gebiete umfassten ein Zehntel der Landfläche und ein Zehntel der Bevölkerung. 400.000 Menschen wurden aus den abgetretenen Gebieten nach Finnland evakuiert.

Nun wandte sich Finnland Deutschland zu, da es sich davon einen Rückerhalt seiner abgetretenen Gebiete erhoffte. 1941 griff *Hitler* die Sowjet-

016fn Foto: ih

union an und Finnland trat **an der Seite der Deutschen in den Zweiten Weltkrieg** ein. Es konnte seine Interessen jedoch wieder nicht durchsetzen. Der so genannte Fortsetzungskrieg, größtenteils ein Stellungskrieg, endete 1944 mit dem zusätzlichen Verlust des finnischen Eismeerzuganges, den Finnland erst 1920 erhalten hatte. Die Finnen handelten hinter dem Rücken Deutschlands einen Waffenstillstand mit den Sowjets aus, der zur Bedingung machte, dass die finnische Armee die Deutschen aus dem Land zu vertreiben hatte. Die deutschen Soldaten hinterließen bei ihrem Rückzug aus Lappland eine Spur der Verwüstung – als Strafe für den angeblichen Verrat bei den Waffenstillstandsverhandlungen.

Die Grenzen Finnlands wurden im **Pariser Friedensvertrag** 1947 bestätigt. Anstelle des Militärstützpunktes in Hanko wurde der Sowjetunion die Halbinsel Porkkala für einen Zeitraum von 50 Jahren verpachtet. Außerdem hatte Finnland 300 Millionen Dollar **Kriegsreparationen** an die Sowjetunion zu leisten, und zwar innerhalb von acht Jahren. Dies erfolgte vor allem in Form von Schiffen und Maschinen. Finnland ist faktisch das einzige Land, das alle Kriegsschulden zurückgezahlt hat. Es hat jedoch nie Reparationen von Deutschland erhalten, dessen Truppen beim Rückzug aus Lappland ganze Landstriche verwüstete und Rovaniemi, die Hauptstadt der Region, dem Erdboden gleichmachte.

Nach dem Krieg kehrten Tausende von Kindern nach Finnland zurück, die während des Krieges zum Schutz nach Schweden und Dänemark geschickt worden waren. Manchen von ihnen waren in der Zwischenzeit ihre Eltern derart fremd geworden, dass sie lieber bei ihren Pflegeeltern in Schweden blieben und von diesen adoptiert wurden. Lebensmittel bekam man nur auf Karten und der stete Zustrom von karelischen Flüchtlingen erleichterten die Situation keineswegs. Manche Eltern konnten ihre Kinder aufgrund ihrer finanziellen Situation nicht mehr ernähren und mussten sie in Pflege geben.

Der 1948 mit dem Riesen-Nachbarn Sowjetunion abgeschlossene **Vertrag über Freundschaft, Zusammenarbeit und Beistand** war ein eher wackeliges Konstrukt, bei dem die Sowjets immer am längeren Hebel saßen. Ein großer Erfolg der so genannten Paasikivi-Linie, der Politik des Staatspräsidenten *Juho Kusti Paasikivi,* die auf gute Verhältnisse mit der Sowjetunion abzielte, war der freiwillige Abzug der sowjetischen Armee aus Porkkala im Jahre 1956. Dies geschah jedoch hauptsächlich, weil der Stützpunkt aufgrund der Verschiebung des militärischen Interessensgebietes in den Süden seine Bedeutung verloren hatte und zu einem wirtschaftlichen Klotz am Bein der Sowjetunion wurde. Gleichzeitig diente die Rückgabe auch als willkommene PR-Kampagne, um die freundschaftliche Einstellung der Sowjetunion gegenüber Finnland zu beweisen. Im selben

Jahr, als in Ungarn der Aufstand ausbrach und die Finnen öffentlich Anteilnahme am Schicksal ihrer Sprachverwandten nahmen und diese humanitär und geistig unterstützten, war die Spannung zwischen Moskau und Helsinki deutlich spürbar. Die finnische Polizei zerstreute beispielsweise einen Demonstrationszug von Studenten zur Sowjetbotschaft aus Angst vor einem Eklat.

Urho Kalevi Kekkonen

Kekkonen, der bis 1982 ein Vierteljahrhundert an der Spitze Finnlands stand, ist eine sehr widersprüchliche Persönlichkeit. Während er von einer Seite als starker Mann gepriesen wird, der dem Land während des Kalten Krieges die Souveränität bewahrte, wird er von der anderen Seite als Diktator geächtet. Tatsächlich lässt sich eine starke Machtkonzentration in *Kekkonens* Händen während seiner Präsidentschaft nicht leugnen. Der frühere Athlet und Journalist *Kekkonen* hielt seine politischen Gegner in Schach. Die Partei der Nationalen Sammlung, die Rivalin der Zentrumspartei, der Nachfolgerin der Agrarpartei, wurde trotz guten Wahlergebnissen in Opposition gehalten. Nicht bloß einmal geschah es, dass *Kekkonen* das Parlament auflöste, dessen Zusammenstellung ihm missfiel. Der starke Präsident hatte aufgrund seiner Ehe mit der Autorin *Sylvi Kekkonen* enge Kontakte mit Künstlern, Schriftstellern und der kulturellen Elite des Landes. Er umgab sich gerne mit ihnen und nahm Einfluss auf ihr Schaffen. Wiederholt wurde der langjährige Präsident schon zu Lebzeiten wegen seiner sowjetkonformen Linie angegriffen: Heute ist allgemein bekannt, dass Journalisten und Autoren sich einer Art Selbstzensur unterwarfen, die keine kritischen Äußerungen über den großen Bruder Sowjetunion erlaubte. Um die Wahl des Präsidentschaftskandidaten *Honka* aus dem rechten Flügel im Jahre 1962 zu verhindern, täuschte *Kekkonen* ein Ultimatum der Sowjetunion vor, reiste zu „Verhandlungen" in die Sowjetunion und kam als „erfolgreicher Verhandlungsführer" zurück, was selbstverständlich seine Wiederwahl sicherte. In den 60er Jahren des 20. Jahrhunderts kam der Begriff Finnlandisierung in der damaligen BRD auf. Dieser Begriff meint wortwörtlich eine Veränderung hin zum damaligen finnischen Modell, dass aus der Sicht der westlichen Welt den Kommunisten und der Sowjetunion zu viel Macht über das eigene Land verlieh. Dieser Begriff verallgemeinerte sich schnell auf der westlichen Achse des Kalten Krieges und schadete damit auch dem Ansehen Finnlands im Ausland, besonders auch deshalb, weil er sich sehr hartnäckig in Geschichtsbüchern und Gehirnen verankerte.

Der Höhepunkt in *Kekkonens* Amtszeit war die Konferenz für Sicherheit und Zusammenarbeit in Europa, die 1975 in Helsinki auf seine Initiative hin einberufen wurde. *Kekkonen* trat 1982 aus gesundheitlichen Gründen zurück. Seine autoritäre Politik führte bald nach seinem Rücktritt zu einer Verfassungsreform, in der die Macht des Präsidenten zugunsten der des Parlaments und des Ministerpräsidenten geschmälert wurde. 1986 starb *Kekkonen,* doch auch heute noch scheiden sich die Geister der Finnen in der Beurteilung *Kekkonens.* Während der frühere Ministerpräsident *Paavo Lipponen* zum Beispiel *Kekkonens* Leistungen anerkennt, kritisiert er gleichzeitig seinen Machtmissbrauch.

Bündnisse und Politiker

Kaum ein Mitteleuropäer weiß, dass innerhalb der nordischen Staaten – Finnland, Schweden, Norwegen, Dänemark, Island, Grönland und die Färöer-Inseln – bereits seit 1952 freier Waren- und Arbeitskräfteverkehr besteht, in gewissem Sinne ein Vorläufer der EU mit dem Namen **Nordische Union.** Das Entstehen dieser Union war ein Ergebnis einer Summe von Ideen und Traditionen. Erstens gab es solch eine Union – damals unter dem Namen Kalmar Union – in der Region bereits zwischen 1370 und 1521, als im Norden erst zwei unabhängige Staaten, Dänemark und Schweden, existierten. Norwegen, Island, die Färöer und Grönland gehörten damals zu Dänemark; Finnland, Estland und Livland (heute Teil Lettlands und Estlands) waren Schweden untertan. Zweitens waren die indigenen Saamen als Nomaden es gewohnt, sich frei über ihr gesamtes Gebiet – Lappland – bewegen zu können. Dieses Gebiet erstreckt sich über mehrere Staaten und die Saamen folgten ihren Rentierherden je nach Futterlage schon zu einer Zeit, als Grenzen und Staaten noch nicht klar definiert waren.

Anneli Jäätteenmäki

Die Politikerin wurde 2003 zur ersten weiblichen Ministerpräsidentin Finnlands gewählt, blieb jedoch nur zwei Monate im Amt. Das, was sie so schnell schon scheiden ließ, ging als „Finnisches Watergate" in die Geschichte ein: Noch während des Wahlkampfes Anfang 2003 beschuldigte *Jäätteenmäki* den zu der Zeit noch amtierenden Ministerpräsidenten des Landes, *Paavo Lipponen,* bei einer Unterredung mit dem amerikanischen Präsidenten *George W. Bush* den Eindruck vermittelt zu haben, Finnland sei ein Teil der Irak-Allianz. Daraufhin kam postwendend die Frage von den Sozialdemokraten, woher die Spitzenpolitikerin der Zentrumspartei denn diese Information bekommen hätte. Die Aufzeichnungen über diese Unterredung waren nämlich streng geheim bei der Präsidentin *Tarja Halonen* – der ersten weiblichen Präsidentin des Landes übrigens – gelagert. *Jäätteenmäki* gab an, die betreffenden Dokumente überraschend von *Martti Manninen,* dem Berater der Präsidentin zugefaxt bekommen zu haben. Damit verwickelte sie sich jedoch in Widersprüche, denn *Manninen* behauptete, von *Jäätteenmäki* ausdrücklich um die Informationen gebeten worden zu sein. Die ganze Affäre erreichte zwei Monate nach Amtsantritt *Jäätteenmäkis* als neue finnische Ministerpräsidentin ihren Höhepunkt und kostete schließlich sowohl *Manninen* als auch die Ministerpräsidentin das Amt. *Jäätteenmäki* trat schon im Juni 2003 zurück und es wurde an ihrer Stelle *Matti Vanhanen* als Ministerpräsident berufen. Im Dezember 2003 stellte sich heraus, dass *Jäätteenmäki* zwar ihre Stellung als Parlamentsabgeordnete behalten könne, jedoch wegen Missachtung der Geheimhaltungspflicht angeklagt werden würde. Im März 2004 wurde *Jäätteenmäki* dann aber aus Mangel an Beweisen freigesprochen und *Manninen* zu 3600 Euro Strafe wegen Verletzung der Schweigepflicht verurteilt.

1955 wurde Finnland zum **UNO-Mitglied,** ein Status, den sich das Land schwer erkämpfen musste, da die UNO von der Sowjetunion für eine Organisation unter westlichem Einfluss gehalten wurde.

Urho Kalevi Kekkonen, ein Politiker der Agrarpartei, wurde 1956 mit zwei Stimmen Differenz im dritten Wahlgang zum **Präsidenten** gewählt. Er galt als Fortsetzer der Paasikivi-Linie. Unverborgen ist, dass *Kekkonens* Beziehungen zur kommunistischen Partei und zur sowjetischen Botschaft eine Rolle bei seiner Wahl gespielt haben. Am Tag seines Amtsantrittes begann ein drei Wochen dauernder Generalstreik, bei dem sich schließlich die Arbeiter einen Lohnzuwachs erkämpfen konnten. Hintergrund dieses Streiks war die Erhöhung der Milchpreise.

1987 kam es zu einer einschneidenden **Veränderung in der politischen Landschaft Finnlands:** Die politische Rechte gewann unter dem Banner der Nationalen Sammlungspartei und bildete eine Regierungskoalition mit den Sozialdemokraten. 1991 mussten die Sozialdemokraten in Opposition gehen und die Nationale Sammlungspartei bildete eine Regierung mit der Zentrumspartei (ehemalige Agrarpartei). Bei den Parlamentswahlen 1995 kam es zu einer neuerlichen Umschichtung der Regierung: Der sozialdemokratische Ministerpräsident *Paavo Lipponen* bildete eine „Regenbogenkoalition", die aus Sozialdemokraten, Nationaler Sammlungspartei, Grünen, Linksbund und Schwedischer Volkspartei bestand. 1999 kam es trotz Verlusten der Sozialdemokraten zur Neuauflage dieser Regenbogenregierung. 2003 war die Zentrumspartei der große Gewinner der Wahlen. Sie überflügelte die Sozialdemokraten, bildete aber dennoch eine Regierung mit ihnen und der Schwedischen Volkspartei. Ins Amt des Ministerpräsidenten trat zum ersten Mal eine Frau, *Anneli Jäätteenmäki* aus der Zentrumspartei.

Die **Umgestaltung Europas nach 1989** hat auch Finnland stark beeinflusst. Als 1991 die Sowjetunion zu existieren aufhörte, bedeutete das für die finnische Wirtschaft einen harten Schlag: Finnland verlor einen riesigen Absatzmarkt und fast ein Viertel der Finnen stand plötzlich ohne Arbeit da, denn vor der Einführung des freien Marktes in Russland war ein Großteil der finnischen Exporte in die Sowjetunion gegangen.

Finnland als Mitglied der EU

Im Oktober 1994 sprachen sich 56,9 Prozent der Finnen für einen **Beitritt zur Europäischen Union** aus und seit 1995 ist Finnland Mitglied der EU. Finnland ist einer der wenigen Staaten der Welt, in dem es so gut wie keine Armut gibt. Das Land hat seit dem Zweiten Weltkrieg einen riesigen Aufschwung hinter sich. Der Aufstieg der Kommunikationstechnologie, vor allem in Form von Nokia und seinen Nebenunternehmen, hat Finnlands Wirtschaft und die Beschäftigungszahlen sehr positiv beeinflusst.

1999 begründete Finnland mit zehn anderen EU-Staaten die **Währungsunion** und seit 2002 zahlen die Finnen mit dem Euro. Davor, seit 1860, war die finnische Währung die Finnmark und die Umstellung auf die neue europäische Gemeinschaftswährung dauerte einige Zeit. Heute ist die Bargeldzirkulation gering, Kreditkarten und andere virtuelle Zahlungsmittel sind sehr populär. Obwohl in einigen Fällen seit der Euroeinführung Preiszuwächse verzeichnet wurden, ist die allgemein befürchtete Preiserhöhung, wie sie beispielsweise in Deutschland oder Österreich seit der Euroeinführung stattgefunden hat, in Finnland ausgeblieben. Ein- und Zwei-Cent-Münzen sind in Finnland nicht gebräuchlich und genießen mittlerweile Sammlerstatus.

Die **Erweiterung der Union** bringt für Finnland eigene Herausforderungen mit sich. Die hohen Steuerlasten auf Alkohol und Autos werden langsam abgebaut, um eine Überflutung des finnischen Marktes mit Importen aus den neuen Mitgliedsstaaten zu verhindern. Zumindest bis 2006 gewährt der finnische Staat neuen EU-Staatsbürgern nur beschränkten Zugang zum finnischen Arbeitsmarkt.

017fn Foto: ih

Schamanentrommel und Kruzifix: Glaube und Religion

Vorchristlichkeit

Aus der vorgeschichtlichen Zeit, der Zeit vor dem Jahr 1000 n. Chr., gibt es kaum Anhaltspunkte, die die Glaubensvorstellungen und das Weltbild der Einwohner Finnlands klar erkennen lassen. Funde aus der Steinzeit lassen nur beschränkte Aussagen über Totenkult und Religion der Erstbesiedler des Landes zu. Dass **Naturgottheiten,** Schamanen und Hexen wohl eine Rolle als Vermittler zwischen Mensch und Übernatürlichem inne hatten lässt sich von sprachwissenschaftlicher Seite belegen: Das Wort *noita* („Hexe") zum Beispiel gehört zum alten finno-ugrischen Wortschatz. Auch der Glaube an ein Leben nach dem Tod dürfte spätestens in der steinzeitlichen Periode bestanden haben: Nahrungsmittel und Waffen als Grabbeigabe sowie das Bedecken des Toten mit rötlicher Erde (rot als Farbe des Blutes und des Lebens und die rote Erde als Schmälerer der Macht des Todes) weisen auf den Glauben an eine Auferstehung hin.

Felsmalereien sind ein weiterer Anhaltspunkt für die Erforschung von Lebensweise und Glaubensvorstellung der frühen Siedler in Finnland. Sich auf Skiern fortbewegende Bogenschützen, Boote, Hirsche, Handabdrücke, manchmal auch eindeutige Frauenfiguren sowie Menschen mit Geweihen sind die häufigsten Motive der Felsmalereien. Geweih tragende Personen spielten in der Glaubenswelt eine Rolle – mit einiger Wahrscheinlichkeit handelte es sich bei ihnen um Schamanen oder Schutzgötter. Die genaue Bedeutung und der Zweck dieser Malereien ist kaum erschließbar. Markierung des Jagdterritoriums, Abwehr von Bösem oder Abschluss von Vereinbarungen können hier eine Rolle gespielt haben. Der bemalte Fels kann aber auch eine Art Heiligtum gewesen sein. Im Glauben des vorchristlichen Finnlands waren Mythen von Göttern, Schutzgeistern und Toten verwoben mit dem Jahresablauf und den Ritualen, mit denen man reiche Ernte und Beute beschwor. Die Trennlinie zwischen Gut und Böse, zwischen Sauber und Unrein war auch genau festgelegt.

Die erste bekannte Kulturform im Gebiet Finnlands ist die **kammkeramische Kultur,** die zwischen 3200 und 2000 v. Chr. indoeuropäischen Einfluss nach Finnland brachte. Ob die Glaubensgrundlagen indoeuropäischen oder finno-ugrischen Ursprungs waren, lässt sich kaum feststellen.

Eines der ersten Modelle der erfolgreichen Telekommunikationsfirma Nokia

In der **Bronzezeit** veränderte sich die Bestattungsform, wie durch Funde belegt ist. Der Tote wurde nicht mehr unter die Erde gebettet, sondern auf einen erhöhten Felsen meist an die Meeresküste gelegt und mit Steinen zugedeckt. Auch die Totenverbrennung verbreitete sich in der Bronzezeit in Finnland. Die Verwendung von Amuletten (Bärenkrallen, Wildtierzähne etc.) ist durch Funde belegt und die Existenz eines Bärenkultes wird von mehreren Forschern für möglich gehalten. Den Geistern der Verstorbenen wurde das Beste geopfert. Die ersten Früchte der Ernte, die erste gemolkene Milch, die besten Teile der erbeuteten Tiere wurden den Toten übergeben, meist in einem Heiligtum, in dem sich die Bewohner der Gegend an Festtagen versammelten.

Michael Agricola, der Reformator Finnlands veröffentlichte 1551 in der Vorrede zur Übersetzung des Psalters ein **Verzeichnis der heidnischen Götter von Häme und Karelien.** Die Liste ist freilich aus der Motivation heraus entstanden, die heidnischen Glaubensstrukturen zu zerstören; trotzdem spiegelt sie die Unterschiede zwischen dem Westen und dem Osten des Landes wider. Während in der Provinz Häme im Westen Naturgeister und Götter für Sonnen- und Mondphasen zu finden sind, sind die karelischen Gottheiten für verschiedene Erwerbszweige verantwortlich. Diese Liste wird heute als Ausgangspunkt der Erforschung heidnischer Glaubensstrukturen Finnlands herangezogen. *Agricola* bestätigte in dieser Liste auch, dass der Gott Ukko ein wichtiger, wenn nicht der wichtigste Gott im vorchristlichen Finnland war. Der aus der Axt geschleuderte Blitz war das Zeichen des Gottes Ukko, also des Männlichen. Die in der Eisenzeit angefertigten Feuersteine ahmen die Form der weiblichen Vulva nach. Der Gebrauch der Axt und des Feuersteins war die symbolische Darstellung der göttlichen Vereinigung im Diesseits, die reiche Ernte, Fruchtbarkeit und Kindersegen bringen sollte.

Mündlich überlieferte Volkssagen, Runenlieder, Auszählreime, Volkslieder und epische Gedichte gewähren zumindest beschränkten Einblick in das Glaubensleben der alten Finnen, weil sich in ihnen die alten Strukturen erhalten haben. Epische Lieder wie zum Beispiel „Die Schöpfung", die die Entstehung der Welt aus einem Meeresvogelei beschreibt, gehören auch in Finnland zum alten Kulturgut.

Der **Schamanismus** wird von Finnen selbst zu ihrem Volksglauben gezählt, auch wenn er sich schwer nachweisen lässt. Unter den Saamen ist er jedenfalls um 1200 n. Chr. in Norwegen belegt. Die Schamanentrommel *(noitarumpu)* ist ein Beweis hierfür. Die ovale Trommel, deren Fell mit mythischen Zeichen und Motiven bemalt ist, hat vielerlei Bedeutung und ist das Hauptsymbol des Schamanismus in Finnland. Die Trommel wurde vom Schamanen genutzt, um Trancezustände hervorzurufen.

Das erst in den 30er und 40er Jahren des 19. Jahrhunderts von *Elias Lönnrot* aus gesammelten Volkssagen und Liedern geschaffene Nationalepos, das **„Kalevala“,** ist eine Symbolquelle der Glaubenswelt der Finnen und ein klares Beispiel schamanistischer Tradition, das freilich nur mit Vorsicht zu wissenschaftlicher Deutung herangezogen werden kann. Das Epos überliefert den Kampf zwischen den mythischen Staaten Pohjola und Kalevala. *Louhi,* Königin von Pohjola, des nördlichen Königreiches, ist die Personifikation der magischen Kräfte, im Kampf unterliegt sie jedoch den Helden aus Kalevala. Der Norden wurde in alten Volksüberlieferungen oft als Synonym für die Unterwelt angesehen. *Väinämöinen,* der Held des „Kalevala“, ist ein mit *Orpheus* vergleichbarer Halbgott, ein großer Schamane, der der Welt die Musik schenkt und auf der Suche nach dem Wissen in die Unterwelt *(Tuonela)* reist. Diese Reise ist mit der schamanistischen Seelenreise vergleichbar. *Ilmarinen, Väinemöinens* Gefährte und zweiter Held des Volksepos, ist Schmied, Schöpfer des Feuers und bringt die Sterne und das Himmelszelt. Er schmiedet auch die sagenhafte Sampo-Mühle, die ewigen Reichtum spendet und um die sich das gesamte Epos dreht. Die genaue Bedeutung dieser Elemente innerhalb der finnischen Glaubenswelt der vorchristlichen Periode ist nicht erschließbar, doch bilden sie eine Grundlage der heutigen finnischen Kultur.

Zusammenleben von alten und neuen Glaubensvorstellungen

Informationen darüber, wie Heidentum und Christentum einander in Finnland begegneten, sind spärlich. Der strikte Eingottglaube der neuen Religion duldete keine Nebengötter und die **Strategie der Kirche gegen heidnische Götter** und Heiligtümer war vor allem die der **Umdeutung.** Heilige Stätten, die verschiedenen Naturgottheiten und Schutzgeistern geweiht waren, wurden kurzerhand mit Weihwasser besprengt und sozusagen über Nacht zu christlichen Gotteshäusern. Auch die alten Mythen wurden dem Christentum dienstbar gemacht: So wurde zum Beispiel *Väinämöinens* Bootsfahrt zu einer Schiffsreise *Christi* umgedeutet. Die Aufgaben der Geister und Götter gingen auf katholische Heilige über. Zaubersprüche und Beschwörungsformeln mischten heidnische und christliche Inhalte.

Die Kirche rüstete erst im 17. Jahrhundert zu einem Schlag gegen das Heidentum. **Hexenprozesse** nach mitteleuropäischem Vorbild gab es in Finnland in den 60er und 70er Jahren des 17. Jahrhunderts. Im Unterschied zu anderen Teilen Europas waren die Angeklagten in Finnland zum größten Teil Männer.

018fn Foto: ih

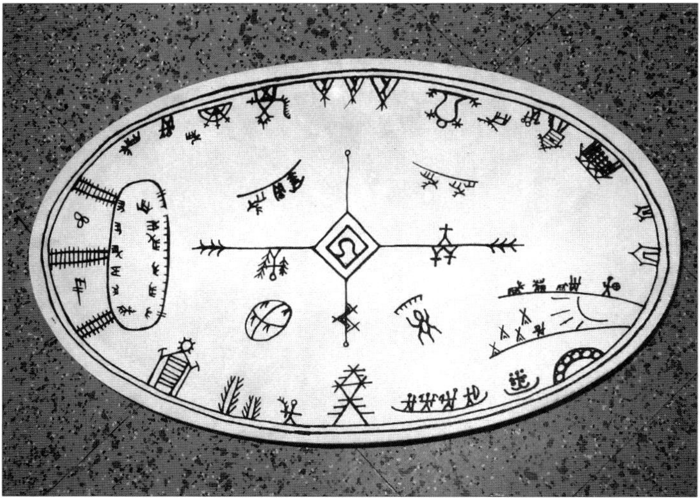

Der **Schamanismus** scheint in Finnland noch vor der Zeit der Hexenverfolgungen verschwunden zu sein, allein unter den Saamen Nordfinnlands hat er offenbar länger überlebt. In Lappland gerieten einige wenige Schamanen, die an den alten Traditionen festhielten, vor Gericht. Bis ins 18. Jahrhundert wurde der Schamanismus jedoch auch unter den Saamen erfolgreich von der christlichen Mission ausgerottet. Zumindest im Öffentlichen, denn geheim wurden schamanistische Rituale für Jagdglück, Gesundheit oder Fruchtbarkeit weiter praktiziert. Der finnische Volksglaube sank nach seiner Niederlage in unterschwellige Schichten der Kultur ab und blieb durch Jahrhunderte bis in die Gegenwart am Leben. Bis heute gibt es beispielsweise im ländlichen Gebiet des nordfinnischen Nordostbottnien Heiler und Hellseher, die von der Bevölkerung bei allerlei Problemen konsultiert werden.

Katholische Kirche

Die ersten Spuren des Christentums in Finnland lassen sich auf die Zeit der Wikinger, also das 9.–11. Jahrhundert, zurückdatieren. Dass die **ersten christlichen Einflüsse aus dem Osten** kamen, beweisen sowohl Funde aus Gräbern dieser Zeit, als auch die finnische Sprache, die Lehnwörter christlicher Herkunft beinhaltet. Ob dieser Einfluss nun von den Wikingern und ihren Ostfahrten herrührt oder von der Vermittlung durch Kaufleute aus Nowgorod (einer bedeutenden Stadt im Reich der Kiever Rus) oder beides, ist ungeklärt. Sicher ist, dass sich diese christlichen Einflüsse aus dem Osten bis in den Südwesten Finnlands erstreckten.

Ab dem 11. Jahrhundert nahm auch der Westen Einfluss auf Finnland: über Schweden und Åland kam die **westliche Form des Christentums** nach Südwestfinnland. Heidnische Traditionen waren noch lange Zeit hindurch gebräuchlich und belegt; vor allem im Binnenland im Osten (v. a. die Provinzen Karelien, Savo und Tavastland – finnisch Häme) wurde der Katholizismus verschmäht. Missionarische Bestrebungen aus dem Westen waren stark und strukturiert und obwohl erste Missionsversuche aus Norddeutschland fehlgeschlagen waren, erfolgte um 1155 der sogenannte Erste Kreuzzug des schwedischen Königs *Erich des Heiligen* gemeinsam mit dem aus England stammenden Bischof *Henrik*. *Henrik* wurde während der katholischen Zeit Finnlands als Nationalheiliger verehrt und gründete ein Missionsbistum mit englischer Organisationsstruktur. Aber auch in Südwestfinnland schien sich die Kirche erst langsam zu behaupten: Erst 1276 wurde laut finnischer Bischofschronik die Diözese von Turku gegründet, die später zum Bischofssitz avancierte.

Unter dem englischen Dominikaner *Thomas*, dem vierten Bischof Finnlands, expandierte die katholische Kirche nach Osten. Ein Aufstand der heidnischen Bevölkerung in Häme 1237 wurde auf Empfehlung des Papstes niedergeschlagen. Die schwedischen Katholiken waren auch bestrebt, den Vormarsch der orthodoxen Kirche in Finnland zurückzudrängen.

Zu Beginn des 14. Jahrhunderts war Finnland zumindest dem Äußeren nach dem römisch-katholischen Glauben zugehörig und Schweden untertan. Die katholische Kirche brachte auch europäische Gesellschaftsstrukturen nach Finnland. Sie vereinigte die bis dahin uneinheitlichen und einander oftmals bekämpfenden Hauptstämme der Tavastländer und Westkarelier und stattete das Land mit einem fortschrittlichen Administrationssystem aus. Der **Bischof von Turku** war der einflussreichste Mann in ganz Finnland – er war es auch, der die Finnen vor dem König in Schweden vertrat. Die ersten Kirchen wurden wohl aus Holz gebaut und sind späteren Feuersbrünsten zum Opfer gefallen. Zu Beginn des 15. Jahrhunderts begann man aber, Gotteshäuser aus Stein zu bauen.

Die katholische Kirche war auch der **Sammelpunkt des Studierens und Lehrens:** Die meisten der seit dem 14. Jahrhundert an den Universitäten von Paris, Prag und Leipzig registrierten finnischen Studenten wurden von ihr unterstützt. Zusätzlich betrieb die Kirche Armen- und Krankenhäuser.

Mythische Figuren auf der Hexentrommel zeigen das schamanistische Weltbild

Im Südosten Finnlands gab es neben Turku im Südwesten ein weiteres kirchliches Zentrum: Wiborg (finnisch Viipuri, heute in Russland). Hier betrieben Franziskaner und Dominikaner ihre Klöster.

Reformation und evangelisch-lutherische Kirche

Die Reformation erreichte Finnland wie Schweden in den 20er Jahren des 16. Jahrhunderts. Dass sie sich in ganz Finnland so weit greifend und kräftig durchsetzen konnte, beruht auf der Tatsache, dass sie von oben gelenkt wurde. Der schwedische König *Gustav Wasa* zog seinen Nutzen aus der Reformation: Diese ermöglichte es ihm nämlich, die Macht der Kirche zu reduzieren und ihre Güter der Krone zuzuführen. Mit den Geldern aus diesen Konfiskationen beglich *Gustav Wasa* seine Schulden an die Hansestadt Lübeck.

Michael Agricola – Der Reformator Finnlands

Agricola gilt als eine der wichtigsten Persönlichkeiten der finnischen Geschichte. Aus einer Bauernfamilie stammend, besuchte er nach der Lateinschule in Wiborg die Kathedralschule von Turku. Dort wurde er zum Priester geweiht und war als Assistent des Bischofs beschäftigt. *Agricola* - schon mit den Ideen der Reformation vertraut - wurde mit einigen Mitstudenten, alle junge, begabte Männer aus Finnland, in das Zentrum der Reformation nach Wittenberg geschickt. Die eigentliche Leistung *Agricolas* für die finnische Geschichte besteht in der Übersetzung des gesamten Neuen Testamentes ins Finnische. Dies war vor allem deshalb bemerkenswert, weil Finnisch als Schriftsprache bis dahin noch gar nicht existiert hatte. Die Forderung, wonach jeder Mensch die Bibel in seiner eigenen Muttersprache lesen können sollte, war ja ein Hauptziel der Reformation. *Agricola* begann mit seiner Übersetzung des Neuen Testaments schon in Wittenberg und vollendete sie 1543 in Turku. Gedruckt wurde das erste finnische Neue Testament 1548 in Stockholm. Das allererste finnischsprachige Buch stammt auch aus der Feder *Agricolas:* „ABC-kiria", eine Fibel, in der einerseits das Alphabet vorgestellt wird und die andererseits eine Art Katechismus darstellt. Diese Fibel folgt eindeutig dem reformatorischen Gedanken der allgemeinen Schriftkundigkeit des Volkes, der zum Ziel hat, jedem Bürger das selbstständige Studium der Bibel zu ermöglichen. „ABC-kiria" ist heute nur mehr in Fragmenten erhalten.

Nach seiner Rückkehr aus Wittenberg war *Agricola* zunächst als Schulmeister tätig und wurde später zum ersten lutherischen Bischof Finnlands ernannt. *Gustav Wasa* beauftragte ihn sogar mit diplomatischen Aufgaben: Als *Agricola* im Frühjahr 1557 als Vermittler zwischen Schweden und Russland zu Friedensverhandlungen nach Moskau geschickt wurde, kehrte er nicht mehr nach Turku zurück. Am 9. April 1557 starb er auf der Karelischen Landenge. Der Dom zu Wiborg, in dem man ihn beigesetzt hatte, wurde im Zweiten Weltkrieg zerstört. In Finnland werden am Todestag *Agricolas* noch heute Fahnen gehisst; der 9. April wurde offiziell zum Tag der finnischen Sprache erklärt.

Neben den lutherischen Lehren brachte die Reformation für die Kirche in Finnland zunächst hauptsächlich Verarmung und Isolation von den verbliebenen katholischen Ländern. Die Macht des Papstes in Rom wurde mit der des Königs ersetzt. Im schwedischen Uppsala wurde der **lutherische Glauben 1593 zur Staatsreligion** erklärt. Von Wittenberg ausgehend fasste die Reformation durch Geistliche auch in Finnland Fuß. Um 1530 studierte *Michael Agricola* in Wittenberg und kam dabei in engen Kontakt mit dem Reformator und Lutherfreund *Philipp Melanchton,* der an der Universität von Wittenberg lehrte.

Die Reformation und das Christentum allgemein setzte sich im Volk nur langsam durch: Noch gegen Ende des 16. Jahrhunderts waren vor allem im ländlichen Raum heidnische Bräuche weit verbreitet. Die evangelisch-lutherische Kirche setzte indes ihren langsamen Siegeszug fort; Klöster wurden nach und nach geschlossen und der Zölibat wurde aufgehoben.

Die **Periode der lutherischen Orthodoxie** im 17. und frühen 18. Jahrhundert gab der Kirche erneut eine ähnliche Vormachtstellung, wie sie im Mittelalter die katholische Kirche innegehabt hatte. Das Kirchenoberhaupt war zugleich das weltliche Oberhaupt, also der König. Kirche und Staat waren eins. Jeder Bewohner Finnlands war zwangsweise auch Mitglied der Kirche.

Am Anfang des 18. Jahrhunderts fanden **pietistische Ansätze,** die über Deutschland nach Finnland gelangt waren, ihren Niederschlag. Die Betonung der individuellen Spiritualität und die Hervorhebung der Emotionen passten jedoch der offiziellen Kirche nicht. Die Führer dieser Strömung wurden verfolgt, verstärkt auch zu Beginn des 19. Jahrhunderts, als auf der Grundlage des Pietismus die sogenannten Erweckungsbewegungen entstanden.

Finnland war zu dieser Zeit schon ein Großfürstentum des Russischen Reiches und sowohl von staatlicher als auch von offiziell kirchlicher Seite bestand die Angst, diese Bewegungen würden politische Unruhen verbreiten und so russischen Argwohn heraufbeschwören. Radikale Formen der pietistischen Bewegung sind mythischer Spiritualismus und extreme Kirchenfrömmigkeit. Die Gemäßigteren dieser Strömungen wurden von der lutherischen Kirche jedoch schon bald geduldet, da sie innerhalb dieser wirkten und neue Anhänger für die offizielle Kirche warben.

1869 wurde zumindest auf dem Papier **Religionsfreiheit** verkündet, doch umsetzen konnte man diese erst um 1920. Das Kirchengesetz von 1869 brachte auch die Lockerung der Bande zwischen Kirche und Staat und erhöhte die Autonomie der Kirche. Die Synode wurde als höchster Entscheidungsträger der Kirche erschaffen. Auch Diakonie, Missions- und Jugendarbeit fanden ihren Beginn im 19. Jahrhundert.

Nach der Unabhängigkeitserklärung Finnlands von Russland im Jahre 1917 brach der Bürgerkrieg aus. Während die lutherische Kirche sich auf die Seite der rechtsgerichteten bürgerlichen Schicht stellte, wurde die Arbeiterbewegung vernachlässigt. Dieser Gegensatz teilte die **finnische Gesellschaft in zwei Teile** und diese Spaltung ist teilweise noch heute spürbar. Im Winterkrieg gegen Russland von 1939 bis 1940 stellte die Kirche einen Hort der Unterstützung und Einheit in schweren Zeiten dar. Patriotismus und der Wille zur Verteidigung des Vaterlandes hatte einen religiösen Unterton. In der ersten Hälfte der 1940er Jahre besserte sich das Verhältnis zwischen Kirche und Arbeiterbewegung. Nach dem Zweiten Weltkrieg gewannen die sozialen Leistungen der Kirche vor allem im Arbeiterbereich (Diakonie, Familienberatung etc.) an Bedeutung.

In der Mitte der 1960er Jahre veränderte sich Finnland durch die starke Migration der Landbevölkerung in die Städte. Die rasche Urbanisierung und das sich **schnell verändernde Weltbild** (nicht zuletzt durch den Einfluss des Fernsehens) ließen die Kirche in den Hintergrund treten. Neue, vor allem aus dem angelsächsischen Raum stammende Erweckungsbewegungen gewannen an Boden, beließen ihre Mitglieder aber zumeist in der lutherischen Kirche.

Griechisch-orthodoxe Kirche

Spätestens im 12. Jahrhundert brachten Nowgoroder Händler den griechisch-orthodoxen Glauben nach Finnland – die Westküste des Landes diente als Marktplatz zwischen Russland und Schweden. Um 1200 übernahmen die im Norden und Osten des Ladogasees lebenden Karelier den orthodoxen Glauben. Diese **Grenzlinie zwischen Ost- und Westkirche** hat sich auch kulturell ausgewirkt und überdauerte viele Jahrhunderte. Als 1809 Finnland ein Großfürstentum des Russischen Reiches wurde, nahmen russische Soldaten und Kaufleute das orthodoxe Christentum in den Westen des Landes mit. Im späten 19. Jahrhundert versuchte Russland, die orthodoxe Kirche zur Russifizierung Finnlands zu nutzen. Nicht zuletzt aus diesem Grund herrschte starkes Misstrauen unter der lutherischen Bevölkerung gegenüber der „Russenreligion". 1892 wurde in Finnland ein eigenes griechisch-orthodoxes Bistum gegründet, in dem vor allem ein Detail Gegenstand von Streitigkeiten war: Während die Russen nämlich Kirchenslawisch als Liturgiesprache im Gottesdienst verwenden wollten, bestanden die Karelier und Finnen auf Finnisch. Der Streit wurde nie bei-

„Der Quell des Lebens" – eine Ikone mit finnischer Aufschrift

019fin Foto: ih

gelegt: Ende der 1920er Jahre spalteten sich die russischen Orthodoxen ab und unterstanden ab nun dem Moskauer Patriarchen.

Nach der finnischen Unabhängigkeitserklärung 1917 erkannte der neue finnische Staat die **autonome Stellung der orthodoxen Kirche** an. 1923 erfolgte die Anerkennung der finnischen orthodoxen Kirche durch den Patriarchen von Konstantinopel, dem Oberhaupt der orthodoxen Kirche. Die frühen Jahre der finnischen Unabhängigkeit brachten eine Umgestaltung der orthodoxen Kirche zu einer **orthodoxen Kirche mit finnischen Elementen.** Seit 1935 darf die orthodoxe Kirche wie die lutherische ihre Steuern direkt vom Gehalt ihrer Mitglieder einheben. Im Zweiten Weltkrieg verlor die finnische orthodoxe Kirche 90 Prozent ihrer Güter, die sich hauptsächlich im Osten des Landes befanden – dem Teil, der an Russland abgetreten werden musste. Über zwei Drittel der Mitglieder der orthodoxen Kirche Finnlands mussten fliehen und übersiedelten in die verbliebenen Teile Finnlands. Viele evakuierte Orthodoxe konvertierten zum lutherischen Glauben, nicht zuletzt auch aufgrund von Mischehen und der mitunter feindlichen Einstellung der Lutheraner gegenüber der orthodoxen Kirche.

Der finnische Staat versuchte die erschütterte finnische orthodoxe Kirche beim **Wiederaufbau** in Restfinnland zu unterstützen. Zwischen 1950 und 1960 wurden 13 orthodoxe Kirchen und 44 Gebetshäuser gebaut. Die orthodoxen Klöster von Valamo und Lintula im abgetretenen Karelien wurden in Ostfinnland wieder eingerichtet.

Judentum

Erst während der russischen Herrschaft über Finnland war es den Juden erlaubt worden, sich in Finnland niederzulassen. Einige Juden sickerten trotzdem schon unter der schwedischen Herrschaft nach Finnland ein, indem sie sich beispielsweise als deutsche Kaufleute oder russische Einwanderer ausgaben. Viele von diesen jüdischen Einwanderern nahmen finnische Namen an und konvertierten. *Zar Alexander II.* gestattete im Jahre 1858 per Erlass ausgedienten jüdischen Soldaten der russischen Armee, nach Abschluss ihres Militärdienstes in Finnland zu bleiben. Eine **Welle jüdischer Flüchtlinge** kam aus Litauen und Polen nach 1880 nach Finnland, um Pogromen zu entfliehen. Zu Anfang des 20. Jahrhunderts waren etwa 1100 Juden in der finnischen jüdischen Kongregation registriert.

Das Leben der jüdischen Bevölkerung war starken Beschränkungen unterworfen: Sie durften sich nur in einer von den drei Städten Helsinki, Turku und Wiborg niederlassen; es war ihnen untersagt, in Finnland zu heiraten und außer dem Handel mit alten Kleidern durften sie keinen anderen Beruf ausüben.

Nach der Unabhängigkeitserklärung wurde die Religionsfreiheit auch faktisch umgesetzt, was die **Gleichstellung des Judentums mit allen anderen Religionen** gewährleistete. In der Zwischenkriegszeit kam eine Welle jüdischer Einwanderer aus dem bolschewistischen Russland nach Finnland; die meisten dieser Flüchtlinge blieben nur kurz und hatten als Endziel Amerika, Schweden oder Palästina. Sowohl während des Winterkrieges als auch des Fortsetzungskrieges gegen Sowjetrussland kämpften jüdische Soldaten in der finnischen Armee. Finnland kämpfte an der Seite Nazi-Deutschlands gegen den gemeinsamen Feind. Trotz starkem Druck von deutscher Seite **verweigerte** Finnland die **Auslieferung finnischer Staatsbürger jüdischen Glaubens.**

Marschall *Mannerheim* und Außenminister *Väinö Tanner* waren strikt gegen die von SS-Reichsführer *Himmler* geforderten Deportationen. *Tanner* ging selbst zum Hafen und verhinderte die Deportation finnischer Juden. Insgesamt acht Juden, die aus Österreich, Polen und Lettland nach Finnland geflüchtet waren und kleine Gesetzesüberschreitungen wie Missachtung der Ausgangssperre begangen hatten, wurden vom finnischen Staat an die Gestapo übergeben.

020fn Foto: ih

In Helsinki steht heute ein Denkmal für „Die Acht“, von denen den Holocaust nur 2 Personen überlebt haben. – Soweit die offizielle, bis

2003 anerkannte Variante. Im November 2003 erschien das viel beachtete Werk „Die Ausgelieferten – Finnlands Menschenlieferungen an die Gestapo“ der **Forscherin Elina Sana,** in dem sie nachweist, dass während des Fortsetzungskrieges fast 3000, größtenteils politische Kriegsgefangene, unter denen auch 70 Juden aus der Sowjetunion waren, an die Gestapo ausgeliefert wurden. Nach einer Phase starker öffentlicher Diskussion erhielt *Sana* für ihr Werk im Januar 2004 den Finlandia-Wissenschaftspreis. Finnland hatte seine Rolle als unbefleckte Jungfrau während des Holocaust verloren.

Staatskirche und Glaubensvorstellungen heute

Heute gelten rund 85 Prozent (ca. 4,5 Millionen) der finnischen Bevölkerung als Mitglied der **lutherischen Staatskirche.** Acht Diözesen, neun Bischöfe und rund 600 Gemeinden gibt es heute in Finnland. Die Synode tritt zwei Mal im Jahr zusammen und ist noch immer das höchste Entscheidungsorgan der Kirche. Dass Kirche und Staat zwar nicht mehr eins sind, aber doch noch eng zusammenarbeiten, zeigen die Tatsachen, dass die Kirchensteuer mit der staatlichen Steuer direkt vom Gehalt abgebucht wird und dass eine kirchliche Hochzeit auch vom Staat anerkannt wird. Standesamtlich muss also nicht unbedingt geheiratet werden, wenn die kirchliche Zeremonie stattgefunden hat. Die Kirche hat ein ganzes Heer an Mitarbeitern: Im Jahr 2000 waren es 19.600 Voll- oder Teilzeitbeschäftigte. Fast 90 Prozent aller Kleinkinder werden getauft und genauso viele Teenager nehmen am Konfirmandenunterricht teil. 80 Prozent der Paare werden in einer lutherischen Kirche getraut.

Trotz alldem ist die Grenzlinie zwischen Sakralem und Profanem durchaus klar. Werte haben nur noch bedingt mit alten religiösen Wertvorstellungen zu tun. Urbane Zentren sind säkularisierter als ländliche Gebiete. In den letzten Jahren konnte jedoch ein steigendes Interesse gegenüber Religion und Glauben beobachtet werden. 1999 gab die Hälfte der Bevölkerung an, an einen christlichen Gott zu glauben, während dies am Beginn der 1990er Jahre nur ein Drittel bestätigten. Solche, die die Vorstellung von Gott gänzlich ablehnten, waren nur mit 6 Prozent vertreten. Im Jahr 2003 traten 16.077 Personen aus der lutherischen Kirche aus, die meisten aus der Kategorie der Männer um die 30 Jahre. **Religiosität ist in Finnland von sehr privater Natur.** Ein typischer christlicher Finne

Das Denkmal „Die Acht“ in Helsinki

besucht die Kirche nur zu den großen Feiertagen und praktiziert seinen Glauben in erster Linie in privaten Gebet. In den Schulen wird Religionsunterricht angeboten und drei Schüler einer Glaubensgemeinschaft genügen, um Unterricht in dieser Religion zu organisieren. Schüler, die keiner Glaubensgemeinschaft angehören, können in einer eigenen Unterrichtseinheit die Philosophien des Lebens studieren.

Das Zusammenleben der lutherischen und **orthodoxen Kirche** Finnlands gestaltet sich friedlich. Gesteigertes Wohlwollen unter der lutherischen Bevölkerung gegenüber den Orthodoxen wurzelt vor allem im Interesse an Karelien. Regelrechte Pilgerfahrten in das evakuierte Kloster Valamo auf einer Insel im Ladogasee im russischen Teil Kareliens machen eine jährliche Besucherzahl von 150.000 Personen aus. Die Symbiose zwischen Ost und West macht sich auch von anderer Seite bemerkbar: Die orthodoxe Kirche in Finnland hat von der lutherischen den Konfirmandenunterricht übernommen. In den 70er und 80er Jahren des 20. Jahrhunderts konnte sich die finnische orthodoxe Kirche erhöhten Zulaufes erfreuen: Die Mitgliederzahl stieg. Heute zählt die orthodoxe Gemeinde Finnlands rund 55.000 Mitglieder, etwa 1,1 Prozent der Gesamtbevölkerung.

Sowohl die evangelisch-lutherische als auch die orthodoxe Kirche haben verwaltungsbezogene Aufgaben inne, die in den meisten anderen Staaten Europas vom Staat übernommen werden. So halten die kirchlichen Gemeinden zum Beispiel lokale Bevölkerungsregister und auch konfessionslose bzw. anderen Konfessionen angehörende Bürger werden auf Friedhöfen, die von der lutherischen Kirche verwaltet werden, beerdigt.

Die **Erweckungsbewegungen,** unter ihnen die nördlich von Turku konzentrierten Beter, die Erweckten, die Evangelische Bewegung und die Laestadianer werden heute von der offiziellen Kirche anerkannt. Im Norden des Landes erfreut sich die laestadianische Bewegung, die zugleich die größte Anhängerzahl in Finnland hat, großen Zulaufes. Diese Erweckungsbewegung entstand im 19.Jahrhundert und basiert auf den Lehren des schwedischen Predigers *Lars Levi Laestadius* (1800–1861). Durch Zersplitterung in verschiedene Untergruppen gelangte die laestadianische Bewegung auch in die Ballungszentren im südlichen Teil des Landes.

Die Altlaestadianer sind die Konservativsten dieser Gruppe, diese Abspaltung ist die bedeutendste Erweckungsbewegung in Finnland. Das Verbot des Fernsehens, Tanzes, keinerlei Empfängnisverhütung und eine starke innergruppale Orientierung machen die Mitglieder dieser Erweckungsbewegung zu einer Minderheit im Land, die von der „andersgläubigen“ Mehrheit etwas argwöhnisch betrachtet wird. Laestadianer treffen sich jährlich anlässlich der so genannten *suviseurat*, Sommerversammlungen, in Nordfinnland, wo die unter Laestandianern üblichen Großfamilien (über zehn Kinder pro Familie sind typisch) zu Gebet und Andacht zusammenkommen.

Die **katholische Kirche** verschwand nach der Reformation für Jahrhunderte aus Finnland. 1929 wurde sie als offizielle Kirche registriert, die meisten Priester und Nonnen stammen aus Polen, die rund 8000 Mitglieder dieser Konfession leben hauptsächlich in den Ballungsräumen Südfinnlands.

In Finnland leben heute etwa 1500 **Juden** (als Kongregationsmitglieder registriert), die meisten in den Städten Südfinnlands. Organisierte jüdische Gemeinden gibt es in Helsinki und Turku, die jüdische Bevölkerung Finnlands nimmt aber durch Auswanderung und Mischehen ab.

Die Mitglieder der Baptisten, der Methodisten, der Heilsarmee, der Adventisten und anderer anglo-amerikanischer christlicher **Glaubensgemeinschaften** bleiben unter ein Prozent der Gesamtbevölkerung. Am meisten gewachsen ist die Pfingstbewegung, die heute an die 50.000 Mitglieder zählt.

Der **Islam** erreichte Finnland mit der russischen Armee am Ende des 19. Jahrhunderts. Tatarische Händler legten zur gleichen Zeit den Grundstein einer muslimischen Gemeinde in Finnland. Seit 1925 ist die finnische islamische Kongregation registriert. In den letzten Jahren hat die Zahl muslimischer Flüchtlinge in Finnland zugenommen.

Hölökyn kölökyn – Ein Prosit auf eine außergewöhnliche Sprache

Irgendwann im Laufe ihrer Wanderschaften gelangten die Finno-Ugrier an eine Straßenkreuzung, an der ein Wegweiser stand. Er zeigte nach Norden und las sich „Finnland". Die, die lesen konnten, folgten dem Wegweiser. Der Rest ging nach Ungarn.
(Ungarischer Witz)

Finnisch ist eine Weltsprache. Diese kühne Behauptung lässt sich am ehesten durch ihr Vorhandensein in der einen oder anderen Form in jedem Teil der Welt belegen. Und obwohl diese Sprache, gemessen an ihrer Sprecherzahl, eine sehr kleine ist und zumindest in Europa als unlernbar verschrien ist, verfügt sie über Reize, die ein näheres Betrachten ihrer Eigenarten durchaus rechtfertigt.

4,6 Millionen der 5 Millionen finnischen Staatsbürger haben **Finnisch als Muttersprache.** Außerhalb der Landesgrenze leben die größten finnischsprachigen Gruppen in Nordamerika, Schweden und Norwegen.

Finnisch lässt sich nicht in die Gruppe der indoeuropäischen Sprachen einordnen und verfügt über keinerlei Ähnlichkeit mit den großen Sprachen Europas.

Die finnisch-ugrische Sprachfamilie

Finnisch gehört zur Gruppe der finnisch-ugrischen Sprachen (die Schreibweise finno-ugrisch oder finnougrisch ist ebenfalls gebräuchlich und zulässig), die mit ihren rund 23 Millionen Sprechern die größte nicht-indoeuropäische Sprachgruppe in Europa ist.

Wie kommt es dennoch, dass die Frage nach den **Mitgliedern dieser Sprachgruppe** immer als harte Nuss bei Trivial Pursuit oder der Millionenshow gehandelt wird? Es hat sicherlich damit zu tun, dass außer den großen, mit eigenen Staaten verbundenen finnisch-ugrischen Sprachen Finnisch, Estnisch und Ungarisch die restlichen finnisch-ugrischen Sprachen selten gehörte und exotische Namen wie Syrjänisch, Wogulisch oder Wepsisch haben.

021fn Foto: ih

Die Sprachverwandschaft der Finnen und Esten

Estnisch ist dem Finnischen so ähnlich, dass man oft liebevoll behauptet, Estnisch klinge so, als ob ein betrunkener Finne Finnisch spräche. Tatsächlich ist die estnische Sprachmelodie viel rhythmischer als das eher monotone und harte Finnisch. Viele Esten sprechen ein wenig Finnisch und setzen gerne über den Finnischen Meerbusen, um in Finnland Geld zu verdienen. In Sowjetzeiten sahen viele Bewohner der estnischen Nordküste finnisches Fernsehen, weshalb sie besseres Finnisch sprechen als die Esten, die im Inneren des Landes wohnen. Finnen wiederum kaufen heute in Estland in großen Mengen Alkohol, der viel billiger ist als zu Hause, und erfreuen sich an günstigen Thermalbädern und Massagen. Seit dem 1. Mai 2004 ist auch Estland Teil der Europäischen Union, was unter anderem bedeutet, dass die Finnen sich nicht mehr mit nur einem Liter starkem Alkohol aus Estland begnügen müssen, sondern fast unbegrenzte Mengen nach Finnland einführen dürfen.

Die Sprachen der beiden Länder sind ähnlich, doch Missverständnisse sind durchaus möglich, weil die Bedeutung ein und desselben Wortes in den beiden Sprachen ganz unterschiedlich sein kann. So bedeutet *pulma* auf Finnisch „Krise", während das selbe Wort im Estnischen „Hochzeit" heißt und *sulhanen* ist der finnische „Bräutigam", jedoch der estnische „Knecht". Vorsicht ist also geboten!

Die gängige wissenschaftliche Meinung ist, dass sich die finnisch-ugrischen Sprachen vor ungefähr 6000 Jahren von der gemeinsamen uralischen **Ursprache** abgespalten haben. Im Laufe der Jahrhunderte teilte sich die Gruppe der finnisch-ugrischen Sprachen in weitere Zweige und Einzelsprachen auf. Dabei ist die Bezeichnung finnisch-ugrisch eine weite Klammer, die die zwei äußersten Sprachfamilien zusammenfasst. Ungarisch steht als Vertreter der ugrischen Sprachgruppe am entferntesten zu Finnisch, daher ist die Frage, ob ein Ungar auch automatisch Finnisch versteht, eindeutig mit nein zu beantworten. Finnisch ist für einen Ungarn etwa ebenso verständlich wie Russisch für einen Deutschen.

Finnisch selbst gehört zu einer **Untergruppe** der finnisch-ugrischen Sprachen, die **Ostseefinnisch** heißt und zu der neben Estnisch auch Karelisch, Livisch, Ingrisch, Lüdisch, Wepsisch und Wotisch gehört. Die letztgenannten vier bringen zusammengenommen nicht einmal 20.000 Sprecher auf die Waage, sind also stark vom Aussterben bedrohte Sprachen, die ihr Ausbreitungsgebiet im Baltikum und rund um den Ladogasee haben.

Die karelische Sprache hat starke Einflüsse aus dem Russischen erhalten; Aufschrift im nordkarelischen Nurmes

Die **Entdeckung der finnisch-ugrischen Sprachverwandtschaft** liest sich wie ein Abenteuerroman. Ein norwegischer Untertan des englischen Königs *Alfred des Großen* bereiste Ende des 9. Jahrhunderts die nördlichen Ufer Europas bis Archangelsk, unterhielt sich mit den Einheimischen der bereisten Gebiete und bemerkte, dass eine der gehörten Sprachen Ähnlichkeit mit der Sprache der Lappen hat. Es stellte sich heraus: Es waren die Karelier, die damals noch unter dem Namen Bjarmen bekannt waren. Viel später, im 16. Jahrhundert, unternahm Russland Expansionsversuche Richtung Sibirien. Im Zuge der Kriege gelangten Kriegsgefangene nach Moskau. Über diesen Umweg wurde festgestellt, dass es in Sibirien Sprachen gibt, die Ähnlichkeiten mit Ungarisch aufweisen (nämlich Wogulisch und Ostjakisch). Als dann die Indogermanistik im 18. Jahrhundert „erfunden" wurde, wuchs auch das Interesse am Ursprung anderer europäischen Sprachen. Man kann sagen, dass die Finno-Ugristik als Wissenschaft nach dem Muster der Indogermanistik entstanden ist.

Es ist wichtig festzuhalten, dass die finnisch-ugrische Verwandtschaft in erster Linie eine sprachliche Verwandtschaft ist und nicht, wie oft fälschlich behauptet, eine anthropologische. Selbstverständlich waren Finnen und Ungarn einmal Bruder und Schwester, Vater und Tochter, doch zwischen den einzelnen Sprachen der Gruppe liegen nun schon Tausende von Jahren und Kilometern. Die Finnen sind blauäugig und blond wie andere skandinavische Völker auch, während viele finnisch-ugrische Völker im Gebiet des heutigen Russlands mandelförmige Augen und dunkle Haare haben wie ihre sibirischen Nachbarn. Lediglich die Sprache verbindet die Mitglieder der finnisch-ugrischen Sprachfamilie miteinander.

Woher die finnisch-ugrische Sprachfamilie genau ihren **Ursprung** genommen hat, d.h. wo die Urheimat eigentlich genau war, darüber gibt es eine Reihe von Theorien. Allgemein wird die Urheimat im Gebiet zwischen Finnischem Meerbusen und Uralgebirge vermutet.

Der **Name Finnisch** erscheint zum allerersten Mal in der „Germanica" des römischen Historikers *Tacitus* um 98 n. Chr. *Tacitus* meinte mit dieser Bezeichnung eigentlich die Lappen. Im 2. Jahrhundert weiß der Grieche *Ptolemaios* von zwei finnischen Gruppen: solchen, die im nördlichen Teil Skandinaviens leben, und solchen, die am Fluss Weichsel im Baltikum leben. Erstere sind mit großer Wahrscheinlichkeit die Lappen, letztere die Finnen. Das Wort Finne kommt aus dem Germanischen und bedeutet Flosse, dies wiederum bezeichnete ein dreieckiges Stoffstück, welches von den ostseefinnischen Völkern als Amulett getragen wurde. Für die Selbstbezeichnung *suomalainen* ist die Etymologie unklar. Wahrscheinlich war dies ursprünglich ein Personenname, Name eines Stammesfürsten mit der Bedeutung „beliebt, bevorzugt". Einer anderen Erklärung zufolge kommt der Name von der Zusammensetzung der Wörter *suo* und *maa,* was soviel heißt wie „Sumpfland".

Besonderheiten der finnischen Sprache

Finnisch wird gern als „Kühlschrank-Sprache" bezeichnet, weil viele sprachlichen Elemente wie in einem Gefrierfach ihre ursprüngliche Form behalten haben. Dies lässt sich im Vergleich zu anderen verwandten Sprachen feststellen, die vor allem in der Lexik starke Abweichungen von der (angenommenen und für am wahrscheinlichsten befundenen) Urform aufweisen. Freilich wurde die Sprache durch die Jahrhunderte auch stark von den sie umgebenden Sprachen beeinflusst. Davon legen verschiedene Schichten germanischer (z. B. *rengas* = „Ring"), baltischer (z. B. *kaula* vgl. lettisch: *kăklas* = „Hals") und slawischer (z. B. *ikkuna* vgl. russisch: *okna* = „Fenster") Zeugnis ab.

Seit wann genau Finnisch als eigene Sprache existiert, ist schwer festlegbar und deahlb eine Definitionsfrage. Denn: Ab welchen Unterschieden lassen sich Dialekte als eigenständige Sprachen klassifizieren?

In **schriftlicher Form** gibt es die finnische Sprache erst seit der Mitte des 16. Jahrhunderts, seit dem Zeitpunkt, als *Michael Agricola* das Neue Testament ins Finnische übertrug und die finnische Schriftsprache erschuf. Bis weit ins 18. Jahrhundert hinein sprach jedoch vor allem die Oberschicht in Finnland Schwedisch und jede Amtsangelegenheit wurde auf Schwedisch erledigt. Auf diese Weise kamen auch verstärkt schwedische Lehnwörter in die finnische Sprache. Erst im 19. Jahrhundert erwachte das Interesse der Finnen an ihrer eigenen Sprache. Finnische Bucheditionen in großer Zahl waren das Ergebnis und 1863 wurde Finnisch neben Schwedisch zur offiziellen Landessprache. In diese Zeit fällt auch die Umwandlung vieler schwedischer Namen ins Finnische. Aus Ahlgren wurde beispielsweise Ahtinen.

Finnisch und die ganze finnisch-ugrische Sprachfamilie gehört zu den agglutinierenden Sprachen. Zu dieser Gruppe gehört unter anderem auch Türkisch. Ihr Kennzeichen ist die **Fügung von Suffixen an einen Wortstamm.** Während in den germanischen Sprachen Nebensätze und Präpositionen verwendet werden, wird im Finnischen verschachtelt. So steckt in dem Wort *saunoissammekin* die Bedeutung „auch in unseren Saunas" und versteckt sich hinter der Verbform *muutettuaan* der deutsche Nebensatz „nachdem er umgezogen war".

Des Finnischen nicht Mächtige bemerken meist zuallererst die **Häufung von gleichen Vokalen und Konsonanten.** *Lippumyymälä* (auf Deutsch:

„Kartenverkaufsstelle“) zum Beispiel ist eines der Worte, die deutsche Zungen zur Verzweiflung bringen können. Doch in Wirklichkeit ist die Häufung von Buchstaben bloß ein Ausdruck der Länge: **Doppelbuchstaben** werden einfach doppelt so lang ausgesprochen wie einzelne Buchstaben. Doppelvokale im Finnischen sind gewissermaßen das Äquivalent des deutschen stummen h. Das h im Finnischen ist dagegen nie stumm: Es wird meist stimmhaft, wie etwa das ch im Deutschen ausgesprochen. Finnische **Ausspracheregeln** sind für Deutsche einfach: Das y wird als ü ausgesprochen, sonst wird jeder Buchstabe getrennt ausgesprochen wie auch im Lateinischen. Die **Wortbetonung** fällt immer auf die erste Silbe. Ja, und dies auch im Wort Helsinki, das den Akzent nicht, wie so oft fälschlich ausgesprochen, auf der zweiten Silbe trägt: Es heißt H**é**lsinki.

Die finnische Sprache hasst Konsonantenhäufungen. Daher kommt es auch, dass in Lehnwörtern oft der erste Konsonant abgestoßen wird wie zum Beispiel im germanischen Lehnwort *tuoli,* das vom schwedischen

Kleiner Sprachexkurs

Das Finnische kennt kein grammatikalisches Geschlecht. Der Vorteil dabei ist, dass man nicht stundenlang der, die, das auswendig lernen muss. Das Eigenartige ist jedoch, dass das Personalpronomen *hän* für „er“ und „sie“ gleichzeitig herhalten muss. Woher weiß man daher, ob es um eine männliche oder weibliche Person geht? Kontext, also inhaltlicher Zusammenhang, so heißt das Zauberwort ...

Zwei schwierig verständliche Kapitel der finnischen Sprache sind der so genannte Stufenwechsel und die Vokalharmonie. Beim ersteren handelt es sich um eine Veränderung der Schreibweise von Worten, die die Verschlusslaute k, p oder t beinhalten. Das Wort *katu* („Straße“) verändert sich im Genitiv zu *kadun* und der Name „Peter“, im Nominativ *Pekka,* verliert im Genitiv ein k: *Pekan.* Schwierig finden es Finnisch Lernende, von Fall zu Fall zu entscheiden, ob das Wort in seiner Grundform (im Fachwort: in der starken Stufe) oder der Variante wie im Genitiv (schwache Stufe) stehen muss. Die Vokalharmonie verlangt nach der Fügung von gleichwertigen Vokalen in einem Wort. Vordervokale (ä, y, ö) und Hintervokale (a, u, o) werden nicht im selben Wort gemischt. i und e gelten als neutral, sie können mit beiden Gruppen vorkommen. Aus dieser Vokalharmonie ergibt sich auch, dass die meisten Suffixe in zwei Formen vorkommen. So zum Beispiel das Suffix -ssa/-ssä, das im Deutschen der Präposition „in“ entspricht: *saare-ssa* („auf der Insel“), aber *sääre-ssä* („im Bein“).

Die Besitzkonstruktion ist im Finnischen, mit deutschen Augen gesehen, etwas kompliziert. „Ich besitze ein Haus“ drückt der Finne mit *Minulla on talo* aus, was streng übersetzt „bei mir ist ein Haus“ bedeutet. Das Finnische verfügt über kein entsprechendes haben-Verb.

Interessant ist auch die Verneinung. Es gibt kein einfaches Wort für „nein“. Verneint wird mit einem Verneinungsverb, das je nach Person konjugiert wird. So lautet die exakte deutsche Übersetzung: ich neine essen, du neinst essen *(en syö, et syö).*

Wort für „Stuhl" - *stol* kommt, oder auch im slawischen Lehnwort für „Brot": *leipä,* das auf Russisch *chleb* heißt.

Finnischstudenten werden gerne mit der **Vielzahl der finnischen Kasusformen,** d.h. Fällen abgeschreckt. Von ungefähr 14 Fällen ist die Rede, die aber eigentlich das Einfachste an dieser Sprache sind, da die meisten von ihnen deutschen Präpositionen entsprechen, bei denen man sich jedoch neben der Präposition auch noch den zugehörigen Fall und den Artikel des Substantives merken muss. *Talossa* heißt zum Beispiel „im Haus" und dieser Fall trägt den netten Namen Inessiv. Über die genaue Anzahl der Fälle ist man sich uneinig, da nicht alle Fälle gleichermaßen gebräuchlich sind und weil sich Sprachwissenschaftler bei einigen Grenzfällen nicht festlegen können, ob es sich tatsächlich um Fälle oder nur um verkleidete Möchtegernkasusformen handelt. Doch im verwandten Ungarisch ist es im Vergleich zu den ungefähr 14 finnischen Fällen noch schwieriger: 23 bis 40 Fälle verursachen rege Diskussionen unter Wissenschaftlern.

Die finnische Sprache kennt nur einen s-Laut. Dieses s wird - zumindest in der Hochsprache - immer stimmlos ausgesprochen, d.h. wie ein deutsches scharfes s. In den verschiedenen Dialekten und in der Umgangssprache kann es schon sein, dass das s zu einem halben deutschen sch wird. In Anbetracht der Existenz nur eines s-Lautes ist es verständlich, warum das Englisch und Deutsch vieler Finnen oft etwas lispelnd klingt: Die Unterscheidung verschiedener s-Laute fällt ihnen schwer.

Umgangssprache

Aus eigener Erfahrung lässt sich sagen, dass sich die finnische Hochsprache radikal von der alltäglich gesprochenen Version unterscheidet. Die einfache hochsprachliche Frage *Puhutko sinä suomea?* („Sprichst du Finnisch?") wird in der Umgangsprache zu *puhukkonää suomia?* umformuliert. Das kann jemanden, der sich Jahre abgemüht hat, die Sprache korrekt zu erlernen, schon zum Verzweifeln bringen. Im Slang, der vor allem in Helsinki verbreitet ist, findet man oft Wörter schwedischen Ursprungs wie zum Beispiel das Wort *leffa,* in der Hochsprache eigentlich *elokuva,* das „Film" bedeutet. Diese Worte haben, wie das Beispiel zeigt, überhaupt nichts mehr mit ihrer hochsprachlichen Version zu tun und machen es einem Ausländer um so schwerer, sich in der Sprache zurecht zu finden.

Im Tal des Flusses Tornio, der entlang der Grenze zu Schweden verläuft, wird auf der schwedischen Seite eine archaische Variante des Finnischen gesprochen, das so genannte *meänkieli,* was übersetzt „unsere Sprache" bedeutet. Während *meänkieli* in Finnland als ein Dialekt geführt wird, gilt es in Schweden als eine eigene Sprache. *Meänkieli* wird in den Schulen des Torniotales gelehrt und existiert auch in der schriftsprachlichen Variante.

Im Allgemeinen wird es dem Touristen nicht sonderlich schwer fallen, sich in Finnland zu verständigen: **Englisch** sprechen die meisten Finnen zumindest ein wenig, viele sogar ausgezeichnet und dies ist wohl auch der Tatsache zu verdanken, dass Filme in Finnland nicht synchronisiert, sondern in Originalsprache mit Untertiteln gezeigt werden. Wenn Finnen allerdings untereinander einen fremdsprachlichen Namen nennen, dann sprechen sie diesen so aus, wie er geschrieben wird, obwohl sie die richtige Aussprache sehr wohl kennen. Oft braucht man einige Zeit, bis man erkennt, dass es im Gespräch um eine französische Automarke geht und nicht um den lokalen Rekordhalter im Gummistiefelweitwurf.

Frauen an der Spitze?

Gender mainstreaming. Geschlechtergleichstellung. Immer wieder trifft man auf diesen Begriff, wenn man sich mit der Stellung der Frau im heutigen Finnland beschäftigt. Es handelt sich dabei um ein Synonym für die Geschlechtergleichstellung, das auch in anderen EU-Ländern gerne gebraucht wird. Die Tatsache, dass finnische Frauen als erste in Europa schon 1906 gemeinsam mit den Männern das allgemeine und passive Wahlrecht erhalten haben, täuscht ein bisschen. Denn obwohl Finnen im Allgemeinen auch selbst feststellen, dass es finnische Frauen „gut haben", gibt es dennoch einige Punkte, die nicht so ganz in eine geschlechtermäßig völlig gleichgestellte Gesellschaft passen.

Politisch korrekte Frauen

Freilich, im Vergleich zu anderen Ländern steht Finnland sehr gut da. Der Frauenanteil in leitenden Positionen und in der Politik, der höher als in anderen EU-Ländern ist, bestätigt dies. Auch dass chauvinistische Bemerkungen und sexuelle Anspielungen am Arbeitsplatz und im Privaten als völlig unakzeptabel gelten und dass Frauen in finanziellen Dingen weitgehend unabhängig sind, verleiht dem Land einige Punkte auf der Frauenfreundlichkeitsskala. Da Frauen und Männer in Finnland in der Regel gleichgestellt sind, können beide Seiten das gleiche Spiel spielen. Einen mehr oder weniger freundschaftlichen Klaps auf den Rücken können Frauen nämlich ohne weiteres zurückgeben oder den „Täter" dazu

Finnland ist gemeinsam mit den anderen nordischen Ländern ein Spitzenreiter in Sachen Geschlechtergleichstellung auffordern, solches zu unterlassen – ohne dass sie dafür um ihren Arbeitsplatz bangen müssen. In Bars und Nachtlokalen werden ausländische Männer manchmal von der Direktheit finnischer Frauen, die meist unter Alkoholeinfluss stehen, überrascht. Dies beinhaltet oft auch physischen Kontakt der eindeutigen Art, initiiert von der Frau.

Auf eine Eigenart der finnischen Sprache ist es zurückzuführen, dass politisch korrekte, **geschlechtsspezifische Formen** wie „Kandidatin" im Finnischen nicht vorhanden sind. Das Personalpronomen in der dritten Person er/sie existiert im Finnischen nur als ein einziges Pronomen, nämlich *hän*. Dieses deckt beide Geschlechter ab; man weiß also bis zur Nennung des Namens nicht, ob es sich um eine weibliche oder männliche Person handelt. Viele Berufsbezeichnungen und Titel enden mit dem Wort *mies,* auf Deutsch übersetzt „Mann", diese werden aber dennoch nicht als geschlechtsspezifisch empfunden. Im finnischen Parlament sitzen immer wieder auch weibliche Sprecher, die sich selbst als *puhemies,* d.h. Ansprache-Mann bezeichnen. Dies mag auf jemanden aus dem deutschen Sprachraum anstößig wirken, ist aber für Finninnen und Finnen, deren Sprache kein grammatikalisches Geschlecht kennt, durchaus natürlich.

Schon öfter ist sowohl in sprachwissenschaftlichen als auch in ethnologischen Forschungen auf die Möglichkeit der **Existenz eines Matriarchats** im finnisch-ugrischen Gesellschaftssystem hingewiesen worden. Wie, wo, wann und ob überhaupt die Entwicklung eines solchen Systems

022fn Foto: ih

vonstatten gegangen ist, beschäftigt die Forscher schon lange. Sprachwissenschaftlern dienen alte Wortzusammensetzungen (die heute nicht mehr als solche wahrgenommen werden) in mehreren finnisch-ugrischen Sprachen als Anhaltspunkt, bei denen zuerst die weibliche Form, und dann erst die männliche genannt wird, so zum Beispiel bei dem ungarischen Wort *ember* („Mensch") und dem finnischen Wort *poika* („Junge"). *Ember* beispielsweise ist allem Anschein nach eine Zusammensetzung aus den Worten Mutter + Sohn + Mann.

Ethnologen stellen gerne fest, dass Völker, bei denen der Bärenkult oder eine andere Form des Totemismus vorhanden ist – wie er allem Anschein nach bei den finnisch-ugrischen Stämmen zu finden war – statistisch markant häufig in matriarchalen Strukturen leben.

Die traditionelle Rolle der Frau

Die finnische Folklore beschreibt **starke, aktive und unabhängige Frauen,** die nicht von Männern dominiert sind. Hexen und Heilerinnen sind immer wiederkehrende Figuren der mündlichen Überlieferungen. Auch Familienmütter werden in Auszählreimen und Liedern als diejenigen beschrieben, die die „Hosen anhaben". *Louhi,* die schreckliche Herrscherin der Unterwelt im finnischen Nationalepos „Kalevala", ist eine Kriegerin und Hexe, die von den Helden der Sage besiegt wird. Das Matriarchat von *Louhi* wurde vom Patriarchat der „Kalevala"-Helden besiegt – eine Metapher für die tatsächliche Entwicklung der finnischen Gesellschaft?

Ein Hinweis zumindest darauf, dass finnische Frauen wohl immer schon **vollen Anteil am Arbeitsleben** genommen haben, sind steinzeitliche Felszeichnungen, die sowohl jagende Männer als auch Frauen zeigen. Finnland war lange Zeit hindurch ein armes Land, in dem beide Geschlechter am Kampf um das Überleben voll teilnehmen mussten.

Auch **zur Bildung hatten beide Geschlechter gleichen Zugang,** zumindest bis ins 19. Jahrhundert: Die lutherische Kirche in Finnland setzte die königliche Verordnung um, nach der jede Person ohne Rücksicht auf Geschlecht vor ihrer Konfirmation des Lesens und Schreibens kundig sein musste. Um dies auch in der Praxis immer zu gewährleisten, verlangte die Krone den Nachweis der Konfirmation, bevor sie die Erlaubnis zur Heirat gewährte.

In den religiösen Erweckungsbewegungen, die in Finnland im 18. Jahrhundert Verbreitung fanden und die Spiritualität und Individualität betonten, spielten Frauen eine tragende Rolle. Es war in der überwiegenden Mehrzahl das weibliche Geschlecht, das die Erweckungsbewegungen mit

Erzählungen über ihre Erfahrungen mit Bekehrung und religiöser Ekstase entzündeten. Die **aktive Rolle der Frauen in den Erweckungsbewegungen** ist wohl eher auf das althergebrachte finnische System der Geschlechtergleichheit aufgrund von harten Lebensbedingungen zurückzuführen, als auf eine Art früher Emanzipation der Frau. Vor allem unter der ländlichen Bevölkerung, die sich hauptsächlich von Ackerbau ernährte, stellte sich die Frage der Gleichberechtigung der Geschlechter kaum. Man tat einfach, was getan werden musste, und das Tagwerk wurde zu gleichen Teilen zwischen Mann und Frau aufgeteilt. Interessanterweise zeigten sich patriarchale Züge der Gesellschaft viel eher in der Politik und Gesetzgebung, die ja in Finnland bis 1917 immer in fremder Hand waren.

Ab Mitte des 19. Jahrhundert war die **Gleichberechtigung der Frau vor dem Gesetz** ein Thema – und dies wohl vor allem als finnische Antwort auf Fragestellungen dieser Art in ganz Europa. Ab 1864 durften Frauen über ihr eigenes Einkommen und Vermögen verfügen, einige Jahre darauf begann die schrittweise Zulassung von Frauen zu Hochschulstudien. 1906 gewährte Russland seinem Großfürstentum als „Beruhigungstablette" in aufrührerischen Zeiten statt dem Vierkammerlandtag ein Einkammerparlament und das allgemeine Wahlrecht, was automatisch auch das Wahlrecht für Frauen mit einschloss. Finnische Frauen waren somit als erste in Europa berechtigt, vor die Urnen zu treten und als erste in der Welt, bei Wahlen zu kandidieren. Während Frauen anderer Länder jahrzehntelang für ihr Wahlrecht kämpfen mussten, erlangten die finnischen Frauen es mit einem Schlag. In anderen Ländern wurde die Geschlechterfrage öffentlich lautstark diskutiert, in Finnland war dies viel weniger der Fall.

Immer schon war es dem finnischen Volk wichtiger gewesen, Gegensätze zwischen Klassen auszugleichen als Gegensätze zwischen Mann und Frau, die in vielen Fällen gar nicht existierten. Finninnen fühlten sich als **volle Bürger ihres Landes,** indem sie alle Pflichten eines Staatsbürgers in gleicher Weise wie Männer erfüllten. Im Kampf gegen die russische Unterdrückung unter dem Zaren *Nikolaus II.*, der die freizügige Einstellung seines Großvaters, *Alexanders II.*, gegenüber den Finnen umkehren wollte, war das allgemeine Wahlrecht ein voller Erfolg – und das Stimmrecht für die Frau eher ein zufälliges Nebenprodukt als ein größeres Anliegen. Vor allem die bäuerliche Landbevölkerung unterstützte das Wahlrecht der Frauen voll und ganz. Die einzigen Stimmen, die gegen das Frauenwahlrecht waren, kamen aus den Reihen der schwedischsprachigen Parlamentsabgeordneten, die die gebildete Oberschicht repräsentierten. Universitätsbildung war der finnischsprachigen Mehrheit nicht zugänglich, Finnisch wurde erst 1863 zur offiziellen Landessprache und dem Schwedischen erst 1892 gleichgestellt.

Frauenorganisationen

Dass Mann und Frau bis zum Beginn des 20. Jahrhunderts in Finnland gleiche Ziele verfolgten und gleichermaßen an deren Verwirklichung teilnahmen, zeigt auch die Tatsache, dass die **Arbeiter- und Jugendbewegungen** am Ende des 19. Jahrhunderts beinahe zur Hälfte aus Frauen bestanden. Seit derselben Zeit gab es in Finnland **staatliche Frauenorganisationen,** die aber – an der Zahl ihrer Mitglieder gemessen – zu Beginn keine allzu große Bedeutung hatten. Diese Organisationen hatten ihren Sitz in den Städten und bestanden zum Großteil aus Frauen der Oberschicht.

Erst nach der Gründung der so genannten **Martha-Vereine** organisierten sich die Frauen verstärkt in eigenen Strukturen. Der große Unterschied dieser neuen Frauenvereine im Vergleich zu denen, die schon vorher existiert hatten, war ihre mehr soziale als politische Ausrichtung. So nahmen an den Aktivitäten der Martha-Vereine auch Frauen aus der Landbevölkerung, die über keine höhere Bildung verfügten, teil. Ziemlich genau mit Beginn des 20. Jahrhunderts kann man den Zeitpunkt festlegen, an dem sich das Muster des althergebrachten Miteinanders der Geschlechter in Finnland veränderte. Ab diesem Zeitpunkt begannen sich männliche und weibliche Lebenswelten zu trennen. Interessant ist dies deshalb, weil ja genau die Frauenorganisationen, deren Aufgabe es ist, die geschlechtsspezifischen Klüfte in der Gesellschaft zu schließen, zu einer Herauslösung der finnischen Frauen aus einer Struktur beitrugen, die diese geschlechtsspezifischen Unterschiede nur in einem viel geringeren Maß als in anderen europäischen Ländern aufwies.

Selbstverständlich kann man diese Transformation in der Gesellschaft nicht zur Gänze nur einem Faktor zuschreiben, ging doch ein großer Umbruch durch das ganze Land, im Zuge dessen aus einer Gesellschaft von Landwirten eine moderne Bürgergesellschaft entstand. Die Ideologien der neu entstandenen Organisationen polarisierten die Gesellschaft und schufen ein neues, antagonistisches Bild der Geschlechter.

Schrittweise begann die Schaffens- und Behauptungssphäre der Frauen sich ins Private, Familiäre zu verlagern, während die Männer für alles Öffentliche zuständig wurden.

Dies spiegelt sich am besten in den **politischen Aktivitäten der Frauen:** Das neue finnische Einkammerparlament, das sich 1907 zum ersten Mal versammelte, hatte von 200 Mitgliedern 19 Frauen. Diese weiblichen Parlamentsabgeordneten und weitere, die ihnen folgten, wirkten vom Beginn an, unabhängig von der Parteizugehörigkeit, im Bereich Familie und Bildung und berührten öffentliche Themen der Innen- und Außenpolitik überhaupt nicht. Die Institution der Familie kam als Thema auf und wurde in Frauenorganisationen oft streng kritisiert. Ein Zeichen der Unzufriedenheit mancher (nota bene: gebildeter, in der Stadt lebender) Frauen mit den gängigen familiären Strukturen drückt sich auch in der wachsenden Anzahl unverheirateter Frauen zu Beginn des 20. Jahrhunderts in den Städten aus.

In den 1920er bis 1940er Jahren organisierten sich auch die **Frauen der Arbeiterklasse** immer straffer und die Frage der Frauennachtarbeit und andere arbeitsrechtliche Probleme wurden öffentlich diskutiert. Um die 1920er Jahre begannen auch Frauen der mittleren und oberen Schichten zur Arbeit zu gehen, wobei sie dies aus anderen Motiven taten als ihre Kolleginnen aus den niederen Schichten: Für sie bedeutete Arbeit weniger Lebenssicherung als vielmehr Selbstverwirklichung. Frauen waren den Männern jedoch am Arbeitsmarkt unterlegen: Geringer geschätzte Arbeitsplätze und weniger Lohn für dieselbe Arbeit waren Nachteile, mit denen sie von Beginn an zu kämpfen hatten.

Nach den Kriegswirren kamen Frauenthemen erst wieder in den 1960er Jahren in die öffentliche Diskussion. Wirtschaftliche Gleichberechtigung, Abtreibung und körperliche Selbstbestimmung waren ab nun wichtige Fragen, für die die Frauen kämpften. Die rasche Zunahme der Berufstätigkeit von Frauen wurde in den 1960er Jahren vom Entstehen des finnischen Wohlfahrtsstaates begünstigt, der Frauen neue Plätze am Arbeitsmarkt schuf. Sicherung der Schulbildung, der Gesundheitsversorgung und von Kindergärten machten den Frauen den Einstieg ins Berufsleben leichter.

Mütter

Obwohl in Finnland zahlenmäßig viel mehr Mütter mit Kleinkindern berufstätig sind als in anderen europäischen Ländern, verbringen sie trotzdem noch immer mehr Zeit mit ihnen als die ebenfalls arbeitenden Väter. 70 Prozent der Mütter schulpflichtiger Kinder gehen einer Erwerbstätigkeit nach - und das in Vollzeit. Während in den Niederlanden 60 Prozent der Mütter in Teilzeitberufsverhältnissen arbeiten, sind es in Finnland bloß 10 Prozent der Mütter. Der **Mutterschaftsurlaub** beträgt in Finnland 105 Arbeitstage, der bis zu 50 Tage vor der Geburt angetreten werden kann. Es ist möglich, den **Elternurlaub** zwischen Vater und Mutter aufzuteilen. Diese Möglichkeit nützen finnische Väter außerhalb der 1–3 Wochen nach der Geburt ihres Kindes selten. Sollte sich eine Mutter entscheiden, ihr Kind bis zu seinem dritten Lebensjahr zu Hause betreuen zu wollen, ist ihre Arbeitsstelle gesichert. Während dieses Zeitraumes bekommt sie eine staatliche Unterstützung.

Seit 1996 haben alle Kinder im Vorschulalter ein Anrecht auf einen Platz in einem **staatlichen Kindergarten** und die Gebühren dafür werden nach dem Bruttoverdienst der Eltern bemessen. **Kindergeld** wird bis zum 17. Lebensjahr des Kindes gezahlt. Die Tatsache, dass das Mittagessen in den Schulen für die Kinder kostenlos ist, erlaubt es vielen Müttern, ganztags zu arbeiten. Das lässt sich auch aus den Zahlen ableiten: 90 Prozent der arbeitsfähigen Frauen gehen einer **Erwerbstätigkeit** nach - ein Rekordwert in ganz Europa. Die Institution der Hausfrau hat in Finnland nie Verbreitung gefunden, ebenso wenig wie die Einstellung von Haushaltshilfen oder Kindermädchen. Alleinerziehende Frauen sind keine Seltenheit. Aufgrund staatlicher finanzieller Unterstützungen müssen solche Frauen nicht um ihr Überleben und das ihres Kindes bangen.

Frauen auf dem Arbeitsmarkt

Aufgrund der Wirtschaftsflaute zu Beginn der 1990er Jahre hat sich auch die **Situation auf dem Arbeitsmarkt** verändert: Das Tempo im Berufsleben ist hektischer, der Kampf um berufliche Behauptung verbissener geworden. Lange Arbeitstage sind keine Seltenheit und teilweise zu einem Erfordernis geworden, das den Arbeitsplatz, oder zumindest die Chance auf eine berufliche Weiterentwicklung, sichert. Der Wohlfahrtsstaat, der sich zuvor an menschlichen Werten und Gleichheit orientiert hatte, richtete sich auf wirtschaftliche Effizienz aus. Der Druck auf die Arbeitnehmer ist deutlich gewachsen und dies spüren junge Mütter besonders stark.

Gewerkschaften und andere berufliche Interessensvertretungen genießen einen hohen Beliebtheitsgrad: Bis zu 80 Prozent der Arbeitnehmer, davon mehr Frauen als Männern, gehören einer Union an. Trotzdem werden bei Gehaltsverhandlungen immer Männer als Vertreter eingesetzt, auch wenn es sich um frauendominierte Berufe handelt.

Obwohl Finnland als frauenfreundliches Land mit einem großen Maß an Gleichberechtigung gilt, gibt es einige Faktoren, die auf **patriarchale Strukturen** hinweisen. Der finnische Arbeitsmarkt zeigt zum Beispiel eine starke geschlechtsspezifische Trennung: Typische Frauenberufe sind in der Textil- und Lebensmittelindustrie, in der Bildung, im Pflege- und Kinderbetreuungsbereich anzutreffen. Der technische Bereich dagegen ist eine fast reine Männerdomäne. Obwohl 1963 ein Gleichverdienergesetz verabschiedet worden ist, ist der Arbeitsbereich der Frauen geringer bezahlt und sogar in ein und demselben Beruf verdienen Männer mit gleicher Qualifikation rund 20 Prozent mehr als Frauen. Im 4. Quartal des Jahres 2003 verdiente ein finnischer Mann im Durchschnitt 2581 Euro, während sich die finnische Frau mit 2065 Euro begnügen musste.

Frauenrechte

Seit 1930 sind Frauen ihren Ehemännern im **Eheverhältnis** per Gesetz gleichgestellt. Über Gewalt in der Familie, Vergewaltigung durch den Ehemann und ähnliche innerfamiliäre Delikte hat die Diskussion in Finnland erst sehr spät begonnen. Erst 1994 wurde die Vergewaltigung in der Ehe zu einem Strafdelikt. Ein Grund dafür ist vielleicht die Zurückhaltung, mit der man in Finnland Themen der Geschlechtergleichberechtigung angeht. Lautstarke Diskussionen wie in vielen anderen europäischen Ländern kommen kaum vor. Konflikte zwischen den Geschlechtern wer-

Erfolgreiche finnische Frauen

Miina Sillanpää war die erste Frau, die zur Ministerin ernannt wurde: 1926 wurde ihr das Amt der Sozialministerin anvertraut. Heute besteht rund ein Drittel des finnischen Parlaments aus Frauen. Frauen sind auch in hohen politischen Funktionen tätig: *Elisabeth Rehn* wurde 1990 zur ersten Verteidigungsministerin der Welt, ein Amt, das sie bis 1995 bekleidete, als sie stellvertretende Generalsekretärin der Vereinten Nationen wurde. 1994 war *Riitta Uosukainen* die erste Parlamentssprecherin im finnischen Parlament und bekleidete noch zwei weitere Male dieses Amt. Und seit 2000 hat Finnland eine Präsidentin: *Tarja Halonen,* die sich allgemeiner Beliebtheit erfreut. *Halonens* Beliebtheit liegt laut den letzten Umfragen bei 85 %, in erster Linie deshalb, weil sie statt im traditionellen politischen Jargon in simplen Sätzen spricht, was ihr Glaubhaftigkeit und Transparenz verleiht. Außerdem wird ihre unprätentiöse Haltung und Art geschätzt, die sie beispielsweise mit dem öffentlichen Bus zur Arbeit fahren lässt.

Anneli Jäätteenmäki, Mitglied der Zentrumspartei, wurde 2003 erste finnischen Ministerpräsidentin. Doch schon im Juni desselben Jahres musste sie aufgrund eines Skandals aus ihrem Amt scheiden.

Im April 2003 wurde *Tanja Karpela,* Modell und Ex-Miss Suomi, als Vertreterin der Zentrumspartei Kulturministerin. Die Wogen der Ereiferung glätteten sich, als sich langsam herausstellte, dass die schöne neue Ministerin ihr Amt gewissenhaft erfüllte.

Die Frau als Schönheitssymbol fand das erste Mal in den 1930er Jahren Eingang in die finnische Gesellschaft. 1933 wurde der erste „Miss Suomi"-Wettbewerb veranstaltet. Damals wurde die Schönheit des finnischen Volkes hervorgehoben und der „typisch finnische" Frauentyp mit Slogans wie „Wir sind keine Mongolen" angepriesen. Als dann das nordfinnische Mädchen *Armi Kuusela* 1952 als erste Finnin zur Miss Universum gekürt wurde, sprach man in den finnischen Medien von der unverdorbenen, mädchenhaften Schönheit finnischer Frauen und deren moralischer Überlegenheit gegenüber Frauen anderer Länder. Lange Zeit wurden Frauen fremder Länder als exotisch, jedoch nicht dem finnischen Schönheitsideal entsprechend, betrachtet. Diese Art der nationalen Ästhetik wurde 1996 mit der Wahl der dunkelhäutigen, halb finnischen, halb afrikanischen *Lola Odusoga* zur Miss Suomi unterbrochen.

den zugunsten des (Schein-?)Friedens vermieden und Gewaltdelikte in der Familie als Tabu und Privatsache oft verschwiegen und unter den Teppich gekehrt. Eine positive Veränderung zu einer offeneren Diskussion ist jedoch im letzten Jahrzehnt zu verzeichnen, was wohl auch mit dem Eintritt Finnlands in die Europäische Union zu tun hat und die dadurch erfolgte Annäherung an den zentraleuropäischen Diskurs.

Ein Quantensprung im Recht, über ihren eigenen Körper zu bestimmen, bedeutete für die finnische Frau das tolerante **Abtreibungsgesetz** aus dem Jahre 1970. Die Unterschrift eines Arztes ist zwar Voraussetzung für eine Abtreibung, doch in der Praxis liegt die Entscheidung dennoch bei der Frau selbst. Abtreibungen kommen jedoch selten vor: Gute sexuelle Aufklärung schon in der Schule und leichte Verfügbarkeit von Verhütungsmittel halten die Abtreibungszahlen niedrig. Auch die Anzahl von Teenager-Mutterschaften und -Abtreibungen ist geringfügig. Gegen Ende der 1990er Jahre wuchs die Abtreibungsrate ein wenig. Ein Grund dafür mag die unsichere Position vieler junger Frauen auf dem Arbeitsmarkt sein. Interessant ist, dass seit den 1980er Jahren die Geburtenrate in den nordischen Ländern mit ihren liberalen Abtreibungsgesetzen höher ist als in europäischen Ländern mit patriarchaleren Strukturen wie Spanien und Italien. Die freie Entscheidung der Frau, ob sie Mutter werden will oder nicht, spielt hierbei wohl auch eine Rolle.

Seit 1995 dürfen in Finnland Frauen auf freiwilliger Basis **Militärdienst** leisten. 2002 waren von 28.022 Wehrdienstleistenden 389 Frauen.

Frauenalltag

Kleidung ist in Finnland unter den Jugendlichen genauso ein wichtiges Thema wie im deutschsprachigen Raum. Marken- und Modebewusstsein vermitteln vor allem junge Mädchen einander schon in der Schulbank. Finnische Frauen kleiden sich jedoch im Allgemeinen viel legerer und sorgloser als ihre mitteleuropäischen Kolleginnen. Es stört finnische Frauen selten, wenn sie zufällig das gleiche Kleidungsstück tragen wie ihre Arbeitskollegin oder Freundin. Kleidung ist für viele finnische Frauen eher eine Frage der Wärme und Bequemlichkeit als des Stils und Modebewusstseins. Doch dies ist in Veränderung begriffen: Gerade im urbanen Raum werden Frauen immer mode- und stilbewusster und kleiden sich zunehmend weiblich. Wenn eine Frau ihre weiblichen Merkmale stark betont und feminine Kleidung trägt, wird sie (bezeichnenderweise meist von anderen Frauen) oft als dumm und zwielichtig bezeichnet. Junge Frauen ziehen einem kurzen Rock genau aus diesem Grund oft Armeehosen und Tarnfarbentops vor. Eine finnische Freundin der Autorin meinte kürzlich, sie habe „entgegen allen Meinungen, dass es gänschenhaft wirkt" gewagt, sich ein rosafarbenes Oberteil zu kaufen.

Auch Make-up wird weniger verwendet als in Mitteleuropa. Leger, sportlich und natürlich, so präsentieren sich finnische Frauen zumeist.

Seit 1988 können Frauen in der lutherischen Kirche Ämter bekleiden und sogar zum Bischof avancieren. Trotzdem wird über Frauen in **kirchlichen Berufen** auch heute noch öffentlich diskutiert.

Auch im persönlichen und familiären Bereich hat sich einiges getan: Seit 1986 dürfen Frauen ihren Nachnamen auch nach der Heirat behalten und eheliche Kinder können wahlweise einen der beiden Nachnamen ihrer Eltern tragen.

Ein Wohlfahrtsstaat sorgt für seine Bürger

Vom armen Agrarland zum reichen Wohlfahrtsstaat

Den Bewohnern Finnlands ist es nicht immer so gut gegangen, wie es ihnen heute geht. Lange Zeit hindurch war das Land sehr arm und die Menschen konnten ihm nur mit äußerster Mühsal ihr Brot abringen. Das raue Klima mit seinen kurzen Wachstumsperioden machte es den Finnen nicht gerade einfach, ihr Auskommen zu finden. In den 1860er Jahren wurde Finnland von einer Naturkatastrophe in Form von winterlich kalten Sommern heimgesucht, die zwei aufeinanderfolgende Ernten zerstörten. Schwere **Hungersnöte** rafften fast ein Achtel der Bevölkerung dahin.

Bis in die 1950er Jahre war Finnland ein **Agrarland.** 1950 gab es im Land 60.000 Autos, dafür aber siebenmal so viele Pferde. Die Straßen waren für den Verkehr mit dem Karren, Fuhrwerk oder Schlitten gemacht, Autostraßen gab es kaum. Die Hälfte der Bevölkerung lebte in ländlichen Gebieten. Die Säuglingssterblichkeitsrate lag bei über 50 Kindern pro 1000 Geburten (Wert 2003: 3,59 Säuglingstode je 1000 Geburten).

10 Jahre später sollte jedoch alles schon ganz anders sein. In den 1960er Jahren setzte eine gewaltige **Landflucht** ein, ganze Landstriche wurden entvölkert, mehr als 600.000 Menschen verließen die Primärproduktion. Der Dienstleistungssektor in den Städten wuchs zusehends, Straßen wurden gebaut und das Eisenbahnnetz ausgedehnt. Die **Transformation der Wirtschaft** vollzog sich in zwei Phasen: zuerst im Sprung von der Landwirtschaft zur Industrie und dann von der Industrie zum Dienstleistungssektor. Während 1960 noch 30 Prozent der Beschäftigten in der Landwirtschaft ihr Brot verdienten, waren es 1985 nur mehr 8 Prozent. Die Säuglingssterblichkeitsrate sank in 20 Jahren um zwei Drittel.

Finnland war im Begriff, zu einem modernen industrialisierten Staat zu werden. Dies geschah zwar mit einer gewissen Phasenverschiebung im Vergleich zu anderen europäischen Staaten, passierte dafür dann um so rasanter. Innerhalb eines Jahrzehnts gelang es Finnland, sich von einem

Agrarland zu einem **Industrieland** mit Zügen des nordischen Wohlfahrtsstaates zu mausern. In institutioneller Hinsicht hat Finnland viel mit den anderen nordischen Staaten gemein, in seiner sozialen Struktur ist jedoch vor allem ein Unterschied zu bemerken: Viel länger als die anderen nordischen Staaten war Finnland von agraren Strukturen dominiert. Die Existenz der Partei der Agrarunion, die 1965 in Zentrumspartei umbenannt wurde und auch heute noch ein Mitgestalter der politischen Landschaft Finnlands ist, zeigt, dass während in westeuropäischen Staaten landwirtschaftliche Interessen schon lange an die Peripherie der Politik gedrängt wurden, sie in Finnland zumindest bis in die 1980er Jahre noch durchaus Relevanz hatten. All dies mögen Gründe dafür sein, weshalb Finnen scheinbar weniger als viele andere Nationen die „guten alten Zeiten" loben und Nostalgiegedanken verfallen sind. Schließlich ging es den Finnen selten besser als in den letzten Jahrzehnten.

Wie konnte die Industrialisierung Finnlands zuerst so spät und dann in einer solch kurzer Zeit von knapp 10 Jahren vor sich gehen? Die geographische Lage Finnlands an der Peripherie Europas machte es schon seit jeher schwer erreichbar für Einflüsse aus Zentraleuropa. Während andere Länder Europas schon vor dem Ersten Weltkrieg ihre Industrielandschaften aufbauten, bestellte man in Finnland noch fleißig die Felder. Nach dem Zweiten Weltkrieg spornte der Wille zur raschestmöglichen Rückzahlung der Reparationen an die Sowjetunion die Finnen zu Schnelligkeit und Fleiß an. Zusätzlich herrschten allgemeine **Aufbaustimmung und Expansionswille** nach dem Krieg. Es bedurfte für solch ein erfolgreiches Wachstum der Kooperation aller Staatsbürger über politische und soziale Grenzen hinweg.

Der Wille zum gemeinsamen Aufbau scheint vor allem in der Nachkriegszeit sehr groß gewesen zu sein. Neu eingeführte Steuerlasten werden auch heute noch von den Finnen leichter aufgenommen als in vielen anderen EU-Staaten. Ob hierbei die alte finnische Sitte des *talkoot,* eines gemeinsamen Arbeitsvorganges, im Zuge dessen ein Haus von Familienmitgliedern, Freunden und Nachbarn gemeinsam aufgebaut wird, auch eine Rolle spielt? All diese Faktoren haben jedenfalls ein Klima geschaffen, in dem das finnische Wirtschaftswunder gedeihen konnte.

Die wirtschaftlichen Umwälzungen brachten freilich auch **gesellschaftliche Veränderungen** mit sich. Die Struktur finnischer Haushalte veränderte sich dramatisch: Statt der auf dem Land bislang gewohnten Sippenstrukturen, in denen drei bis vier Generationen zusammenlebten, entstand nun die Kleinfamilie. Weniger Kinder und alleinerziehende Mütter waren ebenfalls eine Folge. Die neue Art des Zusammenlebens in den Städten erforderte neue soziale Strukturen. Für arbeitende Frauen wurde es leichter, Vollzeitarbeit und Kindererziehung zu vereinbaren, weil Kindergärten eingerichtet und die Schulspeisung eingeführt wurde. Ein staatliches Pensionssystem, eine hohe soziale Sicherheit am Arbeitsplatz und in der Familie sowie eine ausgeklügelte Krankenversicherungsstruktur machten Finnland zu einem modernen, arbeitergerechten Staat. Gesetzlicher Anspruch auf Bildungsurlaub bis zu zwei Jahren ist zum Beispiel eine Annehmlichkeit, die der Wohlfahrtsstaat mit sich brachte.

Die **Entstehung des Nordischen Rates** (1952, Finnland trat 1955 bei) mit seinem freien Arbeitskräfte- und Warenverkehr verhalf allen seinen Mitgliedern zu einem schnellen wirtschaftlichen Wachstum. 1952 war ein „Superjahr", in dem das finnische Selbstbewusstsein aufgrund vieler Faktoren einen Aufschwung erlebte: die Olympischen Spiele in Helsinki, die Wahl des finnischen Mädchens *Armi Kuusela* zur Miss Universum und die Abfahrt des letzten Zuges mit Kriegsreparationen für die Sowjetunion.

Sozialleistungen des Staates

Erst mit der Industrialisierung des Landes bildete sich also der **Wohlfahrtsstaat** langsam heraus – vor dem Zweiten Weltkrieg hatte es Sozialpolitik nur im Bereich der kommunalen Armenfürsorge gegeben. 1948 wurde das Kindergeldgesetz erlassen, mit dem bis heute allen Eltern bis zum 17. Lebensjahr ihres Kindes eine staatliche Unterstützung gezahlt wird. Das Volksrentensystem sieht die allgemeine Grundversorgung eines jeden Bürgers, unabhängig von seiner Beschäftigung, vor. Daher erhält jeder Finne, der das Rentenalter erreicht, eine staatliche Volksrente – egal, ob er gearbeitet und Beiträge gezahlt hat oder nicht. Die Volksrente soll als Notstandshilfe bei Härtefällen ausgleichend wirken. Die zusätzliche, normale Erwerbsrente bemisst sich nach den eingezahlten Beiträgen und den Arbeitsverhältnissen.

Ein wichtiger Stützpfeiler des finnischen Sozialnetzes ist die **Sozialversicherung.** In ihr sind Volks- und Erwerbsrente sowie Unterstützungen im Fall von Unfall, Krankheit und Arbeitslosigkeit geregelt. In der Krankenversicherung ist jede Person mit Sitz in Finnland erfasst. Der Gesundheitspflege wird an unterster Stelle durch Gesundheitszentren Genüge getan. Dies sind von der Gemeinde betriebene Beratungszentren, in denen Allgemeinmediziner und Krankenpflegepersonal in sozusagen erster Instanz für Fragen und Beschwerden der Bevölkerung da sind.

Der Bereich **Wohnen** hat sich aufgrund der Landflucht ab den 60er Jahren des 20. Jahrhunderts einem grundlegenden Wandel unterzogen. Innerhalb der letzten 40 Jahre hat sich das Wohnungsangebot verdoppeln müssen. Dementsprechend sind auch die meisten Wohnungen relativ neu. In Finnland ist der Besitz eines Eigenheimes weit verbreitet. Nur etwa 20 Prozent der Wohnungen sind gemietet, nicht zuletzt aufgrund der hohen Mietkosten.

Die finnische **Schulbildung** ist gut. Das bestätigte auch die 2001 durchgeführte PISA-Schulstudie, die die Ausbildungsergebnisse der OECD-Länder miteinander verglich. Finnische Schüler stehen beispielsweise beim Lesen an der Spitze. Spielerischer Vorschulunterricht und 9-jährige Gesamtschule, die im Alter von 7 Jahren begonnen wird, bilden die Grundlage der finnischen Allgemeinbildung. Die **universitäre Weiterbildung** wird vom Staat stark subventioniert. Jeder Student, der die Aufnahmeprüfung bestanden hat, bekommt für die Dauer seines gesamten Studiums Studiengeld und Wohnkostenzuschuss, und das unabhängig von sozialer Lage und sonstigem Einkommen.

Wirtschaftskrisen trotz hoher Steuern

All diese Sozialleistungen müssen jedoch aus einer Kasse kommen: Die **steuerlichen Lasten** sind in Finnland sicherlich höher als in anderen europäischen Staaten. Dafür zeichnet sich Finnland aber durch relative Einkommensgleichheit und wenig Armut aus.

Das **Durchschnittsgehalt** in Finnland betrug Ende 2003 nach Angaben des Statistischen Amtes 2322 Euro, wobei Männer im Durchschnitt 2581 Euro und Frauen 2065 Euro im Monat verdienten. Das monatliche Mindestgehalt beträgt zur Zeit 1103 Euro. Die meisten Finnen verdienen zwischen 1400 und 2100 Euro im Monat. Einige Beispiele für Durchschnittsverdienste in verschiedenen Berufssparten: Ein Kellner verdient 1652 Euro, ein Apotheker 2076, ein Programmierer 2703, ein Gymnasiallehrer 2424 und eine Krankenschwester 2143 Euro monatlich. Im Durchschnitt zahlt eine finnische Familie 7500 Euro pro Jahr für Wohnen samt Betriebskosten, Heiz- und Wasserkosten, rund 3500 für Lebensmittel und 2500 für Freizeit und kulturelle Beschäftigungen.

Im Jahr 2000 gab der finnische Staat für Soziales 33,1 Milliarden Euro aus. Damit liegt er im EU-Vergleich eher im Mittelfeld – hinter Deutschland und Österreich.

Dass Finnland im Vergleich nicht mehr als absoluter Wohlfahrtsstaat dasteht, hat vor allem einen Grund: eine der schlimmsten Wirtschaftskrisen Europas, die das Land Ende der 1980er Jahre traf und die den Wohlfahrtsstaat mehr als nur ins Wanken gerieten ließ. **Wirtschaftlicher Rückgang**

Der Marktpolizist in Oulu – ein Symbol für den gewissenhaften Schutz der Bürger

024fn Foto: ih

in vier aufeinanderfolgenden Jahren, der Zusammenbruch der Sowjetunion, wohin Finnland einen Großteil seiner Exporte lieferte, und die Reduktion von Importen westeuropäischer Länder führten zu einer ungünstigen Situation. Darüber hinaus war die finnische Industrie aufgrund hoher Produktionskosten wettbewerbsunfähig geworden. Die für Finnland lebenswichtige Papierindustrie stürzte in eine Krise, als die jetzt unabhängigen baltischen Staaten das Holz aus den ehemals staatlichen und nun privatisierten Wäldern weit unter den finnischen Preisen verkauften.

Der öffentliche Sektor verschuldete sich. Das finnische Wirtschaftswachstum, das in den 1980er Jahren nur noch von Japan überflügelt wurde, stagnierte. Der Crash war ebenso katastrophal wie plötzlich. Anfang des letzten Jahrzehnts des 20. Jahrhunderts erhöhte sich die Arbeitslosigkeit auf fast 20 Prozent im Gegensatz zu den 3 Prozent zu Beginn der 1980er Jahre.

Die Wirtschaftslage nach dem EU-Beitritt

Doch auch diese Krise bewältigte das Land. Mitte der 1990er waren die Wirtschaftszahlen wieder positiv und es kam zu einer **Konjunktur,** nicht zuletzt aufgrund eines rigorosen Sparplanes. Kürzungen von Sozialleistungen und eine Reihe von neuen Steuern waren die Folge. Die Steuerbehörde wird von Finnen aufgrund ihrer Kreativität bei der Erfindung neuer Steuern oft, aber nicht gerade liebevoll „Steuerbär" genannt. Beim Kauf von Alkohol und Autos machen sich diese Steuern besonders bemerkbar: Doppelt bis dreimal so teuer wie in Deutschland oder Österreich werden diese Artikel feilgeboten – und das meiste davon geht in die Tasche des Steuerbären.

Inmitten der tiefsten Rezession nahm Finnland **Beitrittsverhandlungen mit der Europäischen Union** auf. 1995 wurde es Mitglied der Union, gleichzeitig mit Schweden und Österreich. Der Beitritt verschaffte dem etwas im Abseits gelegenen Land mehr wirtschaftliche Aufmerksamkeit und half mit, das Land aus der Wirtschaftsflaute zu ziehen. Vor allem im Technik- und Elektrobereich wurde finnische Qualität innerhalb der EU bekannt und geschätzt.

Die **Wettbewerbspolitik** Finnlands wird von der Europäischen Union mit strengem Auge überwacht, wird doch das ganze Land von nur einigen wenigen Großhandelsunternehmen versorgt – fast könnte man von einem Oligopol sprechen. Damit sind auch die hohen Preise erklärbar. Mit eifersüchtigem Blick folgen die alteingesessenen Oligarchen dem Markteintritt von Handelsketten wie dem deutschen Lidl (seit 2002 in Finnland vertreten), die ihnen den Umsatz mit billigeren Preisen strittig machen. 1996 verhinderte die Europäische Kommission die Verschmelzung zweier Lebensmittelketten, „Kesko" und „Tuko". Zusammen hätten die beiden Riesen 75 Prozent des Marktes kontrolliert. „Kesko" brachte eine Klage beim Europäischen Gerichtshof ein, der jedoch die Ansicht der Kommission bestätigte.

Die Finnen sind im Allgemeinen zufrieden mit der EU, sind doch gleich nach dem Beitritt die Lebensmittelpreise etwas gesunken. Die Verlierer des Beitritts sind jedoch die Bauern. Die finnische **Landwirtschaft** wird durch Subventionen am Leben erhalten, trotzdem reicht dies noch immer nicht aus: Gleich in den ersten drei Jahren der EU-Mitgliedschaft gaben über 10 Prozent der finnischen Bauern auf. Außerdem wurde die finnische Agrarlandschaft durch die Subventionen aus Unionsgeldern entzweit: Bauern, die ihre Felder nördlich des 62. Breitengrades bestellten, konnten mit Subventionen rechnen, die darunter liegenden Landwirtschaften jedoch nicht.

Die Anpassung des finnischen Marktes an EU-Normen betreffend **Alkoholbesteuerung und -einfuhr** wurde in Finnland mit Ungeduld erwartet, ist doch in Finnland Verkauf von Alkohol Monopol der staatlichen Alkoholgeschäfte „Alko", die Getränke mit über 4,7 Prozent Alkoholgehalt verkaufen. Die Alkoholsteuer ist jedoch derart hoch, dass diese Getränke oft zwei- bis dreimal so viel kosten wie in mitteleuropäischen Ländern.

Finnland und Schweden haben schon bei den EU-Beitrittsverhandlungen eine Übergangszeit für die Aufhebung von Importrestriktionen für alkoholische Getränke festgelegt.

Seit Anfang 2004 darf nun fast unbegrenzt aus anderen EU-Ländern Alkohol eingeführt werden. In Anbetracht des Beitrittes Estlands zur EU im Mai 2004 hat der finnische Staat Maßnahmen zur Preissenkung von alkoholischen Getränken unternehmen müssen: Seit 1. März 2004 sind die Alkoholsteuern gesenkt worden, bei harten Getränken bis zu 36 Prozent. So kostet eine 0,5-Liter-Flasche finnischer „Koskenkorva"-Wodka „nur noch" 9,20 Euro; das sind etwa 5 Euro weniger als zuvor. Bei Bier, dem meistgetrunkenen Alkohol in Finnland, beläuft sich die Steuersenkung nur auf rund 13 Prozent. So liegt der finnische Bierpreis noch immer weit über dem estnischen.

Ähnlich ist die Sache bei **Autos,** deren Preis bis zu 50 Prozent aus dem Steueranteil besteht. Deshalb importieren Finnen gerne Autos aus mitteleuropäischen Ländern, wo die Steuern viel niedriger sind. Dem versucht der Staat mit Einfuhrsteuern einen Riegel vorzuschieben, weil er sonst Steuerverluste erleidet. Als Konsequenz eines Falles, bei dem eine Privatperson beim Luxemburger Europäischen Gerichtshof den finnischen Staat dafür angeklagt hatte, auf ein aus Deutschland importiertes Auto zu viel Einfuhrsteuer zu bemessen, musste der Staat 2002 die **Autosteuer** heruntersetzen. Dadurch werden immer mehr Autos aus Deutschland und Schweden importiert.

Um die Überschwemmung des finnischen Arbeitsmarktes mit hauptsächlich estnischen Arbeitskräften zu verhindern, hat Finnland den Zugang von Personen aus neuen EU-Mitgliedsländern zum **finnischen Arbeitsmarkt** zumindest bis 2006 eingeschränkt.

Mit einigen der neuen, kleinen EU-Länder und Österreich hat sich Finnland zusammengesetzt, um die Tatsache zu diskutieren, dass in einem „Kerneuropa" die **Anliegen kleiner Länder** nicht die nötige Beachtung finden. In EU-Belangen differiert Finnlands Meinung des Öfteren von der seiner nordischen Nachbarn, haben doch Schweden und Dänemark in Fragen wie Währungsunion und Euroeinführung andere Richtungen eingeschlagen.

Auch Verteidigungsmöglichkeiten und die Beistandspflicht im Falle eines Angriffes auf einen Partner aus der Europäischen Union wurden in letzter Zeit im Zusammenhang mit den Verhandlungen über die EU-Verfassung öffentlich diskutiert. Der Beitritt zur NATO scheint die einzig mögliche Militärallianz für Finnland zu sein, die finnische Bevölkerung ist einem Beitritt jedoch sehr negativ gesonnen, würde sie doch der Neutralität Finnlands widersprechen.

005fn Foto: ih

LEBENSWEISEN

Stadt – Land, Nord – Süd, Ost – West, Peripherie – Zentrum

Trotz der recht homogenen Struktur der finnischen Gesellschaft gibt es auch in Finnland kulturelle, sprachliche und soziale Unterschiede zwischen verschiedenen Landesteilen. Wie in jedem Land, so werden auch in Finnland diese Unterschiede teilweise von den Bewohnern konkurrierender Landesteile betont und hervorgehoben, um sich von „den anderen" abzusetzen und die bessere Eignung für was auch immer zu demonstrieren. So wird beispielsweise der Dialekt der Gegend Savo (östliches Mittelfinnland) von Bewohnern anderer Landesteile belächelt und teilweise als ungehobelt abgetan. Ein gängiger Spruch besagt, dass der Savo-Dialekt keine Sprache ist, sondern eine Art, jedes zivilisierte Gespräch unmöglich zu machen.

Vappu – das Fest der Studenten mit den weißen Mützen

Ost - West

Finnland liegt am **Schnittpunkt zweier kultureller Sphären** - der östlichen und der westlichen. Es liegt auf der imaginären Landkarte vieler Menschen viel näher zu Russland als zu den skandinavischen Ländern. Die Autoren selbst sind nicht bloß einmal gefragt worden, ob denn Finnisch mit Russisch verwandt sei. In Holland und Österreich ist der Ruf Finnlands beispielsweise sehr östlich, während sich Menschen in den USA oft wundern, dass Finnisch nicht mit Schwedisch verwandt ist. Hin und wieder kommt es auch vor, dass Finnland für einen ehemaligen Sowjetstaat gehalten wird, der erst nach dem Zerbrechen der Sowjetunion seine Autonomie erhalten hat. Andere glauben, Finnland sei ein Land des berüchtigten „Ostblocks". Etwas provokant ausgedrückt ist dies gar nicht so falsch. Schließlich war Finnland bis zu *Gorbatschows* Glasnost und Perestrojka sehr stark darauf bedacht, seine **„guten" Beziehungen mit der Sowjetunion** nicht zu gefährden, was unter anderem auch darin Niederschlag fand, dass bis in die 1980er Jahre in Finnland eine Art Zensur herrschte, die sowjetkritische Literatur bannen sollte.

So wurde *Alexander Solschenizyns* Werk „Der Archipel Gulag" durch Handkopien im Untergrund verbreitet und konnte erst mehr als ein Jahrzehnt nach seinem tatsächlichen Erscheinen in Finnland auf dem Buchmarkt auftreten. Paradoxerweise gab es jedoch kein Mittel, das Finnen daran hätte hindern können, über die Grenze zu gehen und die verbotenen Bücher - oft sogar auf Finnisch - in einem der anderen nordischen Länder zu kaufen. In den frühen 1980ern hatte der finnische Regisseur *Renny Harlin,* der heute in Hollywood erfolgreich ist, die Premiere seines ersten Filmes „Born American" in Haparanda, einem schwedischen Ort an der finnischen Grenze, wo die Mehrheit der Bewohner finnischsprachig ist. Der Film war in Finnland verboten, da er vom Entkommen zweier Amerikaner aus einem sowjetischen Gulag, einem Arbeitslager, handelt.

Nicht umsonst wurde Finnland immer wieder als „einziger westlicher Satellitenstaat der UdSSR" bezeichnet. Dies hatte freilich vor allem den Grund, dass Finnland den „großen Bären" als Nachbarn hatte und nach bedeutenden Gebietsverlusten im Zweiten Weltkrieg eine völlige Eingliederung in die Sowjetunion befürchtete. Der Begriff Finnlandisierung, der in der BRD der 1960er Jahre gebräuchlich wurde, weist auf die aus westlicher Sicht übermäßige Machtposition der Sowjetunion in Finnland hin, die in nichtkommunistischen Ländern verurteilt wurde.

Trotz des Beitritts zur Europäischen Union und der starken Zusammenarbeit mit den nordischen Ländern sind innerhalb des Landes **östliche**

Einflüsse ersichtlich. Um dies zu erklären, müssen wir eine kleine Zeitreise unternehmen. Im Jahr 1323 wurde im Schlüsselburger Frieden die Grenze zwischen Ost und West festgelegt: Der östliche Teil Finnlands fiel an Nowgorod, während der Westen beim schwedischen Reich verblieb. Dieses Datum wird gemeinhin als Grenzziehung zwischen Ost und West in Finnland angesehen. So sind im östlichen Teil Finnlands, dem heutigen **Karelien,** immer wieder orthodoxe Zwiebeltürme zu sehen.

Karelien spielte eine **wichtige Rolle in der Identitätsfindung** der finnischen Nation im 19. Jahrhundert. Finnland hatte politisch gesehen nie eine eigene Geschichte gehabt, war es doch mal Schweden, mal Russland untertan. Als Finnland 1809 unter russische Vorherrschaft gelangte, entwickelte sich langsam das nötige Selbstbewusstsein und die nationale Identität für die spätere Selbstständigkeit des Landes. Interessanterweise

Begriffserklärung Karelien

Karelien ist für Finnland ein bedeutungsschwangerer Begriff und das nicht nur, weil weite Teile dieses Gebietes an die Sowjetunion abgetreten werden mussten. Um den Begriff Karelien verstehen zu können, muss etwas weiter ausgeholt werden. Die Sache ist etwas kompliziert, da verschiedene Menschen Verschiedenes unter dem Wort Karelien verstehen. Karelien ist eigentlich das Gebiet, das im Süden vom Ladogasee, im Osten vom Weißen Meer, im Westen von Ostfinnland, im Norden von der Murmanskregion Russisch-Lapplands und im Südosten vom Onegasee begrenzt wird. Politisch gehört es zu Finnland und Russland, wobei Finnland im Zweiten Weltkrieg große Teile seiner karelischen Landfläche (die karelische Landenge im Süden und Ladogakarelien) an die Sowjetunion abtreten musste. Das heute noch finnische Karelien umfasst Nordkarelien mit der Stadt Joensuu und Südkarelien mit Lappeenranta. Russisch-Karelien wurde zu einer autonomen Sowjetrepublik und ist heute als Republik Karelien ein Teil der Föderation. In dieser Republik leben heute noch um die 80.000 Karelier und Finnen. Genau kann die Anzahl nicht bestimmt werden, denn viele geben noch heute aus Angst vor Diskriminierung und Verfolgung ihre tatsächliche ethnische Zugehörigkeit nicht an. Verwirrend ist, dass manche unter Karelien nur die an Russland verlorenen Gebiete verstehen, während andere damit die gesamte zu Russland gehörige Republik, die bei Finnland verbliebenen Teile Kareliens oder aber das gesamte geographische Karelien meinen. Karelier selbst sind eine ethnische Gruppe, die sprachlich gesehen dem ostseefinnischen Zweig der finnisch-ugrischen Gruppe angehören und deren Sprache dem Finnischen nahe steht. Karelien war vor allem in der Zeit, als Finnland dem schwedischen Reich angehörte, Schauplatz von Grenzverschiebungen, lag es doch an der östlichen Grenze des Reiches. Als 1323 die Grenze zwischen Nowgorod und Schweden inmitten von Karelien gezogen wurde, teilte sich das Gebiet in das westlich orientierte Finnisch-Karelien mit der Hauptstadt Wiborg (finnisch: Viipuri) und das Nowgorod untergebene Russisch-Karelien.

fanden die finnischen Identitätssucher gerade im russischen Karelien eher als in der schwedisch orientierten Kultur oder bei den kulturell und sprachlich von den Finnen stark differierenden Saamen die Antworten auf ihre Fragen.

Der Arzt **Elias Lönnrot** machte sich auf Sammel- und Forschungsreisen nach Russisch-Karelien auf und verfasste aus dem gesammelten Volksdichtungsmaterial das Epos „Kalevala", das sofort bei seinem ersten Erscheinen 1835 Begeisterung unter den Finnen weckte. Es war dieses Werk, das Karelien in den Herzen und Geistern der Finnen als mythisches Land ihrer Vorfahren und Wiege ihrer Kultur verankerte. Bald schon entstand eine Strömung, die heute als Karelianismus bekannt ist. Studenten und Wissenschaftler pilgerten regelrecht nach Karelien an beiden Seiten der Grenze, um die alten Weisen zu hören und aufzuzeichnen.

Gleichzeitig schickten sich **Dichter und Schriftsteller** *(Eino Leino, Juhani Aho)* an, das mythische Land auch in ihren Werken anzupreisen. *Jean Sibelius,* der wohl berühmteste finnische Komponist, bezog sich in vielen seiner Werke auf das Volksepos und Karelien. Auch die bildende Kunst bezog ihre Themen aus dem „Kalevala"-Mythos: Der Maler *Akseli Gallen-Kallela* zum Beispiel fertigte eine ganze Serie „Kalevala"-Bilder an. Das neu erschaffene Epos verlieh dem finnischen Volk also genau die geschichtlich-mythische Grundlage, die es zum Aufbau seiner nationalen Identität brauchte.

Dieses neu gefundene Selbstbewusstsein ließ in den Finnen auch das **Verlangen nach Unabhängigkeit** vom Zarenreich wachsen und führte schließlich zur Unabhängigkeitserklärung im Jahre 1917. Den Grund, weshalb *Lenin* Finnland in die Unabhängigkeit entließ, kann man anhand der damaligen Situation in Russland rekonstruieren: Um die Alleinherrschaft der Bolschewiken in Kernrussland zu sichern, musste *Lenin* sich zeitweilig des unruhigen Randgebietes Finnland entledigen. Er tat dies mit dem Hintergedanken, Finnland zu einem späteren Zeitpunkt durch einen kommunistischen Bürgerkrieg innerhalb des Landes zu schwächen und es so wieder in sein Reich einzugliedern. Der Bürgerkrieg fand tatsächlich statt und die Roten wurden stark von Sowjetrussland unterstützt. Da jedoch die Weißen unter General *Mannerheim* mithilfe der Deutschen den Sieg davontrugen, wurde *Lenins* Plan zu diesem Zeitpunkt vereitelt. Auch später wurden von sowjetischer Seite kommunistisch-anarchistische Strömungen in Finnland unterstützt und angestachelt, die Einverleibung des Landes in die Sowjetunion sollte jedoch nicht mehr gelingen.

Doch zurück zur neu gefundenen **Wiege der finnischen Kultur** – Karelien. In den Jahren 1918–1919 wurde von finnischer Seite versucht, auch den russischen Teil Kareliens in den Herrschaftsbereich Finnlands einzugliedern. Dies misslang und Russisch-Karelien gelangte bald unter die **Schreckensherrschaft *Stalins:*** Wie auch in anderen Teilen des Landes wurde die Bildungsschicht, hier karelischer und finnischer Herkunft, teils nach Sibirien geschickt, teils sofort umgebracht. Um so tragischer ist die Tatsache, dass in den Anfangsjahren, als die Sowjetunion noch einen guten Ruf hatte, zahlreiche Finnen sowohl aus Finnland als auch aus der Emigration in Amerika und Kanada in die Sowjetunion einwanderten, um das Paradies der Arbeiter mitzugestalten – nur um wenig später im Gulag zu enden. Das Symphonieorchester von Petroskoi (Hauptstadt der Republik Karelien), das viele finnische Mitglieder hatte, wurde 1938 beispielsweise direkt vom Konzert, in Frack und mitsamt aller Instrumente von der sowjetischen Geheimpolizei abgeholt und verschleppt.

Der finnische Teil Kareliens erlebte jedoch einen Aufschwung. Die Stadt Wiborg (Viipuri) mit ihrem multiethnischen Charakter war das kulturelle und wirtschaftliche Zentrum des Gebietes. Auf den Straßen Wiborgs wurden sechs Sprachen gesprochen. Neben der finnischen, karelischen, russischen und schwedischen Bevölkerung hatte die Stadt eine große deutsche und jüdische (jiddisch sprechende) Gemeinschaft. Französisch war zusätzlich die Sprache der „high society".

Im **Zweiten Weltkrieg** wurde Karelien zum Kriegsschauplatz. Die Sowjetunion griff Finnland 1939 an und das Ergebnis schnitt Finnland tief ins Fleisch: Große Gebiete Finnisch-Kareliens mussten nach diesem ersten, so genannten Winterkrieg den Sowjets überlassen werden. 400.000 Flüchtlinge kamen aus den ehemals finnisch-karelischen Gebieten nach Finnland und wurden gemäß einem Notfallplan in Finnland angesiedelt. Im Fortsetzungskrieg ab 1941 glaubte Finnland mithilfe des Dritten Reiches seine Gebiete zurückerlangen zu können. Anfangs konnte die finnische Armee auch Erfolge verzeichnen: An die 280.000 Flüchtlinge aus dem Winterkrieg konnten an ihre Heimatorte zurückkehren und beginnen, sich ihre Existenz wieder neu aufzubauen. Doch ihre Hoffnungen wurden enttäuscht. Im Sommer 1944 gewann die sowjetische Armee die Oberhand. Karelien war zum zweiten Mal verloren. Die zurückgesiedelten Flüchtlinge des Winterkrieges mussten ihre Heimatorte nun zum zweiten Mal und endgültig verlassen. Aus beiden Kriegen flüchteten insgesamt an die 450.000 Menschen in das um ein Zehntel seiner Landfläche beraubte Finnland.

1945 wurde zum Zweck der **Neuansiedlung der Flüchtlinge** ein Gesetz verabschiedet, das der Landbeschaffung diente. Dieses Gesetz wurde vor allem daher so schnell eingebracht, weil die Finnen eine starke Abneigung gegen die Errichtung von Flüchtlingslagern hatten – vielleicht waren die Straflager der Weißen und Roten im Bürgerkrieg noch eine zu präsente Erinnerung. Zuallererst wurden diejenigen Landbesitzer angesprochen, die nicht von der Landwirtschaft abhängig waren. Danach kam Land, das in Staatsbesitz war, dann Gemeindeland, Kirchenbesitz und schließlich landwirtschaftlich genutztes Gebiet. Die finnischen Landbesitzer mussten also Teile von ihrem eigenen Land an die neuen Staatsbürger abgeben. Allgemein verlief dies ohne größere Probleme, doch wissen Zeitzeugen über eine immer wieder auftretende Verbitterung der Finnen über die Neuankömmlinge zu berichten. Um der Abgabe von Land zu entkommen, wurde hie und da versucht, Teile des Landbesitzes als landwirtschaftliche Nutzfläche auszugeben.

In den Jahrzehnten nach 1940 integrierten sich die karelischen Flüchtlinge in die finnische Gesellschaft. In allen Teilen des Landes leben heute ehemalige karelische Flüchtlinge oder ihre Nachkommen. Karelische, gewebte Wandschmucke und karelische Piroggen finden sich in ganz Finnland heute als finnisches Kulturgut wieder. Der weiche Akzent der Karelier und die traditionell karelische Totenklage sind Teil der finnischen Kultur geworden.

Seit dem Verlust des „gelobten Landes" herrscht in weiten Teilen Finnlands eine gewisse Nostalgie und Wehmut in Bezug auf Karelien. Einerseits das mythische Land der Vorahnen, andererseits aber der Schauplatz eines nationalen Traumas, das – solange noch Zeitzeugen am Leben sind – persönlichen Charakter hat.

Für die verlorenen Landschaften und Kulturgüter versuchte man innerhalb der neu gezogenen Grenzen Ersatz zu schaffen, was beispielsweise zum Ergebnis hatte, dass die Hügellandschaft des Koli in Nordkarelien zum landschaftlichen Symbol ganz Kareliens wurde.

Im Zuge des **Wiederaufbaus der orthodoxen Kirche** nach dem Zweiten Weltkrieg tauchten an verschiedenen Ecken und Enden Finnlands orthodoxe Kirchengebäude auf. Tourismusunternehmen haben in den letzten 30 Jahren vor allem Nordkarelien, doch auch Südkarelien und die Provinz Kainuu nördlich von Nordkarelien mit Versatzstücken der karelischen Kultur versehen und vor allem die orthodoxe Kultur betont. So wird in diesen Gebieten Finnlands die karelische Pirogge, eine Teigtasche mit charakteristischer Form, gefüllt mit Reis oder Kartoffeln, als typische Speise vermarktet. Außerdem finden sich in diesen Teilen des Landes touristische Neubauten mit architektonischen Grundzügen aus Russisch-Karelien. Der „karelische Rundwanderweg" ist ein erst kürzlich fertig gestellter Pfad, der durch vier Nationalparks und viele „echt karelische" Landschaften führt.

Das orthodoxe Kloster Uusi Valamo führt die Tradition Russlands weiter

Die Menschen im Osten Finnlands werden oft mit Charaktereigenschaften beschrieben, die als „typisch karelisch" gelten: Geselligkeit, Humor, Fröhlichkeit, Eifer und Neugier sowie starke Bindung an Familie, Heimatort und Natur. Einige dieser Eigenschaften verbindet man normalerweise nicht unbedingt mit dem finnischen Volk ...

Was aber passierte im nach 1944 fast völlig menschenleeren, abgetretenen **Finnisch-Karelien, das bei Sowjetrussland verblieben** war? In Rekordtempo wurden die verlassenen Gebiete mit Menschen aus Weißrussland, der Ukraine und Russland zwangsbesiedelt. Die neuen Bewohner hatten keinerlei Recht, sich von ihren neuen Heimatorten auch nur in die nächste Stadt zu entfernen. Zeugen der finnischen Geschichte wie Kirchen und Friedhöfe wurden entweder dem Erdboden gleichgemacht oder zweckentfremdet. Finnische Gebäude der Stadt Wiborg wurden größtenteils dem Verfall überlassen. Finnische Ortsnamen wurden durch russische Neufindungen ersetzt. 1956 wurde aus dem früher finnischen Gebiet und Russisch-Karelien die autonome Sowjetrepublik Karelien, die nach dem Zerfall der Sowjetmacht zur Republik Karelien avancierte, die weitab des Moskauer Geldes ihr Dasein oft am Rande des Untergangs fristete. Die Finnen wagten sich erst nach 1992 wieder in größeren Zahlen nach Karelien. Doch fast sofort begann man von finnischer Seite Projekte zum Wiederaufbau und zur Zusammenarbeit zu lancieren. Denkmäler wurden aufgestellt, Friedhöfe wieder hergestellt, Kirchen renoviert und

026fn Foto: ih

Hilfstransporte geschickt. Karelien wurde zu einer Art Wilder Westen für Finnen, ein gering entwickelter Landstrich, in dem viele nach Abenteuer und Vergangenheit suchten. Die **karelische Sprache** hört man heute nur mehr in den schon immer russisch-karelischen Gebieten, doch ein etwas veraltetes Finnisch kann man hie und da noch in den ehemals finnischen Gebieten aufschnappen.

Heute „pilgern" viele Finnen wieder nach Karelien, teils um ihre persönlichen, familiären Wurzeln aufzusuchen, teils um die Wiege der finnischen Kultur kennen zu lernen. Das orthodoxe **Kloster Valamo,** wunderschön gelegen auf einer Insel im Ladogasee, zieht Finnen besonders an. Kein Wunder, hat doch dieses Kloster eine ungewöhnliche Geschichte: 1940 flohen alle Mönche des Klosters in das Gebiet des heutigen Finnlands, wo im Bezirk Heinävesi im finnischen Karelien das Kloster wieder aufgebaut und versucht wurde, das religiöse Leben an der Stelle wieder aufzunehmen, an der es vom Krieg unterbrochen wurde. Seit einiger Zeit ist das alte Kloster im russischen Valamo wieder aktiv.

Immer wieder ist die **Frage nach der Wiedereingliederung der verlorenen Gebiete** an die Oberfläche politischer Diskussion in Finnland geraten. So auch nach dem Zerfall der Sowjetunion. 1998 äußerte sich rund die Hälfte aller Finnen ablehnend oder gleichgültig gegenüber dieser Frage, ein Drittel unterstützte sie. Interessant ist, dass sich die Gruppe der Unterstützer einerseits aus den über 65-Jährigen, andererseits aber aus unter 25-Jährigen zusammensetzte. Folgerichtig, wenn man bedenkt, dass die Generationen zwischen 25 und 65 Jahren in einer Ära der sowjetischen Beeinflussung und der Angst vor dem „großen Bruder" gelebt hat, während die Älteren das Bewusstsein der Vorkriegs- und Kriegszeiten miterlebt haben, und die unter 25-Jährigen in einer Zeit aufgewachsen sind, in der das Gespräch über Karelien wieder belebt wurde. Bewusst ist man sich in Finnland gemeinhin der Problematik, dass mit eventuell rückerstatteten Gebieten auch die nichtfinnische Bevölkerung und sämtliche wirtschaftlichen Probleme sowie eine gehörig verpestete Umwelt zu Finnland dazukämen. Der frühere Präsident Finnlands, *Martti Ahtisaari,* meinte einmal in einer Stellungnahme, dass über die Rückerstattung Kareliens so lange diskutiert werden würde, bis keine in den verlorenen Gebieten geborenen Menschen mehr am Leben wären.

Der östliche Einfluss als wichtiger Bestandteil der finnischen Kultur tritt auch in der **Betonung der östlichen Herkunft der finnischen Sprache** auf. Dieses Mittel wird gern verwendet, um sich von den skandinavischen Ländern und im Besonderen von Schweden abzuheben, dem gegenüber Finnland in manchen Belangen eine Art Minderwertigkeitskomplex als „kleiner Bruder" aufweist. Östliche Kultureinflüsse, die gerade im östlichen

Finnland hervortreten, sind unter anderem das Teetrinken und die Verwendung von Pilzen und Sauerkraut in der Küche.

Unleugbar gehört Finnland heute – gerade auch in politischer Hinsicht – zu den westlichen Industrie- und Wohlfahrtsstaaten und auch geschichtlich gesehen erfolgte meist eine gewollte **Orientierung in Richtung Westen.** *Zar Alexander I.* bestellte den deutschen Architekten *Carl Ludwig Engel* zu Beginn des 19. Jahrhunderts nach Finnland, der praktisch das gesamte Zentrum der neuen Hauptstadt Helsinki planen sollte. Der Zar ließ *Engel* die Stadt Sankt Petersburg als Vorbild nehmen und da gerade diese Stadt, erst 1703 nach dem Vorbild Amsterdams auf Kanälen gebaut, die unrussischste in Stil und Architektur ist, ist auch die finnische Hauptstadt geprägt von deutschen und französischen Einflüssen.

Nord – Süd

Sieht man sich die Dichte der Bevölkerung, des kulturellen Geschehens und der Industrie in Finnland anhand der Verteilung auf die Breitengrade an, fällt sofort auf, dass das Land eine **starke südliche Konzentration** aufweist. Während im Süden im Einzugsbereich der Hauptstadt die Bevölkerungsdichte bei 130 Personen pro km^2 liegt, leben in Lappland gerade mal 2,2 Menschen pro km^2.

Interessant ist in diesem Zusammenhang auch die Bezeichnung **„Mittelfinnland".** Dieser Teil des Landes auf Höhe der Stadt Jyväskylä liegt nämlich beileibe nicht in der Mitte des Landes, sondern vielmehr im untersten Viertel. Dies zeigt gewissermaßen die Gewichtung im Land: Nördlich der Stadt Oulu spielt sich (außer Weihnachtsmann-Tourismus rund um die lappländische Hauptstadt Rovaniemi) nicht viel ab. Dies hat sicherlich auch mit dem Faktum zu tun, dass die Grenze von 1323 südlich von Oulu lag, nördlich davon befand sich das unbekannte nordische Saamenland. Klagen von Nordfinnen über eine gewisse „Arroganz des Südens" hört man immer wieder. Andererseits beklagen sich selbst Nordfinnen über das „weite landschaftliche Nichts des Nordens". Nadelbäume und hie und da mal ein See, sonst Einöde samt schnurgerader Straße und dies Hunderte von Kilometern hindurch, soweit das Auge sehen kann. Da wird jede Autofahrt zu einem nur bedingt aufregenden Erlebnis.

Schon im finnischen Volksepos „Kalevala" wird **der Norden,** der Sage nach das nordische Reich *pohjola,* immer mit der Unterwelt, dem Bösen gleichgesetzt. Negativ besetzt oder zumindest unberechenbar, mystisch und unheimlich ist der nördliche Teil des Landes, Lappland, noch immer. Mit Lappland und seinen Bewohnern beschäftigt sich ein extra Kapitel in diesem Buch (siehe Kapitel „Indigene im High-Tech-Land: Die Saamen").

Ostbottnien

Ostbottnien verdient näheres Augenmerk. Dieser Teil Finnlands heißt auf Finnisch *Pohjanmaa,* was übersetzt „Nordland" heißt. Wieder eine Bestätigung für die Konzentration Richtung Süden, zieht sich doch diese Provinz im Westen des Landes von der Stadt Vaasa bis nach Oulu, bis circa zur Hälfte der Landeshöhe, hinauf. Freilich muss man auch beachten, dass bis ins 16. Jahrhundert Lappland gar nicht als Teil Finnlands angesehen wurde und sich daher viele Namen auf das Gebiet Finnlands ohne Lappland beziehen, was den Namen *Pohjanmaa* gleich viel plausibler erscheinen lässt. Relativ spät, erst im 16. Jahrhundert, begannen sich Finnen, Karelier, Tavastländer, Schweden etc. in größerer Anzahl in Lappland anzusiedeln und dies nur, weil die schwedischen Könige jedem neuen Siedler in Lappland Steuerfreiheit und Land versprachen, um Lappland langsam ins schwedische Reich eingliedern zu können. Erst 1595 wurde Lappland offiziell ins schwedische Reich einverleibt.

Der deutsche Name Ostbottnien, der sich vom schwedischen Österbotten herleitet, bezieht sich auf Bottenviken, der schwedischen Bezeichnung des bottnischen Meerbusens, auf dessen östlicher Seite die Region Ostbottnien liegt.

Dementsprechend gibt es auf schwedischem Gebiet die Gegend Westbottnien. Lange Zeit hindurch gehörten beide einem Reich – dem schwedischen – an.

Ostbottnien hat im südwestlichen Teil an der Küste ein weitgehend schwedischsprachiges Gebiet, wobei in ländlichen Gebieten die Bewohner von schwedisch- beziehungsweise finnischsprachigen Dörfern und Siedlungsgebieten kulturell und sozial relativ stark voneinander abgeschieden leben. Die Städte Ostbottniens lebten früher vor allem von der Holz- und Teerausfuhr, die ländlichen Gebiete von der Landwirtschaft. Die Stadt Oulu war beispielsweise bereits im 17. Jahrhundert der größte Teerexporteur der Welt. Oulu wurde 1605 gegründet, 10 Jahre nachdem das Gebiet an Schweden angeschlossen wurde. Um es enger an das Mutterland anzubinden, wurden besonders tüchtige Handwerksleute aus Schweden, Deutschland, Belgien und Holland angelockt. Die meisten haben sich assimiliert, doch hie und da sieht man Dörfer in der Gegend um Oulu, deren Bewohner eine viel dunklere Haar- und Augenfarbe haben als die anderen Bewohner der Umgebung. Diese Menschen sind Nachfahren der einstigen französischsprachigen Handwerksleute aus Belgien.

Die Bevölkerung Ostbottniens unterscheidet sich von den Einwohnern anderer Landesteile und diese Unterschiede werden von den Nicht-Ostbottniern misstrauisch beäugt. Für langsam, sehr schweigsam und jähzornig werden die Menschen hier gehalten. Aufstände und Volksbewegungen fielen in Ostbottnien oft auf fruchtbaren Boden. Ein Bauernaufstand namens „Keulenkrieg" am Ende des 16. Jahrhunderts

Teertransport – die Teerproduktion machte Oulu zu einer reichen Stadt

Die Konzentration der Bevölkerung in den südlichen Gebieten bringt zwangsläufig auch eine **Anhäufung von Städten im Süden** Finnlands mit sich. Die finnische Gesellschaft ist aber erst seit kurzem mit Problemen der Urbanisierung konfrontiert. Anfang des 20. Jahrhunderts war die größ-

027fn Foto: ih

bewies, wie wenig die Landwirte dieser Gegend von ihrem schwedischen König hielten. Diese Region war es auch, in der im 17. Jahrhundert die meisten Hexenprozesse des Landes stattfanden. Im 18. und zu Beginn des 19. Jahrhunderts gingen die religiösen Erweckungsbewegungen von den Küstengegenden Ostbottniens aus und fanden eine weite Verbreitung. Zwischen 1790 und 1890 war Ostbottnien wegen seiner hohen Anzahl von Gewalttaten berüchtigt. Finnendolche tragende Männer, so genannte *puukkojunkkarit,* waren in ganz Finnland gefürchtet. Im Ersten Weltkrieg waren ostbottnische Männer sehr aktiv als Jäger, also Freiwillige, die in Deutschland militärisch ausgebildet wurden. Ostbottnien lieferte außerdem viele glühende „Weiße" im Bürgerkrieg von 1918. Auch heute noch hört man flüstern, dass Ostbottnier vor allem dann zur Gewalt neigen, wenn Alkohol im Spiel ist. Über Gewaltanlagen in den Genen wird gemunkelt sowie über eine starke Freiheitsliebe aller Ostbottnier – doch diese Feststellungen entbehren wissenschaftlicher Grundlage. Eher noch wirkt die Theorie einleuchtend, dass ostbottnische Bauern aufgrund ihres relativen Reichtums mehr zu verteidigen hatten als Bewohner anderer Gebiete und sich daher mehr für ihr Hab und Gut einsetzten.

te Stadt Helsinki mit ca. 90.000 Einwohnern, gefolgt von Turku, Tampere und Viipuri, das damals noch zu Finnland gehörte. Alle drei Städte hatten jeweils etwas über 10.000 Einwohner. In Städten wohnte lediglich 10 Prozent der Gesamtbevölkerung des Landes (heute sind es 78 Prozent).

Stadt – Land

Die Volksromantiker des 19. Jahrhunderts bauten die finnische Identität auf Begriffen wie Lutherianismus, Natur, Ehrlichkeit und der moralischen Überlegenheit der ländlichen Gebiete auf. Die Stadt passte nur als Gegenteil dieser Konstruktion ins Bild: Alles Negative war also die Stadt, das Ländliche aber war durchwegs positiv besetzt. Die langsame Industrialisierung und Urbanisierung veränderten die Lage auch nicht: Der wichtigste Industriezweig, die Waldwirtschaft, war alles andere als urban und die finnischen Städte bewahrten noch lange Zeit ihren agraren Charakter.

Zu Beginn des 20. Jahrhunderts fürchtete man in ganz Europa, dass die in die Städte gezogene Landbevölkerung in den wachsenden trostlosen Slums der Großstädte ihre moralische Grundlage verlieren und gesellschaftlich absinken könnte. In den ersten Jahren des 20. Jahrhunderts verstärkte sich auch in Finnland die **Stadtfeindlichkeit** und das vor allem unter Einfluss der Arbeiteraufstände. Ab 1910 zeichnete die finnische Literatur ein trostloses Bild von Helsinki. Die Stadt mit ihrer demoralisierenden Wirkung sei der Ausgang allen Übels, so hieß es. In den 1940er Jahren wurde verstärkt versucht, die Natur in die Städte zurückzubringen. Einfamilienhäuser mit Gärten und eine zunehmende Stadtbegrünung vor allem in Helsinki waren Folgen davon. Der Begriff der „finnischen Waldstadt" rührt daher. Die Waldstadt basiert auf dem Konzept von dünner Besiedelung und natürlicher Umgebung. Das beste Beispiel für solch eine Stadtplanung ist die Vorstadt Tapiola der Stadt Espoo, die bereits nahezu mit Helsinki zusammengewachsen ist.

Vorstädte erfreuten sich in dieser Zeit in ganz Europa wachsender Beliebtheit. Freilich waren diese Wohngebiete vorerst wohlhabenderen Schichten vorbehalten, doch auch die Mittelschicht konnte hier aus der Nähe zur Stadt und ihren wirtschaftlichen Vorteilen sowie den Annehmlichkeiten und der Sicherheit der Natur Nutzen ziehen. Als die ärmere Arbeiterschicht diese Gebiete entdeckte, sank das Ansehen der Vorstädte. Im Unterschied zu anderen europäischen Ländern wurden in Finnland die in den Weltkriegen zerstörten oder bei der Sowjetunion verbliebenen Wohnungen (insgesamt rund 120.000) vor allem im Vorstadtbereich und am Land wieder aufgebaut. Vorstädte bilden auch heute noch die Idealform finnischer Wohnkultur: In den halburbanisierten Vorstädten vereinigt sich die Nähe zum von Finnen so geliebten Wald mit der Wohnform im Einfamilienhaus und einem Leben in relativer Abgeschiedenheit und Ruhe.

Der wohl berühmteste der finnischen Architekten, **Alvar Aalto,** hatte großen Anteil an der Planung dieser neuen Siedlungen, die beinahe allesamt funktionalistischen Idealen entsprachen. So sieht man in finnischen Städten oft inmitten von schönen Wäldern regelrechte Betonklötze stehen, die der Ästhetik des Funktionalismus folgen. Die funktionale Realität dahinter ist die Tatsache, dass zum Beispiel Städte wie das lappländische Rovaniemi durch die abziehenden Truppen des Dritten Reiches nach dem Zweiten Weltkrieg beinahe dem Erdboden gleichgemacht wurden. *Alvar Aalto* erhielt ein leeres Blatt Papier, um die Stadt neu zu planen. Unter polaren Temperaturen und diesen Umständen war es wichtig, einfache und schnell aufbaubare Strukturen anzulegen.

Die **finnische Stadtkultur** begann sich erst nach dem Zweiten Weltkrieg zu entwickeln. Der Wiederaufbau und die durch die Reparationszahlungen angekurbelte Wirtschaft schufen für viele Menschen neue Beschäftigungsfelder und in der Nähe von Fabriken entstanden für sie zahlreiche neue Wohngebiete. In dieser Umgebung entwickelte sich auch der für Helsinki so typisch gewordene Slang, der so genannte *stadin slangi*. Die Wurzeln dieses Jargons sind bereits am Beginn des 20. Jahrhunderts zu suchen, als die schwedisch-, russisch- und finnischsprachige Jugend miteinander ihre eigene Sprache entwickelte, gewissermaßen ein Esperanto der Arbeiterviertel: Ein Finnisch mit vielen schwedischen Wörtern und in den letzten Jahrzehnten sind noch englische Einflüsse dazugekommen.

In den 1960er Jahren gewann die **Urbanisierung** des Landes an Geschwindigkeit; eine massive **Landflucht** setzte ein. Viele Menschen siedelten sich in den Städten an, in deren Einzugsgebieten es in den neuen Fabriken und Dienstleistungsunternehmen Arbeit gab. Die Art des Wohnens veränderte sich fundamental. In den traditionellen finnischen Bauernhäusern lebten, arbeiteten und entspannten sich die Bewohner unter ein und demselben Dach. In den Städten und vor allem in den Vorstädten lebte man nun anders: Die Wohn-, Arbeits- und Rekreationsbereiche sind ab nun räumlich voneinander entfernt gelegene Bereiche.

Die Bewohner der Vorstädte besuchen die Städte nur zur Arbeit und kehren dann in ihre Wohngebiete – oft weit entfernt von der Arbeitsstätte – zurück. So entwickelte sich langsam der für Finnland so typische **„geheiligte Wohnbereich“:** Der Stress des Alltags lässt die eigene Wohnung, die Abgeschiedenheit und Ruhe, den Herd der Familie zu einem hochgeschätzten Bereich werden. In einem Land, in dem es zumindest 8 Monate im Jahr kalt ist, verlegt sich der Schwerpunkt des Lebens in den Wohnbereich. Dieser wird dann – vor allem von Familienmüttern – mit viel Liebe und Sorgfalt geschmückt. Finnische Familien legen großen Wert auf ihre schön dekorierte und geschmackvoll gestaltete Kaffeetafel, die sie für jeden Besucher mit Stolz aufdecken.

028fn Foto: ih

Aus der Suche nach Entspannung von der Arbeit entstand der dritte Bereich des Stadtlebens. Die Ausprägung der Stadtkultur und die **Herausbildung der Freizeitbereiche** bedingten und beeinflussten einander gegenseitig. So entstanden Theater, Konzertsäle, Freizeitparks und Sportanlagen. Immer mehr Restaurants und Ausgehlokale wurden eröffnet und auch die Straße wurde zum Ort der Begegnung und des Zeitvertreibs. Langsam bildete sich eine Jugendkultur heraus. Als zuerst *Elvis* und dann die *Beatles* auf einer Tournee 1963 auch in Finnland Halt machten, entstand unter dem Einfluss der Pilzköpfe eine amerikaorientierte Jugendkultur. Mit dem Auftauchen von Coca-Cola zur Olympiade in Helsinki im Jahre 1952 und der wachsenden Popularität von Hollywood-Filmen wuchs die Beliebtheit der Stars aus den USA. Finnische Jugendliche tauschten Karten über Hollywood-Stars, sahen sich die neuesten Filme mit *Audrey Hepburn, Marilyn Monroe* und *Cary Grant* an und verehrten *Hitchcock*. In den 1960er Jahren stieg die Anzahl der Fahrzeuge rasant an.

Trotz aller Annehmlichkeiten der Stadt ist die Umstellung, die solch ein Umzug vom Land in die Stadt mit sich bringt, nicht zu unterschätzen. In städtischen Hochhäusern haben finnische Einwohner, genauso wie in den meisten anderen europäischen Ländern auch, nur äußerst selten Kontakt zu ihren Nachbarn und diese **Anonymität und Einsamkeit** mag mit ein Grund für psychische Probleme neuerer Herkunft sein. Das „Urfinnische" wurde nie mit der Stadt in Verbindung gebracht. Die „finnische Seele" lebte und lebt noch heute viel eher in den Holzhäusern am Waldrand als in den gepflasterten Straßen einer Stadt.

Der jetzige Ministerpräsident, *Matti Vanhanen,* sagte beispielsweise im Sommer 2003, dass jedes finnische Kind in Ruhe in einem Einfamilienhaus in der Nähe zur Natur aufwachsen können sollte, damit es lernt, verantwortungsvoll und selbstständig zu handeln. *Eeva-Riitta Siitonen,* die Bürgermeisterin von Helsinki beschwerte sich im Januar 2004 öffentlich in einem Interview in der führenden finnischen Zeitung „Helsingin Sanomat", dass es in Finnland noch immer eine starke **Abneigung gegen Städte,** insbesondere die Hauptstadt gäbe. So wird die Hauptstadt finanziell oft zugunsten ländlicher Gebiete benachteiligt, meint *Siitonen.* Sogar im Parlament dürfe man sich nicht als Förderer von Helsinki outen und seine Liebe zur Großstadt bekennen.

Schon in den 1950er Jahren kam es anhand einer polemisierten **Stadt-Land-Debatte** zu einer Dezentralisierung des Landes, die vor allem mit Entwicklungsprojekten in Nordfinnland vorangetrieben wurde. Doch bereits in den 1960er Jahren kritisierte man Helsinki wieder für sein „Wasserkopfdasein". Alle Beschlussfassung, Verwaltung, Industrie und Wirtschaft konzentriere sich auf den Einzugsbereich um Helsinki und die Hauptstadt selbst, wurde bemängelt. Die Forderung nach einem Ausgleich zwischen der Hauptstadt und nördlicheren Teilen des Landes wurde laut. Ein Beispiel für den Erfolg dieses Konzeptes ist das starke wirtschaftlich-technologische Wachstum der Stadt Oulu in Nordfinnland. Im Zuge der „Wasserkopfdebatte" wurde um 1965 sogar kurzzeitig angedacht, die Hauptstadt nach Mittelfinnland zu verlegen.

Ohne Zweifel: „Echte" Stadtmenschen im mitteleuropäischen Sinne sind in Finnland wirklich selten zu finden. Schließlich ist **Helsinki** auch eine sehr atypische Großstadt: Während in anderen europäischen Großstädten im Durchschnitt 200 Einwohner auf einen Hektar kommen, sind es in Helsinki bloß 30. Zumindest einmal im Jahr zieht sich eine typisch finnische Familie in die Einsiedelei einer strom- und wasserleitungslosen Hütte am See inmitten des Waldes zurück. Typisch mitteleuropäische Großstadtmenschen würden wohl eher einen Strandurlaub im Süden bevorzugen ...

Auch die Politik spiegelt die feindliche Einstellung gegenüber der Stadt wider: Die Agrarpartei hat Finnland lange Zeit hindurch regiert (heute heißt dieselbe Partei Zentrumspartei) und von einer Urbanpartei oder einer Vertretung des städtischen Bürgertums war und ist bis zum heutigen Tag keine Rede.

Die starke Verbindung der Finnen zur Natur findet man in Helsinki auch in der **Architektur** auf Schritt und Tritt. Es gibt in der finnischen Hauptstadt mehr Statuen von Wildtieren wie Bären und Elche als von Staatsmännern. Der grobe **Granitstein,** ein Nationalsymbol des Landes, übernahm im 19. Jahrhundert auch in der Architektur patriotische Bedeutung. Mit ihm wurden Szenen aus dem Epos „Kalevala" auf Hausfassaden nachgebildet. Das beste Beispiel dieser Architekturform ist das Nationalmuseum, das ganz und gar der Nationalromantik folgt.

Das Nationalmuseum in Helsinki im typischen nationalromantischen Stil

So manchen Mitteleuropäer mag es wundern, dass viele finnische Städte kaum einen Altstadtkern besitzen und es ihrem Stadtbild überhaupt an alten Gebäuden fehlt. Dies lässt sich leicht erklären: Stadtbrände im 19. Jahrhundert verwüsteten viele der Städte und zerstörten die Holzbauten. Holz war das typische Baumaterial in Finnland, davon gab es schließlich genug. Die Stadt Turku wurde im Jahr 1827 von einem Großbrand fast völlig zerstört. Nur wenige Steinbauten überstanden die Katastrophe und einige Holzhäuser auf einem etwas abseits gelegenen Hügel, die sich heute als Handwerksmuseum „Luostarinmäki" den Besuchern präsentieren. Die ältesten finnischen Steinhäuser sind zum Großteil am Wechsel des 19./20. Jahrhunderts erbaut worden und folgen einer eigenen finnischen Art des Jugendstils.

Und noch ein Wort zum **„Östlichen" in der Hauptstadt:** Während des Kalten Krieges wurden zahlreiche amerikanische Filme, die in Sankt Petersburg und Moskau spielten, in Helsinki gedreht. Die verschlossenen Gesichter der Einwohner der finnischen Hauptstadt und so mancher Zug am Stadtbild lassen eine Assoziation Richtung Osten zu. Die orthodoxe Uspenski-Kathedrale – schon von Weitem zu sehen, wenn man sich Helsinki auf dem Seeweg nähert – thront tatsächlich über der Stadt wie ein Wahrzeichen des Ostens.

Und was ist westlich an Helsinki? Angeblich hat Finnland die sauberste und zweitsicherste Hauptstadt der EU ...

029fn Foto: ih

Am Herd der Familie: Zusammenleben, All- und Feiertag

Finnische Familien unterscheiden sich kaum von deutschen oder österreichischen. Das Familienoberhaupt ist auch hier der Mann, im Haushalt jedoch hat meist die Frau die Verantwortung und das Sagen. Das Zusammenleben, das einst in Großfamilien mit mindestens drei Generationen unter einem Dach vor sich ging, hat sich im Zuge der Urbanisierung zu Kleinfamilienstrukturen gewandelt. Heute hat die typische finnische Familie zwei Kinder, obwohl größere Familien gerade in nördlichen Teilen des Landes durchaus zu finden sind. Dies lässt sich auch auf die Verbreitung der Laestadius-Bewegung im Norden und Osten des Landes zurückführen, einer Erweckungsbewegung, die Empfängnisverhütung verurteilt. Familien mit über 10 Kindern sind hier keine Seltenheit.

Das durchschnittliche Heiratsalter in Finnland beträgt bei Frauen 28, bei Männern 30 Jahre. Zusammenleben vor der **Hochzeit** ist verbreitet, genauso wie ein gemeinsames voreheliches Kind zu haben. Außereheliche Partnerschaft ohne Heiratsabsicht ist ebenfalls relativ üblich und das finnische Wort für Ehe *(avioliitto)* unterscheidet sich nur durch das Fehlen eines einzigen Buchstaben von der „wilden Ehe", auf Finnisch *avoliitto.*

Jugendliche ziehen früh aus ihrem **Elternhaus** aus; Mädchen mit etwa 20 Jahren. Dass die Jungen im Durchschnitt zwei Jahre länger zu Hause wohnen bleiben, liegt an der verpflichtenden Wehrdienstleistung für Männer, während der sie nur ein bescheidenes Taggeld erhalten und sich keine eigene Bleibe leisten können. Studenten leben jedoch im Allgemeinen bereits sehr bald in eigenen Wohnungen, da durch staatliche Unterstützungen eine weitgehende Unabhängigkeit vom Elternhaus gewährleistet ist. Finnische Wohnungsmieten sind bezahlbar, obwohl in letzter Zeit Wohnungen in Helsinki einem massiven Mietpreisanstieg unterliegen.

Sexualität wird in Finnland ähnlich offen diskutiert wie im deutschen Sprachraum. In der agraren Gesellschaft Finnlands hatte die Jugend einst eine ziemlich große sexuelle Freiheit, die indirekt von den Eltern überwacht wurde. Voreheliche nächtliche Besuche im Vorratshaus, der *aitta,* in dem junge Mädchen zu übernachten pflegten, waren keine Seltenheit. Heute sind mehrere voreheliche Geschlechtsbeziehungen normal. Eine gewisse Reserviertheit gegenüber Homosexualität ist festzustellen: Seit dem 1. März 2002 dürfen gleichgeschlechtliche Paare ihre Beziehung registrieren lassen.

Viele Steinhäuser in der Hauptstadt sind Beispiele für den finnischen Jugendstil

Die finnische **Kindererziehung** ist allgemein weniger auf Respekt und Gehorsam ausgerichtet und so können sich Kinder in finnischen Schulen mehr „herausnehmen" als in deutschsprachigen Ländern.

Doch zurück zur „ganz normalen" finnischen Familie und ihrem **Tagesablauf:** In der Früh nach dem Frühstück geht jedes Familienmitglied seiner Wege: Kinder in die Schule, Eltern zur Arbeit. Kinder, aber auch viele Erwachsene bestreiten ihre Wege oft mit dem Fahrrad. Ein lustiges Detail ist, dass in Finnland so extensiv Fahrrad gefahren wird, dass im Bedarfsfall sogar Spikereifen für Fahrräder verwendet werden. Ob Schnee, Eis oder Regen: Finnen lassen sich nur ungern vom Radfahren abhalten.

Zu Mittag wird in den Schulen kostenlos ein warmes Essen für die Kinder ausgeteilt, für Erwachsene fällt das Mittagessen eher bescheiden aus. Die Mittagstischzeit beginnt bereits kurz nach 11 Uhr vormittags. Das Abendessen hingegen ist die wichtigste Mahlzeit des Tages: Kinder kommen zwischen 12 und 17 Uhr nach Hause, Eltern meist nach 17 Uhr. Das gemeinsame Essen ist oft warm und gehaltvoll. Am Wochenende abends ins Restaurant zu gehen ist in den letzten Jahren in Finnland beliebt geworden. Restaurants mit Bedienung sind in Finnland ziemlich teuer. Selbstbedienung ist dagegen weit verbreitet und in praktisch allen

Gesundheitliche Probleme

Ein trauriges, weit verbreitetes Problem Finnlands sind psychische Probleme in der Kindheit. Bis zu 10 Prozent aller Kinder unter 18 Jahren leiden unter der einen oder anderen Form von Depression, oft bedingt durch Quälereien von Mitschülern. Vor allem durch die erhöhte Anteilnahme der Medien wurde die Öffentlichkeit in den letzten Jahren verstärkt auf das Quälverhalten in den Schulen, gehäufte Kinderselbstmorde und starke psychische Probleme der Kinder aufmerksam gemacht. Dies ist wohl auch in Verbindung zum bedauernswerten Trend der „offenen Erziehung" zu sehen, der in den 1960er und 1970er Jahren populär wurde und Kindern in allen Belangen ihre eigenen Entscheidungen treffen lässt, was oft in ihre völlige Verunsicherung mündet. Außerdem steht hinter diesen Schulquälereien oft das „Gesetz des Dschungels" und die „natürliche Selektion", die Ausdauer und Härte hochstilisiert und die auch in Straßen- und Barschlägereien beobachtet werden kann. Erst in den letzten Jahren greifen finnische Polizisten aktiv und schnell in solche Schlägereien ein, die oft von einem Ring Schaulustiger umgeben werden. Noch befremdlicher ist die Tatsache, dass manchmal auch Frauen in Schlägereien verwickelt sind. Generell ist im finnischen Nachtleben das aggressive Verhalten von Frauen zu bemerken, die in betrunkenem Zustand Männer mit eindeutig sexuellen Absichten ansprechen.

Jugenddepression kann aber auch mit anderen Faktoren als Quälereien durch andere Schüler zusammenhängen. In letzter Zeit hat die finnische Regierung viel in die Erforschung des Zusammenhanges zwischen Lichtmangel und Depression bezie-

Kaffeehäusern üblich. Zu Mittag gibt es allerdings in den meisten Restaurants günstige Mittagsmenüs.

Private Einladungen zu Abendessen empfinden viele Finnen als unangenehm, weil sie oft sehr steif ablaufen. Eine richtige **Heimparty,** bei der auch **Alkohol** mit im Spiel ist, wird schon lieber gesehen. Dabei ist es üblich, sein eigenes Getränk mitzubringen, d.h. eine Flasche (oder mehrere), die nicht als Geschenk dem Gastgeber überreicht wird, sondern aus der man selbst trinkt, wobei teilweise auch geteilt wird. Diese für Mitteleuropäer eigenartig anmutende Sitte wird vor allem in Studenten- und Jugendkreisen praktiziert und kann auf die unverschämt hohen Alkoholpreise zurückgeführt werden. In den letzten Jahren verändert sich in Finnland die Einstellung gegenüber Alkohol zunehmend: Während früher Alkohol wirklich bloß als absolutes Berauschungsmittel gesehen und verwendet wurde, wird nun schon in manchen Haushalten ein gepflegtes Glas Wein zum Abendessen getrunken.

Die **Kaffeepause** ist eine willkommene Unterbrechung des Arbeitsvorganges. Kaffee wird in Finnland viel und oft getrunken, wohlgemerkt in seiner schwachen Filterversion. Wenn Besuch kommt, wird selbstverständlich sofort die Kaffeemaschine eingeschaltet.

hungsweise Alkoholismus investiert. Diesbezüglich stieß man auf einheitliche Phänomene in der arktischen Region – Alaska, Kanada, Sibirien, Grönland und Island haben ähnliche Probleme. Möglicherweise hängt dies mit der geringen Bevölkerungsdichte und dem kalten Klima zusammen oder auch mit der Tatsache, dass nicht-indoeuropäische Volksgruppen ein Inseldasein zwischen Indoeuropäern führen, wie zum Beispiel die Inuit in Kanada und Grönland, die nordamerikanischen Indianer in Kanada und Alaska, die sibirischen und uralischen Völker (z. B. die Nenets, Komi, Jakuten und Hanti) in Russland, aber auch die Saamen und Finnen.

Traurig ist auch die hohe Statistik der Kinderdiabetes in Finnland genauso wie eine hohe Anfälligkeit der Finnen überhaupt für Allergien und Laktoseintoleranz. Finnland ist wegen seiner relativen geographischen Abgeschlossenheit und seinem verhältnismäßig homogenen Genbestand – genauso wie Island oder Israel – ein gutes Forschungsgebiet für epidemiologische Studien und DNA-Forschung.

Im Allgemeinen nehmen Kinder einen sehr wichtigen Platz in der finnischen Gesellschaft ein, darauf weisen auch die vielen Veranstaltungen, Kindermuseen, Tagesheimplätze und medizinische Versorgungsmöglichkeiten für Kinder hin.

Die Erkenntnis, dass Kinder Nestwärme und elterliche Liebe in starkem Maße für ihre gesunde Entwicklung brauchen, gewann in den letzten Jahrzehnten immer mehr an Bedeutung und wird heutzutage selbstverständlich in die Tat umgesetzt. Wie auch in anderen Lebensbereichen ist aber der Alkoholismus und die mit ihm zusammenhängende Gewaltanwendung in der Familie ein weit verbreitetes Problem. Körperliche Züchtigung, sowohl durch Eltern als auch durch andere Erwachsene, ist in Finnland allerdings per Gesetz verboten.

Freizeitgestaltung

In finnischen Familien wird abends ferngesehen, gespielt, gelesen, Hausaufgaben gemacht, Sport betrieben und sauniert. Die beliebteste Freizeitbeschäftigung ist Fernsehen: 75 Prozent der Finnen sehen täglich fern. Dass alle Filme (außer manche Kinderfilme) – sowohl im TV, als auch im Kino – in Originalton mit Untertitel gesendet werden, mag mit ein Grund für die allgemein sehr guten Englischkenntnisse der Finnen sein.

Literatur

Lesen ist dank eines ausgezeichneten Netzes gut bestückter, kostenloser Bibliotheken im ganzen Land weit verbreitet und beliebt. In abgelegenen Dörfern und Siedlungen kommt sogar in regelmäßigen Abständen ein Bibliotheksbus vorbei, der die Menschen mit neuem Lesestoff versorgt. In Schulen überall in Finnland, auch in den Städten, machen solche Bücherbusse regelmäßige Besuche, um die Kinder zum Lesen anzuregen.

Sport

Sport ist eine weitere Hauptbeschäftigung der Finnen in ihrer Freizeit. Und das nicht nur als Mannschaftssportarten mit meist männlichen Teilnehmern, sondern auch im Alleingang als Nordic Walking (rasches Gehen mit Stöcken), Langlaufen und Joggen. Das kalte Wetter, das ja im überwiegenden Teil des Jahres vorherrscht, wird nicht als Vorwand für das Daheimbleiben benützt. Finnen treiben gerne an der frischen Luft Sport – und das auch an den dunklen Winternachmittagen.

Am Wochenende wird getanzt

An Wochenenden sind Kino- und Museumsbesuche, sportliche Aktivitäten und Ausflüge angesagt. Der Samstag ist in vielen Familien der traditionelle **Saunatag.**

Am Samstagabend suchen viele junge Finnen Unterhaltung in Diskotheken und Bars. In **Diskos** tanzen oft Mädchen in größeren Gruppen gemeinsam in einem Kreis, in dessen Mitte auf dem Boden ein ganzer Haufen von Handtaschen und Rucksäcken liegt. Das ganze nimmt sich für das fremde Auge fast wie eine Art indianischer Totemtanz aus.

Ältere Semester (aber nicht nur!) treffen sich gern zu **Tanzabenden** in Tanzlokalen. Diese Lokale erfreuen sich in Finnland großer Beliebtheit und werden an Wochenenden von Livebands mit Sängern bespielt, die in Finnland beliebte Tänze wie Tango, Polka oder *jenkka* zum Besten geben, der letztere ist ein Hüpftanz, der aus Schottland stammt und über Deutschland nach Finnland kam. Es ist üblich, dass der Auffordernde die

Partnerin mindestens zwei Tänze hindurch unterhält und danach artig wieder zu ihrem Platz zurückgeleitet. Freilich gibt es auch Damenwahl, ja ganze Abende, an denen die Damen ihre Tanzpartner wählen dürfen. Wenn sich mal kein Herr zum Tanzen findet, sind die Frauen trotzdem nicht faul: Sie tanzen einfach als Frauenpaar genau so munter, als ob sie einen männlichen Partner hätten. Im Vorhinein muss freilich immer ausgemacht werden, welche Dame die Führungsrolle übernimmt ... In Tanzlokalen werden die Klassiker der finnischen Tanz- und Unterhaltungsmusik gespielt, von denen das Publikum bereits die Texte auswendig kennt.

Im Sommer werden Tanzabende unter freiem Himmel veranstaltet, das heißt, nur fast unter freiem Himmel, denn die Kapelle oder Band spielt in einem runden Holzpavillon mit Dach, aber ohne Seitenwände. Solche Abende finden in ländlichen Gegenden oft auch als Abschluss eines Jahrmarktes statt.

Volkstänze werden heute eigentlich nur noch von Volkstanzvereinen als spezielle Darbietungen getanzt. Dies sind oft Reigen- und Kettentänze mit allerlei Durchschlüpffiguren. Begleitet werden sie traditionell von Geige und Klarinette, das Akkordeon gelangte erst später, aufgrund östlichen Einflusses nach Finnland. Als Nationalinstrument wird die Kantele angesehen, eine Art Holzzither.

Karaoke ist neben Japan interessanterweise auch in Finnland sehr beliebt. Es gibt viele eigene Karaokelokale und so manche Familie besitzt Karaoke-Videokassetten, mit denen sie sich an Festen und freien Abenden unterhält.

Kinder spielen am häufigsten Klavier, Flöte und Gitarre. Diese und andere Instrumente werden als Wahlfächer auch in den Schulen angeboten.

Familiäres Wohnen

Auf der Liste der Dinge, die einen Finnen/eine Finnin glücklich machen, steht laut Umfrage des Populärmagazins „Seura“ an erster Stelle das **Eigenheim.** Finnen wollen in den eigenen vier Wänden wohnen und für eine Familie mit Kindern ist es völlig natürlich, dass sie einen Kredit aufnimmt und sich ein eigenes Reihenhaus oder eine eigene Wohnung in der Stadt kauft. Rund 60 Prozent aller Heime sind im eigenen Besitz der Bewohner.

Viele Menschen bauen ihre Häuser selbst. Dabei helfen neben der ganzen Familie oft auch Nachbarschaft und Freundeskreis mit. Dieses **Gemeinwerk,** auf Finnisch *talkoot,* ist eine alte finnische Institution. Man hilft dem anderen beim Hausbau und kann als Gegenleistung auf seine Hilfe beim Bau der eigenen vier Wände zählen.

Beim Hausbau werden gerne „echt finnische" Materialien verwendet, hauptsächlich natürlich Holz, meist Föhren- oder Birkenholz. Die **traditionell bäuerliche Bauweise** ist Blockbau mit rot gestrichener Fassade. Diese Häuschen nehmen sich vor allem bei Schneelage sehr hübsch aus. In den frühesten finnischen Wohnhäusern, den so genannten Rauchstuben, gab es keinen Rauchabzug. So sammelte sich der Rauch von der Feuerstelle im Wohnraum. Der schwedische Arzt und spätere weltberühmte Botaniker *Carl von Linné* reiste 1732 durch Finnland und stellte fest, dass die Bewohner dieser Rauchstuben allesamt an Augenentzündung litten. Kein Wunder, wenn einen den lieben langen Tag der Rauch in den Augen beißt. Solche Wohnhäuser gibt es heute nur noch in den Dorfmuseen, eine Form davon, die Rauchsauna, hat sich jedoch gehalten.

Womit wir beim Thema wären: Jedes finnische Wohnhaus mit mehreren Wohnungen besitzt zumindest eine **Sauna,** die die Parteien gemeinsam benutzen. In Einfamilienhäusern und größeren Stadtwohnungen gibt es einen eigenen Saunaraum. Finnische Etagenwohnhäuser und Reihenhäuser sind standardmäßig sehr gut ausgestattet: Neben der gemeinsamen Sauna gibt es meist auch eine **Waschküche** mit gemeinsamer Waschmaschine und Wäschetrockner, die sich entweder im Keller oder – im Falle von Reihenhäusern – in einem eigenen Hausteil befindet. Die Kosten für die Anschaffung und den Gebrauch dieser Annehmlichkeiten werden zwischen den Mietern oder Eigentümern aufgeteilt und gehören zu den Betriebskosten.

Viele finnische Einfamilienhäuser werden nicht in die Höhe, sondern in die Breite gebaut. Statt einem zweiten Stockwerk verfügen solche eher

Das Ferienhaus – Urlaub vom Alltag

Das Ferienhaus am See besteht zumeist aus drei Häusern: dem Wohn- und Schlafhaus, dem Saunahäuschen und dem Haus, in das sogar der König zu Fuß geht: die Toilette. So mancher Finne fängt den Bau seines Ferienhauses mit der Sauna an. Es gibt in Finnland um die 400.000 Ferienhäuschen an einem See und diese sind nur äußerst selten gemietet. Eigenbesitz ist auch hier das Losungswort der Finnen.

Zwischen den beiden Weltkriegen wurde es in der vermögenden Bevölkerungsschicht üblich, den ganzen Sommer im Grünen zu verbringen. Der Vater der Familie pendelte entweder täglich zur Arbeit, oder begab sich erst freitagabends zu den Seinen an den See. Heute können sich fast alle Schichten ein Ferienhaus leisten und manchmal ist aus dem elterlichen Bauernhaus das Ferienhaus der Kinder geworden. Im Sommer wohnt eine finnische Familie entweder auch heutzutage draußen im Sommerhaus, oder freut sich schon die ganze Woche hindurch auf das Wochenende im Grünen.

über eine große Grundfläche. Schließlich gibt es ja jede Menge Platz in Finnland, obwohl die Grundstückspreise nun auch nicht zu den billigsten Europas gehören.

Eine zweckmäßige Eigenart finnischer Heime findet man in den **Küchen:** Über der Spüle befindet sich ein Geschirrschrank, der statt Regalen Abtropfgitter hat. Sehr praktisch: Statt einem platzvergeudenden Abtropfgestell neben der Spüle wird das nasse Geschirr einfach im Regal darüber getrocknet.

Dank des weit verbreiteten Autobesitzes und der damit einhergehenden Mobilität sind die **Entfernungen zwischen Ferienhaus und Hauptwohnsitz** immer größer geworden. Viele Familien, gerade im ländlichen oder vorstädtischen Raum verfügen über zwei Autos, wobei das ältere und kleinere meist im Gebrauch der Frau ist.

Familienfeiern

Wie sehen die besonderen Anlässe finnischen Lebens aus? Die **Geburt** ist, genauso wie in Mitteleuropa, eine Angelegenheit, die in den meisten Fällen außerhalb des Heimes, im Krankenhaus stattfindet. Dies war nicht immer so: Einst bekamen die Frauen ihre Kinder im saubersten Raum des Hausverbandes – in der Sauna, mithilfe einer erfahrenen Hebamme oder älteren Frau.

Die **Taufe** fand bis zum 19. Jahrhundert in der Kirche statt, wurde zwischenzeitlich nach Hause oder ins Pfarrhaus verlegt und wird heutzutage wieder in der Kirche gehalten. Die Patenschaft wird Verwandten oder Freunden angetragen und hatte früher vor allem die Aufgabe, den Kindern beim eventuellen Tod der Eltern eine Bleibe und Fürsorge zu sichern. In Karelien war die Verbindung der Kinder mit den Pateneltern traditionell besonders stark. Üblicherweise hörten die Verpflichtungen der Pateneltern mit der Konfirmation der Kinder, die mit rund 15 Jahren stattfand, auf. Heute ist dies ein weiteres Familien- und Kirchengemeindenfest und hat nicht mehr wie früher die Bedeutung des Eintrittes ins Erwachsensein.

Die **Namensgebung** erfolgt in Finnland erst mit der Taufe, bei der die Kirche ein auch in staatlichen Ämtern gültiges Dokument über die Namensgebung ausstellt. In die Geburtsurkunde wird lediglich der Nachname und das Geschlecht des Kindes eingetragen, zur genauen Unterscheidung wird dem Neugeborenen eine Sozialversicherungsnummer verliehen. Ein Nottaufname wird dem Kind für Notfälle sofort gegeben, dieser hat jedoch kaum Bedeutung, da er noch nicht offiziell gültig und oft auch nicht der endgültige Name des Kindes ist. Bis zur Taufe, die meistens zwei bis drei Monate nach der Geburt stattfindet, wird das Kind mit „Baby“ angesprochen. Auch wenn die Eltern bereits über den Namen des Kindes entschieden haben, wird dieser vor der Taufe nicht preisgegeben. Finnischen Kindern werden meist zwei, manchmal auch drei Vornamen gegeben, wobei der erste meist der Rufname ist. Aus sprachrhythmischen Gründen ist unter Umständen aber auch der zweite Name der Rufname, in diesen Fällen wird er in allen offiziellen Dokumenten zur Unterscheidung unterstrichen.

Die **Verlobung** zieht heute nicht mehr die Verpflichtung nach sich, innerhalb eines bestimmten Zeitraumes - oder überhaupt - zu heiraten, sondern kann auch von langer Dauer sein bzw. wieder gelöst werden.

Hochzeiten werden heute, nach den eher puristisch anmutenden Hochzeiten ab den 1960er Jahren, wieder groß angelegt in der Kirche, in rauschendem Weiß und mit vielen Gästen gefeiert. Finnland folgte damit einem internationalen Trend, der angeblich durch die Märchenhochzeit von *Prince Charles* und *Lady Diana* 1981 entzündet worden sein soll.

Polterabende erfreuen sich in Finnland großer Beliebtheit und werden von beiden Partnern getrennt im Kreis der eigenen Freunde begangen. Die Tradition gewährt den Brautleuten keine Gnade: Spärlich bekleidet, bis zur Unkenntlichkeit geschminkt und mit verrückten Accessoires bestückt, müssen sie durch die Innenstadt ziehen und dabei irrwitzige Aufgaben erfüllen. Eine nicht geringe Menge Alkohol gibt der Angelegenheit den Rest. Urbane Legenden über wilde Polterabende werden weitergegeben, wobei niemand wirklich weiß, ob diese Horrorgeschichten je stattgefunden haben. Eine davon ist die Mär von dem Bräutigam, der infolge übermäßigen Alkoholgenusses ohnmächtig wurde, von seinen Kameraden in einen Teppich eingerollt und unabsichtlich mit dem Kopf nach unten vor die Haustür der Braut gestellt wurde. Das arme Mädchen fand ihren Zukünftigen am Morgen starr und kalt vor: Er war schlicht und einfach erstickt.

In Finnland gilt die **kirchliche Eheschließung** auch vor dem Staat. Daher heiraten nur Paare, die ausdrücklich keine kirchliche Hochzeit wollen, im Magistrat. Der Mittsommer ist der beliebteste Hochzeitstermin, genauso wie andere Wochenenden im hellen Frühling und Sommer. Früher wurde der Hochzeitstermin im Herbst, wenn weniger Feldarbeit anlag, und in der Vorweihnachtszeit angesetzt. Heute bestreiten die Brautleute meist selbst die Kosten der Hochzeit und werden dabei von ihren Eltern unterstützt. Die Braut trägt nach internationaler Tradition „etwas Altes, etwas Geborgtes, etwas Neues und etwas Blaues“. Beim Anschneiden der

Ein frisch vermähltes finnisches Paar

030fn Foto: ih

Hochzeitstorte stehen traditionell Braut und Bräutigam auf einem von den Ahnen hinterlassenen, selbst gewebten Teppich, der *Rye,* die gleichzeitig ein wichtiger Teil der finnischen Volkskunst ist, weil sie finnische Familien mehrere Generationen hindurch begleitet. Angelsächsische Bräuche wie das Werfen des Brautstraußes und die Fahrt in einer Kutsche oder einem Cadillac haben heute auch in Finnland Fuß gefasst. Hochzeitsgeschenke sind entweder vom Brautpaar selbst durch eine Hochzeitsliste in einem Geschäft festgelegt oder werden in Form von Geld oder Schecks überreicht. Ein schöner alter Brauch ist das Überreichen eines kleinen Geschenkes durch den Bräutigam an die Braut am Morgen nach der Hochzeit. Üblich ist ein Schmuckstück. Hochzeitsreisen werden hauptsächlich in den Süden gemacht.

Der Tod und die **Trauerfeier** waren auch in Finnland mit zahllosen regionalen Traditionen verbunden, die heute größtenteils in Vergessenheit geraten sind. Eine in Ost- und Mittelfinnland verbreitete Tradition war das Entästen eines Baumes auf dem Weg zum Friedhof. Dieser Baum wurde zum Gedenkbaum des Toten, seine Initialen, sein Geburts- und Sterbejahr wurden in ihn eingeritzt.

Namenstage werden familiär mit Kaffee und Kuchen begangen; an den Arbeitsplätzen bringt der „Held des Tages“ Süßes für seine Kollegen mit.

Der Geburtstag wird im engeren Familienkreis gefeiert, es sei denn, es handelt sich um den Fünfziger oder Sechziger. Dieser wird in großem Rahmen begangen und oft in einer Tageszeitung mit Bild des Geburtstagskindes bekannt gegeben.

Nach alter Tradition werden in einer finnischen Familie wichtige Familiendaten wie Geburt, Tod, Taufe und Hochzeit von Familienmitgliedern in die **Familienbibel** eingetragen. Familienbibeln haben meist auf den ersten Seiten eine eigene Rubrik, in die diese Daten notiert werden können.

Feste und Feiertage

Allgemeine Feste und Feiertage im finnischen Kalender wurden im Laufe der Zeit von Arbeitgebern und Gewerkschaften von ihren ursprünglichen Daten auf die nächstgelegenen Samstage verschoben. Dabei sind alle gesetzlichen Feiertage, außer dem Nationalfeiertag am 6. Dezember und dem Tag der Arbeit am 1. Mai, kirchlich. Interessanterweise wird in Finnland der Reformationstag, der 31. Oktober, an dem *Luther* seine 95 Thesen an den Wittenberger Dom nagelte, gar nicht begangen. Recht erstaunlich für ein durch und durch lutherisches Land.

Im Folgenden werden einige wichtige finnische Feiertage aufgezählt, die Nennung aller würde den Rahmen dieses Buches sprengen.

Silvester und Neujahr haben heute nur noch weltlichen Charakter; dem Fest der Namensgebung Christi wird höchstens noch beim Kirchenbesuch am letzten Tag des Jahres gedacht. Feuerwerke, Bleigießen und gemeinsames Feiern mit Familie, Verwandten und Freunden ist in Finnland genauso wie im deutschen Sprachraum angesagt. Am Neujahrsmorgen hält der Präsident eine TV-Ansprache sowohl auf Finnisch als auch auf Schwedisch.

Fastnacht

Die Fastnacht, 40 Tage vor Ostern, heißt auf Finnisch *laskiainen,* also „Hineinsinken in das Fasten" und ist das Gegenstück zu Ostern, *pääsiäinen,* „Herauskommen aus dem Fasten". Eine finnische Tradition ist die Schlittenfahrt an diesem letzten Tag vor Beginn der Fastenzeit, die jedoch heute keine große Bedeutung mehr hat. Heutzutage ist die Schlittenfahrt eine studentische Angelegenheit geworden. Noch immer werden allerdings besonders diejenigen Speisen gegessen, die man dann eigentlich 40 Tage hindurch meiden sollte: dicke Erbsensuppe, heißer Punsch, Kuchen mit Schlagsahne und Marzipan sowie *Blinis* (kleine Buchweizenpfannkuchen) mit Kaviar – die beiden letztgenannten vor allem unter den Orthodoxen.

Ostern

Zu Ostern hat sich noch eine Reihe von alten Bräuchen gehalten. Kinder, die die Erwachsenen mit Palmkätzchen „schlagen" und dabei gute Wünsche aufsagen, bekommen Süßigkeiten zugesteckt. Außerdem ziehen Mädchen als Osterhexen verkleidet durch die Straßen. Karfreitag und Ostersamstag war im Volksglauben immer die Zeit der bösen Mächte, an denen zum Schutz Feuer angezündet wurden. Das Bemalen von Ostereiern wurde in Finnland ab dem 19. Jahrhundert zuerst nur von der Oberschicht praktiziert. Das traditionelle Osteressen ist ein süßer Malz- und Roggenbrei namens *mämmi* sowie *pascha,* eine ursprünglich orthodoxe Süßspeise aus Quark, Butter, Eiern, Sahne und Gewürzen. Für die Orthodoxen ist Ostern das wichtigste Fest, an dem eine lange Nachtmesse gefeiert wird.

1. Mai

Der 1. Mai ist ursprünglich die Walpurgisnacht (daher auch der finnische Name *vappu* für dieses Fest) und traditioneller Sommerbeginn. Früher wurden lärmend böse Geister und Mächte vertrieben, heute gilt es als Fest der Studenten und Arbeiter. Einige Tage davor, und besonders am Vorabend *(vappuaatto)* ziehen die Studenten die Overalls ihrer Studentenverbindung an und setzen die weiße Mütze auf, die jeder Abiturient in Finnland erhält. Zuerst werden die im Bürgerkrieg und Weltkrieg gefallenen Soldaten geehrt, anschließend wird bis in den Morgen hinein gefeiert.

Magische Zeitpunkte wie 3.33 Uhr oder 11.11 Uhr werden von den Studenten exzentrisch begrüßt, zum Beispiel mit Gesängen in Tunneln oder einer Wasserrutschenfahrt ins eiskalte Wasser. In Helsinki versammeln sich Studenten um den Hafenbrunnen Havis Amanda, wo der steinernen Meerjungfrau eine Studentenmütze aufgesetzt wird. Es ist üblich, sich für diesen Abend einen Tisch in einem Restaurant zu reservieren und dort mit einer Gesellschaft zu feiern. In der Vappunacht durch eine finnische Stadt zu wandeln ist gar nicht so ungefährlich: Knöchelhohe Scherbenhaufen von zerschlagenen Bierflaschen auf manchen Hauptstraßen sind keine Seltenheit.

Der eigentliche 1. Mai ist dann ein Tag der patriotischen Gefühle, Flaggen werden gehisst, der schwedische akademische Gesangsverein singt ein Chorkonzert in Helsinki, Arbeiter versammeln sich zu traditionellen Umzügen. Der Brunnenpark an der Meeresküste Helsinkis ist voller Studenten und junger Leute, die sich im Gras ausschlafen, sonnen, weitertrinken oder Spiele spielen. Neben dem Fest der Arbeit und der Studenten ist dies auf alle Fälle auch ein Fest des Alkohols ...

Schulabschluss

Zum Ende der Schulzeit, Ende Mai oder Anfang Juni, bekommen die Abiturienten ihre weißen Mützen. Mit roten Rosen beladen gehen die zukünftigen Studenten nach Hause und verbringen den Nachmittag im Kreis der Familie. Der Abend ist für ein Fest mit den Klassenkameraden in einem Lokal reserviert. In fast jedem finnischen Elternhaus hängen Fotos von den erwachsenen Kindern mit ihren weißen Abiturientenmützen und einer Rose in der Hand.

Mittsommer

Mittsommer, auf Finnisch *juhannus,* ist wohl eines der wichtigsten Feste der Finnen. Die Heime werden mit Birkenzweigen und Blumen geschmückt. In schwedischen Gegenden stellt man einen Maibaum auf. Die Städte sind menschenleer, alle sind in ihren Ferienhäusern am See. *Juhannus* verbringen Finnen entweder im Kreis der Familie oder mit Freunden in einem Sommerhaus. Große Feuer werden entfacht, um die in der Mittsommernacht (eine Nacht, die im Norden des Landes durchgehend hell bleibt) vor allem unter der schwedischsprachigen Bevölkerung getanzt wird. In trockenen Frühlingen und Sommern ist es wegen der Brandgefahr verboten, in der Nähe von Wäldern Feuer zu entfachen. So werden Flöße konstruiert, auf denen ein Holzstapel direkt auf dem See verbrennen kann. In vielen Familien hat sich diese Sitte aufgrund ihrer Schönheit durchgesetzt und so driften jedes Jahr zu Mittsommer Tausende von brennenden Holzstapeln auf Finnlands Seen. Saunagang und gemeinsames Essen sind Bestandteile des Festes, das den Höhepunkt des finnischen Sommers darstellt.

Nationalfeiertag

Zum Andenken an die 1917 verkündete Unabhängigkeit Finnlands begeht man am 6. Dezember den Nationalfeiertag. Paraden und Fackelzüge in patriotischem Geist werden veranstaltet und der Höhepunkt ist ein Empfang im Präsidentenpalais, den das ganze Land über das Fernsehen verfolgt. Ähnlich dem Wiener Opernball werden auch bei diesem Fest die Kleider der anwesenden Damen streng beäugt und kritisiert. Die in langer Reihe wartenden Geladenen werden dabei gefilmt, wie sie langsam und bedächtig der Präsidentin *Tarja Halonen* die Hand schütteln. Es gilt als große Ehre, zum Nationalfeiertagsempfang geladen zu sein. Für das „gemeine Volk" ist dieser Tag ein Ruhetag im Familienkreis. Manche Familien machen Buffets oder kleine Feste und am Abend stellt man gewöhnlich zwei Kerzen ins Fenster. Traditionell ist dies auch der Tag des Militärs, an dem die neuesten Ausrüstungen bei Paraden zur Schau gestellt werden.

Luciatag

Der Luciatag findet am 13.12., am Namenstag der heiligen Lucia, die im 4. Jahrhundert zur Märtyrerin im sizilianischen Syrakus wurde, statt. Seit dem 18. Jahrhundert wird es von den Schweden auch in Finnland gefeiert und gilt als Fest des Lichts. „Hufvudstadsbladet", die schwedischsprachige Tageszeitung in Helsinki, schreibt seit 1950 jährlich einen Wettbewerb zur Kür der Lucia aus. Es melden sich viele blonde Mädchen, von denen eine am Abend des 13. Dezember mit einer Lichterkrone durch die Straßen Helsinkis prozessieren darf. In Kirchen ist dieses Fest ein mit Musik und Gesang verbundenes, schummriges Vorweihnachtsfest. Viele andere Städte wählen auch ihre eigene Lucia und diese Wahl hat große Ähnlichkeit mit einem Schönheitswettbewerb, ohne Bikinirunde wohlgemerkt. Persönliche Qualitäten wie beispielsweise alkoholische Abstinenz werden jedoch bei der Wahl der Lucia beachtet.

Weihnachten

Viele mit Weihnachten verbundene Riten in Finnland stammen noch aus der vorchristlichen Zeit. Der **„Weihnachtsbock"** beispielsweise ist ein Strohgebilde in Form eines Ziegenbockes, das von Finnlandschweden noch heute zu den Feiertagen aufgestellt wird. Interessant ist, dass sich dieser „Weihnachtsbock", auf Finnisch *joulupukki,* in den **Weihnachtsmann** umgewandelt hat, das heißt, aus dem Ziegenbock wurde ein bärtiger, bauchiger, rot gewandeter Wohltäter, der aber auch heute noch auf den Namen „Weihnachtsbock" hört.

Offensichtlich mischen sich in ihm mehrere Figuren von Väterchen Frost bis zum heiligen Nikolaus, dem übrigens in Finnland kein eigener Feiertag zugedacht ist, vielleicht weil der Nikolaustag mit dem finnischen Unabhängigkeitstag zusammenfällt. Der *joulupukki* verfügt über kleine Helfer, ebenfalls rot gewandet, die auf den herzigen Namen *tonttu* hören. In letzter Zeit ist sogar eine Weihnachtsfrau aufgetaucht. *Joulumuori,* dem Namen nach die Frau des Weihnachtsmannes, steht rotbäckig und drall ihrem Gatten bei seinen umfassenden Aufgaben zur Seite.

Weihnachtsbäume sind auch in Finnland üblich, wobei sie – gerade in ländlichen Gegenden – oft aus dem eigenen Wald stammen. Sie werden weniger üppig behängt als im deutschsprachigen Raum und der traditionelle Christbaumschmuck sind Fähnchen. In Wohnungen werden *himmeli* aufgehängt, aus Stroh gemachte Figuren. Der 24. Dezember ist ein Familientag, der den Besuch der Familiengräber, das gemeinsame Schmücken des Baumes, Saunagang, gemeinsames Essen und Bescherung beinhaltet. Zum Frühstück isst man Reisbrei mit Rosinen- oder Pflaumenmus, in dem eine einzige Mandel versteckt ist. Der Finder ist ein besonderes

031fn Foto: ih

Glückskind im kommenden Jahr. Zur Mittagszeit wird in der ehemaligen Hauptstadt Turku der **Weihnachtsfrieden** (ein Text, der seit dem 13. Jahrhundert auf Schwedisch verlesen und später ins Finnische übersetzt wurde) verkündet, den sich die Familien im Radio anhören oder im Fernsehen ansehen. Dieser Weihnachtsfrieden dauert vom 24. mittags bis zum 26. Dezember. Nach der Verkündung des Weihnachtsfriedens wird gemeinsam gegessen. Zum traditionellen **Weihnachtsessen** gehören Schinken, Steckrüben- und Kartoffelauflauf und ein Salat aus roten Rüben, Heringen, Kartoffeln und Gewürzgurken (auf Finnisch *rosolli*). Selbstgebackenes, gesüßtes Roggenbrot mit Gewürzen und selbst gebrautes Bier gehören zur alten Weihnachtstradition. Lachs, Lebkuchen, kleine, windmühlenförmige und mit Pflaumenmus gefüllte Kuchen und *glögi*, eine nordische Version des Glühweins, der mit Mandelsplittern und Rosinen getrunken wird, ergänzen das Menü. Früher wurde am Weihnachtsabend ein gesalzener Heilbutt gegessen, was aber heute (vielleicht wegen seines durchdringend stechenden Geruchs?) nicht mehr oft vorkommt.

Die **Geschenke** werden nach dem Verlesen des Weihnachtsevangeliums und dem Singen einiger Weihnachtslieder am Abend des 24. Dezember unter dem Christbaum verteilt. Der Kirchgang findet am 25. in der Früh statt. Der 26., der Stefanitag, ist dann der Tag der Verwandtenbesuche. Ein schöner Weihnachtsbrauch ist *kauneimmat joululaulut* (die schönsten Weihnachtslieder), das gemeinsame Singen von Weihnachtsliedern in den Kirchen zu eigens dafür vorgesehenen Zeitpunkten. Dazu

Der Weihnachtsmann

Wie kommt es eigentlich, dass Kinder überall in der Welt glauben, der Weihnachtsmann wohne im finnischen Teil Lapplands? 1927 hat *Markus Rautio,* ein Mitarbeiter des finnischen Rundfunks, der für das Kinderprogramm zuständig war, über den Äther verkündet, der Weihnachtsmann wohne in der Nähe der lappländischen Hauptstadt Rovaniemi im Ohrenberg, wo er die Wünsche der Kinder überall auf der Welt vernehmen kann. Überflüssig zu sagen, dass sich heute dort eine regelrechte Weihnachtsmannstadt befindet, die das Thema Weihnachten in jeder nur erdenklichen Hinsicht kommerziell ausschlachtet.

Der „echte Weihnachtsmann", den es wohlgemerkt sowohl in Santa's Post Office als auch im Santa Park zu bewundern gibt, wechselt recht oft die Person. Ohne Übertreibung kann man behaupten: Finnische Weihnachtsmänner haben die Angewohnheit, einen über den Durst zu heben. Und da sich eine Fahne bei Kindern, die sich auf dem Schoß des Weihnachtsmannes räkeln, eher ungut macht, entscheiden sich die Betreiber der diversen Weihnachtsmannetablissements des Öfteren zur Entlassung des „echten Weihnachtsmannes". Keine Sorge: Es gibt genug wohlbeleibte, bärtige Männer in Finnland, für Nachfolge ist also gesorgt ...

werden vom finnischen Missionswerk eigene Heftchen gedruckt, die alle Liedtexte beinhalten und zu solchen Anlässen verteilt werden. Die Weihnachtssauna ist ein traditioneller Bestandteil der finnischen Weihnacht. Schließlich ist für viele Finnen die Sauna heilig, ja manche glauben sogar, das Jesuskind sei in einer Sauna zur Welt gekommen ...

Nach Weihnachten ziehen **Sternsinger** durch die Straßen, meist Jungen, die sich ein Taschengeld verdienen wollen.

Firmenweihnachtsfeiern werden unter dem Namen „Kleinweihnachten" *(pikkujoulu)* feuchtfröhlich schon ab Ende November in Lokalen begangen. Rote Zipfelmützen und eine rote Nase sind keine Seltenheit!

Svenskar i Finland und andere Minderheiten

Finnlands Bevölkerung wird im Allgemeinen als homogen beschrieben. Als Gründe dafür werden das Fehlen von bedeutendem Durchzugsverkehr und zahlenmäßig großer Minderheiten, die Lage am „Rande Europas" und die sprachliche Abgeschiedenheit angegeben. Geschichtlich gesehen kam das finnische Volk aus eben den aufgezählten Gründen selten mit fremden Kulturen in Berührung.

Tiernapojat (Sternsinger) bei einem Zeichenwettbewerb für Kinder

Die heutige finnische Kultur geht eher auf eine traditionelle ländliche Lebensform als auf eine lange Urbankultur zurück. Die Lebensweise in ländlichen Gebieten korrelierte in früheren Zeiten mit einem gewissen Konservatismus, einer negativen **Einstellung gegenüber Veränderungen und Fremdeinflüssen.** Wenn man also annimmt, dass die heutige finnische Kultur noch viele Anzeichen der ländlichen Lebensweise in sich trägt, ist es verständlich, weshalb sich Finnland erst langsam an Einwanderer und Flüchtlinge gewöhnt. Nicht, dass Finnen besonders rassistisch oder fremdenfeindlich eingestellt wären, gewisse Berührungsängste gegenüber Fremdkulturen lassen sich jedoch immer wieder feststellen. Außerdem ist es bemerkenswert, dass die Beschäftigung mit den historischen Minderheiten Finnlands zuerst von anderen Nationalitäten als den Finnen selbst begonnen wurde.

Die Finnen begannen die intensive **Auseinandersetzung mit den Minderheiten** in ihrem Land erst, als diese selbst anfingen, sich gegenüber der finnischen Mehrheit zu profilieren. Möglicherweise lässt sich dies auch auf die Tatsache zurückführen, dass die Finnen selbst erst im 18. Jahrhundert ihre eigene ethnische Identität zu suchen begannen. Ein Hauptgrund, weshalb Schweden und Russen Finnland kolonialisieren konnten, war das sehr fragmentarische Mosaik der in Finnland lebenden Menschen, die kaum ein Zusammengehörigkeitsgefühl hatten. Sie waren ein eher zufälliges Konglomerat von Menschen, die verschiedenen Stämmen angehörten und einander eher feindlich als freundlich gesinnt waren. Einwanderer ließen sich am ehesten in den Städten nieder und in den meisten Fällen war ihre Assimilierung schnell und vollständig. Als zum Beispiel Schweden seine Grenzen gegen Russland absichern wollte, wurden neue Städte gegründet und Kaufleute und Handwerker aus Schweden, Deutschland, Holland und Belgien mit Land und Steuerbegünstigungen angelockt.

Die **historischen Minderheiten** Finnlands sind die Finnlandschweden, die Saamen, die Roma, die Altrussen, die Juden und die Tataren. Im Folgenden wird auf alle Minderheiten genauer eingegangen. Den Saamen ist allerdings aufgrund ihres Status als Urbevölkerung des Landes sogar ein eigenes Kapitel gewidmet (siehe Kapitel: „Indigene im High-Tech-Land: Die Saamen").

Finnlandschweden

Den Finnlandschweden kommt unter den Minderheiten Finnlands eine **Sonderstellung** zu. Schwedisch ist Finnlands zweite Landessprache und die Rechte der Schweden in Finnland sind verfassungsmäßig festgelegt.

Die neuesten Zahlen besagen, dass 5,6 Prozent der Bevölkerung des Landes Schwedisch als Muttersprache angibt, also ungefähr 290.000 Menschen. Die Registrierung der Muttersprache erfolgt allerdings freiwillig und ohne Überprüfung der Sprachkenntnisse. Spracherhebungen müssen in Finnland alle 10 Jahre durchgeführt werden. Sobald in einer Gemeinde mehr als 50 Prozent eine andere Sprache als Finnisch zur Muttersprache haben, wird diese Sprache vor dem Finnischen auf offiziellen Dokumenten und Schildern angeführt. Es ist schon vorgekommen, so zum Beispiel in der südfinnischen Gemeinde Sipoo, Sibbo auf Schwedisch, dass zu unlauteren Mitteln wie dem Nichtverkauf von Land an Anderssprachige gegriffen wurde, um die Mehrheit einer Sprache zu gewährleisten.

Finnlandschweden heißen die Mitglieder dieser Minderheit, weil sich ihre Kultur und gewissermaßen auch ihre Sprache durch die **eigenständige Entwicklung** innerhalb Finnlands von der schwedischen Kultur und Sprache unterscheiden. Es ist ein Unterschied, ob man sagt, jemand sei Schwede oder Finnlandschwede. Während die Finnen selbst die Finnlandschweden als Teil des Landes, der finnischen Geschichte und Kultur akzeptieren, stehen die Schweden aus Schweden auf einem ganz anderen Blatt.

Wie kamen die Schweden eigentlich nach Finnland? Einerseits lässt sich darüber streiten, bis zu welchem Zeitpunkt sie Wikinger und ab wann sie Schweden genannt werden können. Allgemein wird der Zeitpunkt der Christianisierung als Teilung der Wikinger in die einzelnen nordischen Völker angenommen. Im Falle Finnlands lebten Wikinger seit dem 8. Jahrhundert im Land und dies bis zu dem Zeitpunkt, an dem die christianisierten Wikinger, nun schon Schweden genannt, ins Land kamen.

Teilweise kamen die Schweden also tatsächlich mit den ersten christlichen Kreuzzügen nach Finnland, und zwar im 11. und 12. Jahrhundert, teilweise waren sie ja schon da, fielen aber noch unter den Sammelbegriff „heidnische Wikinger". Beide Varianten siedelten sich an der Küste West- und Südfinnlands an, ungefähr auch noch der heutige Lebensraum der Finnlandschweden. Da Finnland bis 1809 ein Teil des schwedischen Reiches war, stellte Schwedisch in dieser Zeit und auch noch während der russischen Vorherrschaft die offizielle Landessprache dar.

Erst 1906 wurde Finnisch zur ersten Landessprache. Lange Zeit, eigentlich bis zum Erstarken der finnischen Nationalbewegung im 19. Jahrhundert, war Finnisch als „Bauernsprache" abgetan worden, während Schwedisch von den oberen Zehntausend, dem *bättre folk,* gesprochen wurde. Als jedoch das finnische Nationalbewusstsein erwachte, änderten viele ihre schwedischen Nachnamen in finnische. Interessant ist, dass viele der glühenden Förderer der finnischen Sprache selbst eigentlich Finnlandschweden waren.

Åland, der Staat im Staat

Westlich der Stadt Turku liegt am Eingang des Bottnischen Meerbusens in der Ostsee zwischen finnischem und schwedischem Festland der bemerkenswerte Archipel Åland, auf Finnisch *Ahvenanmaa*. Mehr als 6500 Inseln erheben sich aus der Ostsee, und von ihnen sind rund 6400 größer als 3000 m^2. Gleichzeitig mit Finnlands Christianisierung gelangten Missionare auch nach Åland und so wurde die Inselgruppe ebenfalls ein Teil Schwedens. Als 1809 Schweden im Krieg Russland unterlag, musste es mit Finnland auch die Ålandinseln an den östlichen Nachbarn abtreten. Åland war nun als Teil des Großfürstentums Finnland zu Russland gehörig. Erst ab diesem Zeitpunkt wurden die Inseln als Teil Finnlands administriert.

Im Zuge der Friedensverhandlungen nach dem Krimkrieg wurde der Archipel zum demilitarisierten Gebiet erklärt: Die Errichtung von militärischen Stützpunkten auf der Insel ist verboten und kein Militär darf sich auf den Inseln aufhalten.

Als Finnland am 6. Dezember 1917 seine Unabhängigkeit von Russland erhielt, wurde unter den Åländern der Wunsch laut, statt zu Finnland zu Schweden zu gehören. Bevor diese Frage jedoch erörtert werden konnte, breiteten sich die Unruhen des finnischen Bürgerkrieges auch auf Åland aus. Kämpfe zwischen åländischen Roten und Weißen veranlassten Schweden einzugreifen, wohl auch mit dem Hintergedanken, Åland für sich zu gewinnen. Von schwedischer Seite befürchtete man bei einem Verbleib Ålands bei Finnland vor allem militärische Bedrohung direkt vor der Haustüre. Das Land schickte trotz der Demilitarisierung der Inseln 600 Mann „Verhandlungstruppen" auf die Inseln. Als dann noch die Deutschen intervenierten, verließen alle Truppen Åland wieder. Nun trat die Frage nach der Zugehörigkeit wieder in den Vordergrund. Auf Anraten Englands griff der neu gegründete Völkerbund ein. Die als „Ålandfrage" international bekannt gewordene Problematik wurde ihm zur Lösung unterbreitet. Bereits 1921 war die Antwort da, die alle drei Beteiligten zufrieden stellen sollte: Finnland bekam die Souveränität über die Inseln, da der Völkerbund Schwedens Eingriff in den Bürgerkrieg und das Entsenden von Truppen auf Åland als Bruch des internationalen Rechts wertete. Schweden hatte immerhin die Demilitarisierung Ålands missachtet. Laut eines Berichtes entschied sich die Angelegenheit, als finnische Parlamentarier die Delegation des Völkerbundes auf eine Fahrt durch den Archipel mitnahmen und diese so schlau durch die Inseln führten, dass auf der ganzen Strecke vom finnischen Festland nach Mariehamn das finnische Land sichtbar war, während von der anderen Seite Richtung Schweden nur offenes Meer zu sehen war. Diese kleine Manipulation tat wohl auch das Ihre zur Entscheidung der Delegation, da dadurch auch geographisch belegt zu sein schien, dass Åland viel eher zu Finnland gehört als zu Schweden. Åland bekam nun jedoch von Finnland Selbstverwaltung, Sprach- und Kulturfreiheit zugesprochen. Schwedisch wurde zur Landessprache erklärt. Und

In der Zwischenkriegszeit erweckte die **Sprachenfrage** unter den Schweden immer größere Leidenschaften. Damals betrug der Anteil der schwedischen Bevölkerung immerhin noch etwa 10 Prozent. Man näherte sich der Sprachenfrage mit zwei Ansätzen. Nach dem einen lebten in Finnland zwei ethnische Gruppen, die Finnen und die Finnlandschweden. Der andere besagte, dass die Bevölkerung Finnlands aus einem einzigen Volk be-

Schweden erhielt durch die Bestätigung der åländischen Demilitarisierung und Neutralität die Garantie, dass Åland keine militärische Bedrohung für Schweden darstellt. Die erste Parlamentssitzung des eigenen åländischen Parlamentes, des *Lagting*, am 9. Juni 1922 wird heute jährlich als åländischer Selbstverwaltungstag gefeiert. Änderungen am åländischen Selbstverwaltungsgesetz können nur vom finnischen Präsidenten in Einverständnis mit dem åländischen Parlament vorgenommen werden. Dieses Gesetz beschreibt die Befugnis, mit der das åländische Parlament Gesetze, die Inselangelegenheiten betreffen, selbstständig beschließen kann und aufgrund der es eine eigene Haushaltshoheit hat. In auswärtigen Angelegenheiten, im Zivil- und Strafrecht, in Gerichts-, Zoll- und Münzwesen gelten finnische Gesetze. Alle anderen Gesetze werden im *Lagting* autonom beschlossen.

Der finnische Mutterstaat fordert Steuern, Zölle und Abgaben auch von Åland, stellt den Inseln allerdings 0,45 % der Staatseinnahmen für åländische Ausgaben zur Verfügung. Über diese Summe verfügt der *Lagting* selbstständig. Gewinn bringend für die Kreuzfahrtlinien Silja und Viking ist die Tatsache, dass die Inseln ebenso wie die Kanaren oder die Channel-Inseln steuerfreie Zone sind, was den Schiffsgesellschaften erlaubt, steuerfreien Alkohol an Bord zu verkaufen, wenn sie einen Zwischenstopp auf den Inseln einlegen. Steuerfreier Verkauf existiert ansonsten in den EU-Ländern nicht mehr.

Ein wichtiges Schlagwort im åländischen System ist das „Heimatrecht". Es überträgt sich bei Geburt, falls ein Elternteil es bereits besitzt. Finnische Staatsbürger, die nach Åland einwandern, erhalten das Heimatrecht nach fünf Jahren Ansässigkeit, wenn sie ausreichende Schwedischkenntnisse besitzen. Staatsbürger anderer Staaten, die Grundbesitz erwerben oder eine Gewerbe betreiben möchten, können dieses Recht nur in Ausnahmefällen von der åländischen Regierung erhalten. Wer allerdings fünf Jahre nicht mehr in Åland gemeldet war, verliert sein Heimatrecht. Das Heimatrecht ist Voraussetzung für die åländische Wahlberechtigung und Wählbarkeit, für Bodenerwerb und Besitzrecht, die Berechtigung zum Betreiben eines Gewerbes und die Befreiung vom finnischen Militärdienst. Letzteres gilt allerdings nur für Männer, die bereits vor ihrem 12. Lebensjahr in Åland ansässig waren. Anstelle des Militärdienstes können Åländer in zivilen Einrichtungen, im Leuchtturmdienst oder Lotsenwesen dienen.

Mit dem Beitritt Finnlands zur EU musste eine Sonderregelung für Åland getroffen werden. Die Besonderheiten der Inseln wurden in einem Zusatzprotokoll des Beitrittsvertrages festgehalten. So ist zum Beispiel festgeschrieben, dass Åland außerhalb der EU-Steuerunion steht und dass das Heimatrecht mit allen seinen Einschränkungen im Hinblick auf EU-Bürger anderer Staaten bestehen bleibt. Im åländischen EU-Pass steht neben „Suomi Finnland" auch „Åland".

stand, das teils Finnisch und teils Schwedisch als Muttersprache hatte. Letzterer, der vehement vom Nationalschriftsteller *Zacharias Topelius* (selbst Finnlandschwede) vertreten wurde, betonte die Einheit Finnlands, die nach den Wirren des Bürgerkrieges und der Unabhängigkeit zu einem wichtigen Ideal wurde. Um die Lösung des Sprachenkonfliktes zu verstehen, wird im obigen Exkurs die Sonderstellung der Ålandinseln behandelt.

Noch vor der Lösung der Ålandfrage war unter den Finnlandschweden die Forderung aufgekommen, vier schwedische Kantone auf dem finnischen Festland einzurichten, die eine Sonderstellung als finnlandschwedisches Gebiet erhalten sollten. Stattdessen wurde jedoch die Ålandfrage gelöst und Schwedisch zur Landessprache erhoben, was de facto eine Gleichberechtigung mit dem Finnischen bedeutet.

Das **Sprachengesetz von 1922** besagt, dass eine Kommunalgemeinde entweder einsprachig finnisch, einsprachig schwedisch, zweisprachig mit schwedischer Mehrheit, oder zweisprachig mit finnischer Mehrheit sein kann. Zweisprachig wird eine Gemeinde, wenn der Anteil der Sprecher der anderen Sprache 8 Prozent der Gesamtbevölkerung oder mindestens 3000 Personen erreicht. Eine zweisprachige Gemeinde wird jedoch nur dann einsprachig, wenn der Anteil der Sprecher der anderen Sprache unter 6 Prozent sinkt. Die Städte Helsinki, Turku und Vaasa sind als zweisprachig festgelegt, unabhängig von zahlenmäßigen Anteilen. Zur Zeit gibt es in Finnland 21 zweisprachige Gemeinden, in denen Finnisch die Mehrheitssprache ist und 23 zweisprachige Gemeinden mit Schwedisch als Hauptssprache. Rein schwedischsprachige Gemeinden sind 19 an der Zahl, wobei sich davon 16 auf Åland befinden. Nur drei der rein schwedischen Gemeinden sind also auf finnischem Festland zu finden. Die Stadt Närpes (Närpiö auf Finnisch) an der Südwestküste hat prozentual zur Einwohnerzahl gesehen die meisten Einwohner schwedischer Muttersprache auf der ganzen Welt. Schweden selbst hat so viele neue Einwanderer, dass keine Stadt die 91 Prozent Schwedischsprachigen, mit denen Närpes aufwarten kann, erreicht. Schwedische Touristen zu Besuch in Närpes äußern sich oft über das in der Stadt gesprochene Schwedisch wie folgt: „Finnisch ist nicht so schwer, wir können sogar einige Worte verstehen." Der Grund: In Närpes wird eine sehr altertümliche Version von Schwedisch gesprochen, ein eigener Dialekt, den die Mutterlandschweden nicht mehr verstehen.

Seit dem 1. Januar 2004 gibt es ein **neues Sprachengesetz,** das eigentlich keine Neuerungen beinhaltet, bloß die faktische Umsetzung des Sprachengesetzes von 1922 erleichtern und praktischer gestalten soll.

Ab den 1960er Jahren wurde befürchtet, dass die finnlandschwedische Bevölkerung aufgrund der geringen Geburtenzahlen, der hohen Migration Richtung Schweden und der Assimilierung in die finnische Gesellschaft langsam verschwindet. Im neuen Jahrtausend haben die Zahlen jedoch gezeigt, dass die **schwedischsprachige Bevölkerung** in Finnland

In Helsinki sind alle Straßenschilder und Hinweistafeln zweisprachig beschriftet

032fn Foto: ih

höhere Geburtenzahlen aufweist als die finnische, die Emigration nach Schweden fast gänzlich aufgehört hat und dass Kinder zweisprachiger Familien immer öfter als schwedischsprachig registriert werden und in schwedische Schulen gehen. Dies steht vielleicht im Zusammenhang mit den Entwicklungen in der EU, bei denen Multikulturalität eine wichtige Rolle spielt. Schwedischsprachige Kinder lernen Finnisch auf jeden Fall in der Schule als erste Fremdsprache, wie gut Schweden die finnische Sprache jedoch tatsächlich beherrschen, hängt stark davon ab, ob sie im Alltagsleben mit Finnen zu tun haben. Aber auch Menschen mit finnischer Muttersprache bemühen sich oft, fließendes **Schwedisch zu erlernen,** was sich auch im verstärkten Besuch schwedischer Universitäten und Armeeeinheiten durch Finnen niederschlägt.

Das neue Sprachengesetz wurde auch daher notwendig, weil in den 1990er Jahren von finnlandschwedischer Seite Unzufriedenheit mit den Schwedischkenntnissen in Behörden geäußert wurde. Im neuen Gesetz ist nun festgelegt, dass Beamte zweisprachiger oder rein schwedischsprachiger Gemeinden ihre Dienste aus eigenem Antrieb auch auf Schwedisch anbieten und ihre Sprachkenntnisse sehr gut sein müssen.

Die schulische Ausbildung erfolgt idealerweise in der eigenen Muttersprache, 1999 gab es in Finnland 335 schwedische Grundschulen, 35 Gymnasien, und 30 berufsbildende Schulen mit Schwedisch als Unterrichtssprache. „Åbo Akademi" ist eine rein schwedischsprachige Universität in Turku, die Universitäten von Helsinki und Vaasa sind zweisprachig.

Finnlandschwedische Literatur wird als Teil finnischer Literaturgeschichte angesehen und eifrig ins Finnische übersetzt. Oft sind Finnlandschweden die Mittler, über die mitteleuropäische Strömungen nach Finnland gelangen. Sind doch auch viele der „typisch finnischen" Künstler der Vergangenheit eigentlich Finnlandschweden gewesen oder solche, die unter schwedischer Vorherrschaft zum Schwedischen „konvertiert" hatten, um in einer Zeit, als Finnisch noch nicht offiziell anerkannt war, geachtet und gefördert zu werden: *Jean Sibelius, Akseli Gallen-Kallela, Helene Schjerfbeck, Hugo Simberg* ...

Politisch sind die **Finnlandschweden in einer eigenen Partei,** der „Svenska folkpartiet" organisiert, die einen liberalen Kurs fährt. 8 der 200 Parlamentssitze hat diese Partei gegenwärtig inne und sie stellt zwei Minister: *Jan-Erik Enestam,* den Umweltminister und *Ulla-Maj Wideroos,* die zweite Finanzministerin. Zusammen mit dem Abgeordneten aus Åland bilden diese neun Abgeordneten die **Schwedische Parlamentsgruppe.** Außerdem haben auch andere Parteien eigene schwedische Abteilungen. „Finlands Svenska Folkting" ist ein vom finnischen Staat unterstützter schwedischer Dachverband, der seine 75 Mitglieder alle vier Jahre wählt und die schwedischsprachige Minderheit kulturell vertritt und Initiativen gegenüber dem Staat ergreift.

Die Studentenbewegungen von 1968 und das gleichzeitige Erwachen von ethnischen Bewegungen in Westeuropa führte auch zu einer Art **Renaissance finnlandschwedischer Gefühle.** Bestrebungen zur Erhaltung der Sprache, Maßnahmen gegen die Assimilierung sowie die Forderung nach Dienstleistungen und Behördenverfahren in schwedischer Sprache erstarkten. Zur gleichen Zeit erwachte auch das Interesse an der eigenen, nämlich weder schwedischen noch finnischen, sondern eben finnlandschwedischen Kultur und ihren Dialekten. Integration, nicht Assimilierung wurde angestrebt. Bei vielen Minderheiten spielte im Laufe der Jahrhunderte in fremder Umgebung die eigene, ursprüngliche Sprache eine immer geringere Rolle und wird mittlerweile von vielen gar nicht mehr gesprochen. Statt der Sprache wurde die gemeinsame Kultur und Geschichte zum gemeinsamen Nenner. Unter den Finnlandschweden ist dies anders: Sie unterscheiden sich von den meisten Minderheiten durch die Tatsache, dass sie ihre Sprache tatsächlich verwenden können. Daher ist das kleinste gemeinsame Vielfache der Finnlandschweden ihre gemeinsame Sprache.

Doch erst in den 1980er Jahren wurde angefangen, das **Phänomen der Zweisprachigkeit** zu untersuchen und zu verstehen. Interessant ist auch der Gebrauch der einen oder anderen Sprache in verschiedenen Landesteilen. Etwa ein Viertel aller schwedischsprachigen Finnen sprechen kein Finnisch, umgekehrt ist Schwedisch eine von Finnen allgemein recht gut beherrschte Sprache. Sie ist Pflichtfach in den Grundschulen und Abiturfach im Gymnasium und jeder Finne versteht zumindest einige Worte Schwedisch.

In Helsinki gibt es allerdings nur eine sehr begrenzte Anzahl von Orten, an denen Schwedisch als Umgangssprache verwendet wird. Da die schwedischsprachigen Bewohner von Helsinki im Allgemeinen ausgezeichnetes Finnisch sprechen, kann es passieren, dass sich zwei einander unbekannte Finnlandschweden miteinander auf Finnisch unterhalten, ohne zu bemerken, dass jeweils der andere Schwedisch als Muttersprache hat. In der Stadt Vaasa an der Westküste hingegen werden Gespräche auf Schwedisch angefangen und man wartet, was passiert. Mitarbeiter von Dienstleistungsbetrieben begrüßen ihre Kunden meist auf beiden Sprachen und lassen sie dann entscheiden, in welcher Sprache sie antworten wollen. Wenn ein Finne in Helsinki auf eine Gruppe sich auf Schwedisch unterhaltender Finnlandschweden trifft, wechselt die Gruppe sofort ins Finnische. Ein Finne in Vaasa kann das gleiche nicht automatisch erwarten. Dies ist der Grund dafür, warum Finnlandschweden von der Westküste die schwedischsprachige Bevölkerung an der Südküste Finnlands für „Katzbuckler" hält, die an ihrer finnlandschwedischen Identität nicht genügend festhalten. Umgekehrt finden Helsinki-Schweden ostbottnische Schweden ein bisschen eigenartig und zu streng. Allgemein gesehen ist das Sprachenklima in Finnland gut. Trotzdem kann es passieren, dass ein Finnlandschwede seine Stimme senkt, wenn er in finnischer Umgebung Schwedisch spricht oder lieber das Finnische wählt, um Bemerkungen von Finnen zu meiden. Ein wenig hat es den Anschein, als ob in den letzten Jahrzehnten die Einstellung der finnischen Bevölkerung gegenüber den Schwedischsprachigen intoleranter geworden sei und das mag seine Begründung darin haben, dass die Finnlandschweden seit den 1960er Jahren ihre ethnische Identität sukzessive „entdeckt" haben. Aussagen wie: „In Finnland spricht man Finnisch" sind manchmal zu hören. Natürlich gibt es auch eine Reihe von Schimpfwörtern, mit denen man einander tituliert. Das prominenteste von diesen ist *hurri,* eine unschöne Bezeichnung für einen Finnlandschweden, ähnlich dem Wort „Piefke" der Österreicher für Deutsche.

Eine kanadische Forschergruppe hat 1983 die **Einstellungen der Finnen und Finnlandschweden zueinander** sowie zu anderen Sprachgruppen und Nationen untersucht. Das Ergebnis ist verblüffend: Die Finnen gaben an, Engländern, Franzosen und Japanern mehr Sympathien entgegenzubringen als Finnlandschweden. Auf der Liste der beliebtesten Völker und Volksgruppen nannten die Finnen die Finnlandschweden erst an zehnter Stelle. Die Finnlandschweden hingegen fanden die Finnen nach den Norwegern und Saamen am sympathischsten. Zusammengehörigkeitsgefühl verspürten die Finnen am stärksten mit den Finnlandschweden, Esten und Ungarn. Interessanterweise gaben die Finnlandschweden die Schweden in genau derselben Liste erst an sechster Stelle an.

Finnlandschweden sind schlicht und einfach Finnen, die schwedisch sprechen und kulturell wenig mit Schweden zu tun haben – so denken zumindest die Schweden – und das schlägt sich wohl auch in dieser Liste bei der Meinung der Finnlandschweden über die Schweden nieder. Am ehesten Zusammengehörigkeitsgefühl verspürten die Finnlandschweden mit den Finnen. Die Finnlandschweden sind im Vergleich zu anderen Minderheiten im Land eine sehr starke Gruppe. Dies reflektiert die Verfassung und das Sprachengesetz sowie eine Anzahl von anderen Finnlandschweden betreffenden Gesetzen. Schweden war ja bis 1809 die Kolonialmacht Finnlands, daher waren in Finnland historisch gesehen immer Schweden an den höchsten Stellen des Beamtenapparates. Heute sind noch immer unproportional viele Finnlandschweden in hohen Positionen, teilweise wohl deshalb, weil sie beide Sprachen fließend sprechen. Wenn diese Menschen auch aus kleinen, rein schwedischen Ortschaften stammen, studieren sie doch in den großen Städten, wo sie unvermeidbar in Kontakt mit dem Finnischen kommen und es erlernen müssen. Die Tatsache jedoch, dass viele Finnen heute die Finnlandschweden eher aus Büchern finnlandschwedischer Autoren als aus persönlichem Kontakt kennen, zeigt den Graben zwischen Finnen und Finnlandschweden erneut auf.

Roma

Die in Finnland lebenden Roma sprechen einen altertümlichen Dialekt, der zur nichtwalachischen Gruppe der Zigeunersprache Romanes gehört. Romanes geht auf Sanskrit zurück und hat, je nachdem, welcher Dialekt in welchem Land gesprochen wird, viele Lehnworte aus verschiedenen europäischen Sprachen angenommen. Die jahrhundertelange Abschottung der Roma in Finnland von anderen ihres Volkes hat zur Folge, dass der finnische Roma-Dialekt von kaum einem Sprecher anderer Dialekte verstanden werden kann. Sich selbst nennen die finnischen Roma *Kale,* was in der

Finnische Roma erkennt man an ihrer charakteristischen Kleidung

Übersetzung „schwarz“ bedeutet. Im Finnischen kommt man vom Wort *mustalaiset* (die „Schwarzen“) ab und gebraucht das politisch korrekte Wort *romanit*.

Im 16. Jahrhundert kamen die **ersten Roma** über Dänemark nach Schweden. Finnland gehörte damals noch zum schwedischen Reich und die Roma ließen sich im östlichen Teil Schwedens nieder, also auf finnischem Gebiet. Außerdem ist in letzter Zeit die Theorie teilweise belegt worden, nach der ein Teil der Roma aus dem Osten, über Karelien, nach Finnland gekommen sei. Diese beiden Gruppen, die aus dem Westen gekommenen Roma und die später aus östlicher Richtung eingewanderte Gruppe führen auch heute noch Stammesfehden und kommen nicht gut miteinander aus. Trotz Verfolgung blieben beide Gruppen in Finnland: Im 16. Jahrhundert wurden sie vom schwedischen König des Landes verwiesen, im 17. Jahrhundert wurde die königliche Verordnung erlassen, alle Zigeuner des Reiches aufzuhängen.

Die offizielle Politik des angehenden 19. Jahrhunderts versuchte die Roma zu assimilieren. Seit den 1960er Jahren wird das Augenmerk auf **Integration** statt Assimilierung gelegt. Die Zahl der heute in Finnland lebenden Roma beläuft sich auf etwa 6000 bis 7000 Personen. Die meisten der finnischen Roma leben seit der massiven allgemeinfinnischen Land-

033fn Foto: ih

flucht in den 1960er Jahren im Süden in und um die urbanen Ballungszentren des Landes. Außerdem haben sie sich im Gebiet von Ostbottnien (auf Finnisch „Pohjanmaa") niedergelassen. Rund 2000 finnische Roma sind nach dem Zweiten Weltkrieg mit der Hoffnung auf bessere Sozialleistungen nach Schweden ausgewandert.

Die **traditionelle Lebensweise** der Roma wurde durch die Umgestaltung der finnischen Gesellschaft stark in Mitleidenschaft gezogen. Fahrende Kesselflicker, Pferdehändler, Ledernäher, Musiker und Kleinhändler waren die Roma früher. Heute – hauptsächlich aufgrund ihrer Sesshaftigkeit – sind sie zu einem großen Teil in Pflegeberufen, im Bildungswesen und in der Unterhaltungsbranche tätig und wie in allen Ländern in Berufen, die die Mehrheitsgesellschaft nicht übernehmen will oder kann.

Die **Unabhängigkeit** ist ein traditionell wichtiger Bestandteil der „alten" Roma-Berufe. Diese besagt, dass sich kein Rom einem anderen Menschen unterzuordnen braucht. In diesem Lichte ist es wohl verständlich, warum diese Volksgruppe auf der ganzen Welt Probleme hat, sich in die modernen Gesellschaften zu integrieren. Pferdehandel für Männer und Handlesen für Frauen waren die angesehensten Berufe der Roma. Heute sind finnische Roma oft noch als Verkäufer von Rennpferden, gebrauchten Autos, Möbeln und Antiquitäten beschäftigt – diese Berufe entsprechen noch am ehesten ihrem traditionellen Berufsfeld. Als Musiker sind die Roma auch in Finnland bekannt und beliebt. Einige von ihnen sind als Schlagersänger berühmt geworden wie zum Beispiel *Rainer Friman, Sebastian Ahlgren, Remu Aaltonen, Markus Allan, die Gruppe Hortto Kaalo, Dimitri Sjöberg, Anneli Sari* und *Jasmin Valentin*. In Ermangelung einer schriftlichen Tradition haben Roma die mündliche Überlieferung in Märchen, Geschichten und Liedern zur Perfektion gebracht. Die Roma wurden immer dazu gezwungen, sich an einem Ort niederzulassen, und auch noch heute ist die Wohnsituation der finnischen Roma schlecht, vielleicht auch, weil sie sich an aufgezwungene Umstände nicht gewöhnen wollen. In besonderen **Programmen für Roma** teilt der finnische Staat ihnen Wohnungen zu und verleiht zu günstigen Zinssätzen Darlehen zum Häuserkauf. In diesen Häusern und Wohnungen ist jedoch kein Platz mehr für die traditionelle Großfamilie der Roma. Der Fehler liegt wohl darin, dass der finnische Staat den Roma nur nach eigenen Maßstäben helfen kann und will, und das ist ein Maßstab, der die Roma immer weiter ihrer traditionellen Lebensweise beraubt. Gut gemeint wird ihnen dort geholfen, wo sie keine Hilfe wollen. Die Grundeinheit einer jeden Roma-Gemeinschaft ist die Sippe, in der Mitglieder mehrerer Generationen miteinander leben. Kinder werden innerhalb dieser Sippe nicht nur von ihren Eltern, sondern auch von anderen Familienmitgliedern betreut und aufgezogen. Ein kompliziertes System von Rein und Unrein, Respekt vor Alten und das Fehlen von Ehebindungen wird vom *kris romani,* einer Art Zigeunergericht in Streitfällen geregelt.

Fünf **nationale Organisationen** vertreten die Interessen der Kale in Finnland: Romano Missio und Die Freie Romamission Finnlands kümmern sich um die Seelsorge der finnischen Roma. Die Romavereinigung Finnlands tritt in politischer Hinsicht ein, der Verein der Roma-Kontaktleute hilft den Roma in Wohn-, Arbeits- und Ausbildungsangelegenheiten und Gypsies Future ist ein Verein zur Förderung staatlich betreuter Romakinder und -jugendlicher. Seit 1997 strahlt das Finnische Radio einmal wöchentlich Roma-Nachrichten aus.

Präsidentin *Tarja Halonen* hat im Januar 2001 dem Europarat vorgeschlagen, einen europäischen **Roma-Rat** einzurichten, in den Roma aus allen Ländern, in denen Mitglieder ihrer Gruppe leben, Vertreter entsenden könnte. Diese Idee ließ sich noch nicht umsetzen, doch wie es scheint, hat der Vorschlag der finnischen Präsidentin so großen Anklang gefunden, dass sich die Vorbereitungen im Gang befinden.

Trotz der Gesetze, die ihre Rechte sichern sollen, treffen die Roma im Alltag und Berufsleben auch in Finnland noch immer auf **Vorurteile und Diskriminierung.** Da sie schlechte Erfahrungen im Umgang mit der Mehrheitsbevölkerung machen und weil sie traditionell eine so starke Bindung an die eigene Familie haben, sind sie auch in Finnland eine nicht in die Gesellschaft integrierte Gruppe. Da Roma aufgrund ebendieser schlechten sozialen Voraussetzungen mehr finanzielle staatliche Unterstützung brauchen und erhalten, werden sie herablassend behandelt. Sie werden beispielsweise als *kansallispukuiset eläkeläiset* (Ruheständler in Volkstracht) bezeichnet, weil sie angeblich den Staat ausnutzen und zu faul zum Arbeiten sind. Obwohl viele von ihnen durch Universitätsabschluss und berufliche Karriere das Gegenteil beweisen, halten sich die Vorurteile hartnäckig. Die finnische Polizei war noch Ende der 1970er Jahre den Roma gegenüber sehr negativ eingestellt und hielt sie grundsätzlich für kriminell und von vorneherein für schuldig. Heute ist dies in viel geringerem Maße der Fall, aber auch jetzt gibt es leider noch ähnlich denkende Beamte, die gegen alles, was ihnen fremd ist, negativ eingestellt sind.

Die Tatsache aber, dass der Staat in vielen Fällen versucht, den Roma seinen eigenen Willen aufzuzwingen, schlägt sich im **Misslingen von Reformen,** die zur Unterstützung der Kale lanciert worden sind, nieder. Ein Paradebeispiel ist das Wohnungsprogramm des finnischen Staates für seine Roma. Mit teurem Geld wurden Reihenhäuser errichtet und den finnischen Roma zu sehr günstigen Konditionen überlassen. Viele dieser Häuserreihen verkamen sehr bald zu Gettos, weil nicht darauf geachtet wurde, das neue Wohngebiet in einer sozial günstigen, zentralen Wohnumgebung zu erbauen. Statt zu einer Integration in die finnische Gesellschaft kam es zu einer noch stärkeren Absonderung der Roma von der finnischen Bevölkerung. Darüber hinaus führte die mangelhafte Kontrolle zur raschen Abwohnung und Verwahrlosung dieser Gegend und der Wohnhäuser.

Seit den 1980er Jahren herrscht im finnischen Staat ein anderer, integrativerer Zugang, der mithilfe der Roma-Organisationen in die Angelegenheiten finnischer Roma eingreift. Dadurch werden umsichtigere, sorgfältigere und wirksamere Reformen gewährleistet.

Das **Finnische Sprachbüro,** das für die Pflege der finnischen Sprache zuständig ist, wollte lange Zeit hindurch nicht akzeptieren, dass sich die Roma auf Finnisch *romani* und nicht *romaani* schreiben wollten. Eigentlich verständlich, bedeutet doch das finnische Wort *romaani* auch literarischer Roman. Doch es dauerte lange, bevor sich das Sprachbüro bereit erklärte, das Wort in der von Roma gewollten Form in die finnische Sprache aufzunehmen.

Die finnischen Roma kann man an ihrer **traditionellen Kleidung** sofort erkennen: Frauen tragen mehrere knöchellange, schwarze Samtröcke übereinander und eine weiße, taillierte Rüschenbluse. Massiver goldener Ohr- und Halsschmuck hatte früher neben der sozialen Wertmessung auch die praktische Funktion, Einnahmen leicht transportieren zu können. Die Männer tragen dunkle Breecheshosen (an den Waden eng anliegend und ab dem Oberschenkel weit), ein helles Hemd, eine taillierte Jacke, Stiefel und einen weichen Hut.

Finnische Roma sprechen traditionell ein spezifisches Finnisch mit einem ganz eigen intonierten Akzent. Sie verlieren diesen Akzent freilich, wenn sie lange Zeit in rein finnischer Umgebung leben. Viele Roma aus der Gruppe, die aus dem Westen nach Finnland kamen, haben schwedische **Namen,** wie Lindgren und Ahlgren, weil sie in der schwedischen Kolonialzeit nach Finnland gekommen sind und der schwedische König verlangte, dass jeder Staatsbürger einen Vor- und Nachnamen trug.

Die über Russland nach Finnland eingewanderten Roma haben oft Vornamen wie Valentin und als Nachnamen Rafael. Die meisten Roma tragen typisch finnische Taufnamen, manche auch schwedische oder russische. Die Roma hatten selbst keine Nachnamen, unter schwedischer beziehungsweise russischer Fremdherrschaft wurden ihnen jedoch Namen aufgezwungen.

Altrussen

Warum Altrussen? Ganz einfach: Weil es auch **Neurussen** gibt, das heißt Russen, die erst nach 1960 nach Finnland eingewandert sind.

Die **ersten Russen** waren Leibeigene, die nach dem Großen Nordischen Krieg im 18. Jahrhundert nach Karelien umgesiedelt wurden. Sie brachten aus ihrer Heimat die Tradition des Töpferns mit, die nun als Kyyrölä-Keramik in Finnland bekannt ist. Beamte, Offiziere und Kaufleute bildeten die zweite Gruppe der russischen Einwanderer, die als Vertreter des Zaren während der Zeit Finnlands als russisches Großfürstentum nach Finnland kamen. Um 1850 waren von allen Kaufleuten in Helsinki 40 Prozent Russen, in Viipuri sogar die Hälfte. Eine eigene russische Kolonie in Finnland war auf der Festung Viapori (Suomenlinna) zu finden. Neben dem russischen Militärkorps waren auch sämtliche Dienstboten, Ärzte und Beamte auf dieser Festung Russen. Zu Beginn des 20. Jahrhunderts war es unter der Petersburger Aristokratie sehr beliebt, auf einer Insel vor Helsinki oder an der finnischen Südküste eine Villa zu besitzen. Mit der dritten Welle russischer Immigranten kamen vor der Revolution im eigenen Land flüchtende Russen. 1921 waren 19.000 Altrussen im Land – eine Anzahl, die später nie wieder erreicht werden sollte. Für die meisten dieser Russen war Finnland nur eine **Zwischenstation Richtung Mitteleuropa** und so blieben bis heute nur etwa 2000 Altrussen in Finnland. Was diese sehr heterogene Gruppe von Menschen, die verschiedenen Glaubensgemeinschaften angehören und unterschiedliche politische Ansichten haben, eint ist die gemeinsame Muttersprache und der Verlust des Heimat.

Ab den 1960er Jahren hatte die **Emigration aus der Sowjetunion** zugenommen, insgesamt kamen laut einer Statistik aus dem Jahre 1995 23.000 Personen nach Finnland. Diese Gruppe der Neurussen ist sehr heterogen, weil die Menschen aus verschiedensten Teilen der ehemaligen Sowjetunion nach Finnland gekommen sind und unterschiedlichen ethnischen Gruppen zugehören. Alt- und Neurussen unterscheiden sich in vielem voneinander: ihrer Einstellung, ihrer Tradition und Herkunft. Es scheint sich abzuzeichnen, dass diese beiden Gruppen nicht wirklich zueinander finden werden, obwohl es auch einige gemeinsame Aktivitäten gibt. Die gemeinsame Sprache scheint das einzige vereinende Element zu sein.

Viele der Neurussen sind finnischstämmige Russen aus Ingermannland (ein Gebiet zwischen finnischem Meerbusen, Ladogasee und der Gegend südlich und östlich von Sankt Petersburg), die in den 1980er Jahren mit unkomplizierten Prozeduren nach Finnland einwandern konnten. Nach dem politischen Zusammenbruch der Sowjetunion sind weitere Flüchtlinge nach Finnland eingewandert. Heute leben laut Schätzungen an die

20.000 Russen im Land. Die finnischen Russen gründeten 1994 die Dachorganisation russischer Vereine unter dem Namen Forum der Russisch-Sprecher.

Eine Untersuchung der Einstellung gegenüber Ausländern in Finnland besagt, dass die Russen an vierter Stelle auf der Unbeliebtheitsliste der Finnen stehen. Dass viele Finnen Russen nicht so gern in ihrem Land sehen, mag auch geschichtliche Hintergründe haben. Schließlich war die Sowjetunion lange Zeit hindurch der bedrohende große Bruder, der ruhig gehalten werden musste. Während die Russen von Finnen vor dem Ende des Kalten Krieges aus politischer Hinsicht als Feinde angesehen wurden, sind sie jetzt aus anderen Gründen unbeliebt: Man bringt sie automatisch mit Unehrlichkeit, Kriminalität, Prostitution und Drogen in Verbindung.

Juden

Nur ausnahmsweise bzw. ohne Wissen der Behörden durften sich Juden vor dem 18. Jahrhundert in Finnland niederlassen. Im 18. Jahrhundert gestattete *Gustav Adolf III.* den Juden, sich in bestimmten Teilen des schwedischen Reiches anzusiedeln, nicht aber im finnischen Landesteil. Erst als Finnland ins russische Reich eingegliedert wurde, durften sie unbeschränkt ins Land kommen. Ihr Leben war dennoch von restriktiven Regelungen geprägt. Hauptsächlich pensionierte Offiziere, Kaufleute und Handwerker kamen aus Russland nach Finnland und ihre Einwanderung setzte sich nach der Autonomie Finnlands fort. **Volle Staatsbürgerrechte** wurden den finnischen Juden erst nach der Unabhängigkeitserklärung Finnlands zugestanden. Um diese Zeit lebten rund tausend registrierte Juden in Finnland. Um 1940 waren drei Viertel der finnischen Juden Kaufleute und Händler. Nach dem Zweiten Weltkrieg kamen aus der karelischen Stadt Viipuri, die an die Sowjetunion abgetreten werden musste, an die 300 Juden nach Finnland. Auf der Insel Suomenlinna vor Helsinki steht das erste jüdische Bethaus, das 1830 gegründet wurde. 1870 wurde die erste Synagoge eingeweiht.

Heute ist die jüdische Minderheit, die sich auf etwa 1300 Personen beläuft, eine typisch urbane Menschengruppe. Diese Zahl beinhaltet freilich nur jene, die sich als **Kongregationsmitglieder** registriert haben. Es gibt weitere Juden oder Personen jüdischer Herkunft, die keiner jüdischen Gemeinde angehören. Die Juden in Finnland weisen interessanterweise eine Doppel- bzw. Dreifachidentität auf. Als Mitglieder einer religiös-kulturellen Minderheit haben sie sich einerseits gut an das Zusammenleben mit der finnischen Bevölkerungsmehrheit angepasst. Andererseits haben auch viele von ihnen das Schwedische neben Jiddisch und Hebräisch als Umgangssprache angenommen und sich so auch in die finnlandschwedische Gruppe integriert. Letzteres hat geschichtliche Gründe: Als Kaufleute mussten sie sich schließlich auch mit den schwedischsprachigen Finnen unterhalten können, die einen bedeutenden Teil der Bevölkerung ausmachten. Außerdem ist ihre traditionelle **Muttersprache Jiddisch** dem Schwedischen näher als dem Finnischen und war so wohl auch leichter zu lernen. Die jüdische Schule in Helsinki hatte bis in die 1930er Jahre Schwedisch als Unterrichtssprache. Noch heute gibt es eine jüdische Schule in Helsinki, die 1918 als Koedukationsschule gegründet wurde. Heute sprechen finnische Juden Schwedisch und Finnisch gleich gut. Das Jiddische stirbt jedoch aus, weil junge Leute eher Hebräisch lernen als ihre traditionelle Muttersprache.

Rituelle Schlachtungen, die für jüdische (koscher) und muslimische (halal und zabihah) Gemeinden gleichermaßen von Wichtigkeit sind, wurden anhand der Novellierung des Tierschutzgesetzes diskutiert und schließlich wurde eine Lösung gefunden, die alle Seiten zufrieden stellt. Obwohl koscheres Schlachten möglich ist, wird aus praktischen Gründen koscheres Fleisch aus anderen Ländern importiert.

Die Juden haben sich so gut in die finnische Gesellschaft integriert, dass die Gefahr der vollständigen Verschmelzung und Assimilierung besteht. Mischehen, Emigration vor allem nach Nordamerika und Israel, und das Verschwinden des Jiddischen sind die Hauptgründe, die das langsame Dahinschmelzen der jüdischen Minderheit Finnlands bewirken.

Tataren

Die kleine tatarische Minderheit (an die 900 Mitglieder) ist die **älteste islamische Gruppe** in den nordischen Ländern. Ihre Vorfahren kamen in zwei Schüben ins Land: Die ersten Tataren kamen im Gefolge der russischen Armee nach dem Schwedisch-Russischen Krieg 1809, als Finnland zum russischen Großfürstentum wurde. Der zweite Schub umfasste Bauern und Kaufleute, die mit Pelzen und Textilien handelten, die zwischen 1870 und 1925 aus der gleichen Gegend südöstlich von Nischnij Nowgorod nach Finnland kamen. Sie siedelten sich in den Städten Helsinki, Turku und Tampere an. Die finnischen Tataren sprechen einen kasan-tatarischen Dialekt, der zu den westlichen Turksprachen gehört. Tataren gehören der sunnitischen Gruppe der Moslems an. 1925 gründeten sie in Helsinki die erste islamische Gemeinde Finnlands, 1943 die zweite in Tampere. Islamische Friedhöfe der Tataren gibt es in Helsinki und Turku. Die finnischen Tataren haben sich an das finnische Leben an-

gepasst und einflussreiche Positionen als Unternehmer, Ärzte, Rechtsanwälte, Ingenieure und Lehrer inne. Obwohl diese Minderheit voll in die finnische Gesellschaft integriert ist, hat sie ihre Sprache erhalten und führt ein reges kulturelles Leben. Neu eingewanderte Tataren werden zwar von der tatarischen Gemeinde aufgenommen, nichttatarische Moslems und Konvertiten akzeptiert sie jedoch nicht als Teil ihrer Glaubensgemeinschaft.

Neue Minderheiten und Flüchtlinge

Finnland hatte in den letzten Jahrzehnten beständig wachsende Einwanderungszahlen. In den 1990er Jahren kamen **Immigranten** vor allem aus Asien (Flüchtlinge aus Vietnam und dem Irak, Studenten aus China und Bangladesch) und Afrika (Flüchtlinge aus Somalia, Studenten aus Marokko) nach Finnland.

Dennoch sind die Einwanderungszahlen viel kleiner als in anderen nordischen Ländern. Heute werden in Finnland **über 100 Sprachen** gesprochen. 2002 lebten in Finnland nach Angaben des Statistischen Amtes 103.682 Menschen mit nichtfinnischer Staatsbürgerschaft, wovon die größte Gruppe – über 24.000 Menschen – die russische Staatsbürgerschaft besaßen. Nach Russen sind die nächstgrößeren Gruppen Esten, Schweden, Somalier und Menschen mit Pässen aus Nachfolgeländern Ex-

Jugoslawiens. Trotzdem ist der Anteil von Ausländern an der Gesamtbevölkerung mit 1,3 Prozent sehr gering.

Finnlands **Flüchtlingspolitik** gründet sich auf das Genfer Abkommen von 1951. Die jährliche Flüchtlingsquote beträgt 750 Personen. 2002 lebten 20.700 Flüchtlinge in Finnland. Vietnamesen, die ab 1973 ins Land kamen, bildeten lange Zeit die größte Flüchtlingsgruppe. Anfang der 1990er Jahre flüchteten etwa 4000 Somalier nach Finnland, die bis heute die größte Flüchtlingsgruppe sind. Menschen aus dem ehemaligen Jugoslawien, der Türkei, dem Irak und Iran flüchteten ebenfalls in größeren Gruppen nach Finnland. Seit 1999 gibt es ein nationales Integrationsgesetz, das Ausländer, die Sozialhilfe und Arbeitslosengeld erhalten, zu Sprachkursen verpflichtet und sie unter Beibehaltung der eigenen Sprache und Kultur in die finnische Gesellschaft eingliedern soll.

Verfassungsmäßig sind die **sprachlichen Rechte** der Finnlandschweden, Saamen, Roma und Gehörlosen, die die Gebärdensprache verwenden, festgelegt. Letztere Gruppe wird als eigene Sprachgruppe aufgefasst, die rund 5000 Personen umfasst.

Ausländerfeindlichkeit und Rassismus existieren leider auch in Finnland und als gängige Gründe werden Arbeitslosigkeit und Unwissenheit angeführt. Dabei sind Stadtbewohner, junge Leute und Frauen den Fremden gegenüber meist toleranter eingestellt als Landbewohner, ältere Generationen und Männer.

Indigene im High-Tech-Land: Die Saamen

Nicht viele Länder können von sich behaupten, eine **Urbevölkerung** zu beheimaten. Finnland ist in dieser glücklichen Situation, obwohl die Lage der Saamen, der indigenen Bevölkerung Finnlands, durchaus nicht immer als glücklich bezeichnet werden konnte. Ein indigenes Volk zeichnet sich dadurch aus, dass es als Urbewohner eines Gebietes noch immer am gleichen Ort ansässig ist. Saamen leben nicht ausschließlich innerhalb der Grenzen Finnlands. Finnisch-Lappland liegt jedoch im Herz des Saamenlandes. Ihr Siedlungsgebiet breitet sich über ganz Fennoskandien aus und dies hat seine geschichtlichen Ursachen, die im Folgenden erläutert werden sollen. Viele Menschen kennen die Saamen unter der Bezeichnung Lappen, die zwar an sich keine abwertende Bedeutung hat, bei den Saamen selbst aber Missfallen erweckt. Sie hören einen diskriminierenden

Kinder von Immigranten bringen bunte Farbtöne in die finnische Gesellschaft

Unterton in dieser Bezeichnung und so hat sich seit den 1950er Jahren die Selbstbezeichnung „Saame" durchgesetzt. Schreibweisen wie „Sámi" oder „Same" sind auch möglich; ursprünglich hat dieses Wort die Bedeutung „Sumpfmensch".

Die genaue **Anzahl der heute lebenden** Saamen kann eher geschätzt als genau festgestellt werden: Zwischen 70.000 und 80.000 Menschen dieser Volksgruppe existieren verteilt auf die Länder Norwegen, Schweden, Finnland und Russland. Einerseits gibt es genauere demographische Untersuchungen nur in Finnland, andererseits ist die Definition, wer als Saame gilt, nicht klar. Sicher ist, dass es in Norwegen die meisten Saamen gibt: Auf etwa 40.000 bis 50.000 wird ihre Zahl dort geschätzt. Ungefähr 20.000 Saamen leben in Schweden, rund 7000 in Finnland und 2000 in Russland.

Die relativ **niedrige Anzahl der Saamen in Finnland** hat sowohl geographische als auch kulturelle Ursachen. Erstens ist das Klima an der Nordseeküste, so zum Beispiel in Norwegen, bedeutend milder als im finnischen Hochland. Aufgrund der kälteren Temperaturen waren besonders vor der Zeit der modernen ärztlichen Versorgung die Lebenserwartung kürzer und die Säuglingssterblichkeit höher als in milderen Klimagebieten. Zweitens haben Küstenbewohner einen Zugang zu größeren Nahrungsressourcen in Form von Meerestieren aber auch auf dem Land lebenden Arten, die in der Nähe der Küsten in besonderer Vielfalt auftreten. Dies liegt an der Topographie, weil an den Küsten der Nordsee die Berge steil direkt von Meereshöhe ansteigen und dies verschiedene Lebensräume und dadurch auch eine größere Biodiversität mit sich bringt. Das finnische Hochland steigt langsam über eine Distanz von 500 km vom Bottnischen Meerbusen an, während auf der norwegischen und schwedischen Seiten die Gebirgskette – beispielsweise der über 2000 m hohe Kebnekajse in Schweden – innerhalb von 30 km auf Meereshöhe abfällt.

Doch trotz der Tatsache, dass die meisten Saamen heute in Norwegen leben, haben sowohl Finnen als auch Saamen in Norwegen an Boden verloren. Vor der stärksten Welle der Norwegianisierungspolitik in den 1920er und 1930er Jahre zeigte eine Volkszählung in Norwegens nördlicher Provinz Finnmark, dass in ihr jeweils ein Drittel Norweger, Finnen und Saamen lebten. Nach dem Ende der nationalistischen Bewegung zu Beginn der 1960er Jahre brachte eine weitere Volkszählung das erstaunliche Ergebnis: 70 Prozent Norweger. Finnen und Saamen wurden weder umgebracht, noch hatten sie die Provinz verlassen. Sie hatten sich bloß als Norweger angegeben, weil sie einer Diskriminierung entkommen wollten. Der offizielle Gebrauch anderer Sprachen als des Norwegischen wurde verboten und Nicht-Norweger nahmen norwegische Namen an.

Die Sprache der Saamen

Über die Hälfte der Saamen sprechen noch ihre Sprache, die finnisch-ugrischen Ursprungs ist. Insgesamt gibt es zehn Saami-Sprachen. Sprecher verschiedener Saami-Sprachen verstehen einander nicht immer. In Finnland werden drei dieser Sprachen gesprochen: das Nordsaamische, das rund 80% aller Finnlandsaamen sprechen, das Inari- und das Skoltsaamische. Inarisaamisch wird nur in Finnland gesprochen.

Das Saamische weist generell eine breite Terminologie für Naturerscheinungen und Rentierhaltung auf. Allgemein bekannt ist die Unmenge von Bezeichnungen, die die Saamen für Schnee haben. Wohlgemerkt unterscheiden sich diese Bezeichnungen auch in der gegenständlichen Bedeutung voneinander, abhängig von Wasseranteil und Aussehen der Schneeflocken. Weil die saamischen Sprachen archaische Sprachen sind, stellt sich in manchmal das Problem, dass „moderne" Worte gar nicht vorhanden sind und erst durch Wortschöpfungen entstehen müssen. Die Saamische Sprachkommission beschäftigt sich mit solchen Problemen.

1992 wurde ein Gesetz verabschiedet, das die sprachlichen Rechte der Saamen in Finnland festschreibt. So müssen sämtliche amtlichen Formulare, Gesetzestexte, Schilder und sonstige die Saamen betreffenden Dokumente im Saami-Gebiet auch auf Saamisch vorliegen. Das Nordlappische als meist verbreitete saamische Sprache in Finnland steht bei den Übersetzungen immer im Vordergrund.

Unterricht auf Saamisch wird seit den 1970er Jahren an mehreren Grundschulen erteilt. 1977 wurde ein Unterrichtszentrum für die Saami-Region in Inari gegründet, das berufsbildende Kurse anbietet. Außerdem werden traditionelle saamische Kultur, typische Saami-Berufe wie Rentierzucht, Wildjagd und Fischerei und Handwerkskunst gelehrt. Seit 1999 ist im finnischen Saami-Heimatgebiet in allen Grundschulen und weiterbildenden Schulen optionaler Unterricht auf Saamisch möglich.

Der Finnische Rundfunk ist gesetzmäßig dazu verpflichtet, Programme auf Saamisch auszustrahlen. „Sámi Radio" sendet um die 40 Stunden in der Woche. Das finnische Fernsehen sendet seit 2002 eine täglich zehnminütige Nachrichtensendung auf Nordsaamisch. Das nordsaamische Blatt „Sápmelaš" und die inarisaamische Zeitung „Anarâš" werden in Finnland herausgegeben. Andere saamische Zeitungen werden von Norwegen aus auch in Finnland verbreitet.

Ursprung und Entwicklung der Urbevölkerung

Die Saamen unterscheiden sich auch äußerlich von den anderen Völkern ihres Wohngebietes – sie gelten als **eigenständiger anthropologischer Typ.** Meist sind sie kleinwüchsig, an die 155 cm groß, haben kurze Beine, kleine braune Augen, dunkle Haare und die Männer einen nur geringen Bartwuchs.

Es ist nach wie vor ungeklärt, wie die Saamen zu ihrer finnisch-ugrischen Sprache gekommen sind. Eine gängige Theorie besagt, dass sie Überreste eines arktischen Urvolkes sind, das die finnisch-ugrische Ursprache sprach. Die Sprache der Saamen wurde demnach später von den sich in ihrem Gebiet ansiedelnden Finnen übernommen und im Laufe der Jahrhunderte entwickelten sich aus der gemeinsamen Grundsprache zwei eigenständige Sprachen: Finnisch und Saamisch. Nach dieser Theorie waren die Finnen Indoeuropäer, die erst durch den Kontakt mit den Saamen zu Finno-Ugriern wurden: DNA-Tests beweisen, dass bloß ein Viertel der finnischen Gene finnisch-ugrischen Ursprungs sind.

Felsmalereien am Ufer des Eismeeres belegen eindeutig die Existenz der Saamen in diesem Gebiet bereits in der **Steinzeit**. Vor dem Zuzug der Finnen in das Gebiet des heutigen Finnlands lebten die Saamen auch in viel südlicheren Teilen des Landes, vor allem an den großen Flussläufen. Geographische Namen, die eindeutig saamischen Ursprungs sind, beweisen dies. In Ostkarelien ist das Vorhandensein der Saamen noch bis ins 14. Jahrhundert belegbar. Die Saamen wurden von den nach Norden vorstoßenden Finnen immer weiter nach Norden gedrängt oder wurden sesshaft und integrierten sich in die finnische Gesellschaft. Die ursprüngliche Lebensgrundlage der Saamen war das Jagen und Sammeln. Als sie von den Siedlern Richtung Norden gedrängt wurden, bedeutete dies auch ein Vordringen des Ackerbaus und damit für die Saamen eine Beeinträchtigung ihrer halbnomadischen Lebensweise. Zuvor waren sie mit ihren Rentieren auf der Futtersuche zwischen Sommer- und Winterfutter-

035fn Foto: ih

gebieten hin- und her gependelt. Dabei verwendeten sie ein mit Fellen abgedecktes, transportables Spitzzelt, das *kota* genannt wird.

Schon der römische Geschichtsschreiber *Tacitus* erzählte im **1. Jahrhundert nach Christus** in seiner „Germania" von den Saamen, die er *fenni* nannte. Später wurde dieses Volk in verschiedenen Berichten *Skridfinnen* genannt, eine Wortzusammensetzung, die in etwa „Finnen auf Skiern" bedeutet.

Die Saamen waren in der Lappendorfinstitution *siida* organisiert, die Häuserverbände miteinander verwandter Familien beherbergte, die ihren Lebensunterhalt im Gemeinwerk bestritten. Diese Dörfer lagen weit verstreut an Flussläufen und verschwanden spätestens mit dem Ende des Mittelalters, als die Steuerpflicht der Saamen sich auch in die nördlichsten Enden der Saami-Wohngebiete ausdehnte und die Urbevölkerung gezwungen wurde, ihr bisher unbekannten Erwerbszweigen, die die ständige Seßhaftigkeit mit sich brachte, nachzugehen. Gemäß einem Bericht von *Ottar*, der am norwegischen Hof von König *Alfred dem Großen* diente, war die Beziehung zwischen dem norwegischen Königshaus und den Saamen im **9. Jahrhundert** schon genau geregelt. Die Saamen zahlten Steuerabgaben in Form von Rentierfellen und anderen Teilen ihrer Jagdbeute.

Im **16. Jahrhundert,** der Zeit des schwedischen Königs *Gustav Wasa I.* wurde die nordische Grenzziehung unter Einbeziehung der Urbevölkerung vorgenommen. Vertreter der saamischen Dörfer im Gebiet Inari besuchten ihren König, um ihn bei diesem Vorhaben zu beraten. Unter ihm und seinen Nachfolgern genossen die Saamen auch einen besonderen Schutz, der per königlicher Verordnung festgelegt war. Die Saamen waren Besitzer des Landes und des Gewässers, das sie für ihren Lebensunterhalt brauchten. Dafür zahlten sie - genauso wie die finnischen Bauern - Steuern an die Krone. Da lange Zeit hindurch die Grenzen in Lappland nicht genau festgelegt waren, kam es vor, dass Saamen an mehrere Herrscher gleichzeitig Steuerabgaben leisten mussten. So ist zum Beispiel der Fall der Gemeinde Inari überliefert, die gleichzeitig von Russland, Norwegen und Dänemark zur Kasse gebeten wurde.

Zu Beginn des **17. Jahrhunderts** wurde eine saamische Fibel und ein Gesangsbuch veröffentlicht, was als Geburt der saamischen Schriftsprache galt.

Im **18. Jahrhundert** entstanden eine saamische Grammatik und ein schwedisch-saamisches Wörterbuch.

Fischleder und Fischwirbel sind die Materialien der saamischen Handwerker

Die Rentierhaltung als ursprüngliche Lebensgrundlage der Saamen

Während in Norwegen und Schweden die Rentierhaltung allein den Saamen vorbehalten ist, kann sie in Finnland jeder betreiben, der im vorgesehenen Gebiet ansässig ist. Nur noch 10 Prozent der Saami-Familien leben von **Rentierzucht.** Anstatt, wie einst, ihren Rentierherden auf die Weidestellen zu folgen, sorgen sich die heutigen Rentierhalter eher um die Instandhaltung der Zäune. Rentiere werden halbwild gehalten. Zwei Mal im Jahr werden sie zusammengetrieben - zu Fuß, oft mithilfe eines Hundes, mit Motorrädern, Motorschlitten oder sogar Helikoptern. Im Frühsommer werden die Kälber mit einer Kerbe im Ohr markiert. Dann wird beobachtet, welchem Muttertier das Junge folgt und so wird festgestellt, ob es zur Herde gehört oder nicht. Im Herbst erfolgt eine zweite Scheidung, bei der die Schlachttiere ausgesondert und die Kälber, die im Frühjahr der Aufmerksamkeit entgangen sind, markiert werden. Rentierkühe gebären im Allgemeinen im Mai oder Juni ein Kalb von 5–7 kg. Kastriert wird nach alter saamischer Tradition mit den Zähnen.

Um Mittsommer wird die Mückenplage in Lappland meist so unangenehm für die Rentiere, dass sie ins Hügelgebiet flüchten. Im Spätsommer und Herbst wachsen viele Pilze und die sind für Rene eine besondere Delikatesse. Sie legen sich in dieser Zeit eine Fettschicht für die karge Winterzeit zu, in der sie außer borealem Moos nicht viel zu Fressen bekommen. Diese Pflanze ist immer stärker vom Aussterben bedroht, daher ist in letzter Zeit im Winter eine **Zufütterung für Rentiere** notwendig geworden.

Die finnische Gesellschaft für Wald- und Naturparkmanagement wird innerhalb des Landes immer wieder hart dafür kritisiert, dass sie nach wie vor **Rodungen** in noch unberührten, urwüchsigen Wäldern vornimmt, deren Zahl rasant abnimmt. Diese Wälder sind nämlich der primäre Lebensraum für boreales Moos. Die Situation ist so weit eskaliert, dass lokale Polizeibeamte Naturschutzaktivisten, die diesen international verurteilten Rodungen Einhalt gebieten wollen, den Zutritt zu den umstrittenen Gebieten verwehren. Leider betreibt nicht nur Finnland solch eine kurzsichtige Rodungspolitik, die nur das schnelle Geld aus verkauftem Holz vor Augen hat. Auch Russland, Schweden und Norwegen verfahren ähnlich, was weniger finnisches Medienaufsehen erregt als beispielsweise Umweltsünden im fernen Brasilien oder Malaysien. Auch im Falle eigener, heimischer Rodungen scheint die finnische Presse im Gegensatz zu fernen Problemen, die reich bebildert kolportiert werden, Scheuklappen zu tragen.

In Finnland passieren jährlich an die 3000 **Autounfälle mit Rentieren,** das sind rund acht Unfälle am Tag. Da Autostraßen die Rentierzuchtgebiete durchkreuzen,

Rentiere halten sich gern auf Autostraßen auf

Wie kam es dazu, dass die Saamen, die so lange Zeit hindurch als gleichberechtigte Landesbewohner betrachtet und behandelt wurden, langsam **in die Rechtlosigkeit** abrutschten? Der Verlust der ursprünglichen saamischen Gesellschafts- und Lebensform lässt sich auf das Aufteilen der Gebiete Fennoskandiens zurückführen und auf die Tatsache, dass die Herrscherhäuser Skandinaviens seit dem Mittelalter den Lebensraum der indigenen Bevölkerung als lukrativen Nutzraum entdeckten.

036fn Foto: ih

kommt es oft vor, dass Rene die Straßen überqueren. Außerdem lecken sie im Winter das Streusalz auf den Fahrbahnen auf. Die Tiere halten damit ihren Mineralhaushalt im Gleichgewicht.

Der Staat zahlt dem Züchter für jedes bei einem Unfall oder durch ein Wildtier getötetes Rentier eine Abfindung. Natürlich gibt dies Anlass zu Betrug und Tiere werden als von einem Wolf gerissen gemeldet, obwohl sie von Menschenhand getötet wurden. Die zusätzliche Tragödie ist, dass durch solche Aktionen Wölfe zu Unrecht in ein schlechtes Licht gerückt werden. Oft wird gerade nach solchen vermeintlichen **Wolfsangriffen** von den Behörden eine Erlaubnis zur Erlegung eines ganzen Rudels ausgestellt. Da Rentierbesitzer heute mit Motorschlitten und modernen Gewehren auf die Jagd nach den vermeintlichen Bestien gehen, ist es nur eine Frage der Zeit, bis in diesem unfairen Kampf der Wolf den Kürzeren zieht.

Das **Geschäft mit dem Rentierfleisch** läuft gut, denn die als Delikatesse geltende Fleischsorte erzielt hohe Preise. Als Finnland 1995 der Europäischen Union beitrat, mussten die Rentierhalter viel in die Standardisierung der Rentierschlachthäuser investieren. Über 200 Schlachtbetriebe mussten geschlossen werden, da sie nicht den EU-Richtlinien entsprachen.

Drei Folgen hatte die Gebietsaufteilung: Erstens die Verdrängung der traditionellen Lebensgrundlagen der Saamen (Rentierzucht, Jagd und Sammelwirtschaft) zugunsten des sesshaften Ackerbaus, zweitens die Herausbildung starrer Landesgrenzen und drittens das Fehlen einer saamischen Interessensvertretung, die für politische, wirtschaftliche und kulturelle Rechte ihrer Angehörigen eingetreten wäre. Hier ist auch die teilweise Ausrottung des Waldrens zu nennen, dessen Existenz für viele Saamen die

Lebensgrundlage darstellte. **Mitte des 18. Jahrhunderts** kam es zu Grenzziehungen im finnländischen Teil Lapplands. Im Zuge dessen sprach man den Saamen das Recht zu, ihre eigene Staatsangehörigkeit zu wählen und ihre Gebiete zu behalten. Durchzog den Landbesitz eines Saamen jedoch eine neue Grenze, musste er sich für einen Teil in einem Land entscheiden und den anderen Teil der anderen Krone zufallen lassen.

Den Saamen wurde erlaubt, ihren Renen jenseits der Grenzen zu folgen und die dortigen Länder und Gewässer zu nutzen. Doch schon zu **Beginn des 19. Jahrhunderts** wurde ihnen dieses Recht teilweise wieder abgesprochen. Sie wurden in staatsrechtlichen Angelegenheiten, die sie betrafen, nicht mehr zu Rate gezogen.

Als dann Finnland 1809 von der schwedischen in die russische Herrschaft überging, verloren die Saamen auch die letzten ihrer Besitzrechte. Der Staat beanspruchte alle Gebiete, die weder innerhalb von Gemeindegrenzen lagen, noch von Privatpersonen besessen wurden. Die Saamen hatten jedoch Schwierigkeiten, ihr Besitzrecht zu beweisen, da die betreffenden Dokumente meist jenseits der Grenze in schwedischen Archiven lagen oder bei einem der vielen Brände vernichtet worden waren. Die restlichen, noch vorhandenen Eintragungen in Grundbüchern wurden im Laufe der Zeit einfach gelöscht. Die Saamen wurden besitzlos und ohne Rechtsvertretung mussten sie sich in die neue Situation fügen. Am **Ende des 19. Jahrhunderts** legte der Staat die Anzahl der Rentiere und ihr Haltungsgebiet in den „staatlichen Wäldern" fest und beschnitt somit die Saamen jeglicher Rechte, ihre Rentiere unabhängig unter eigener Kontrolle zu halten. Ab 1898 mussten die Saamen ihre Rene in so genannten Paliskunta-Gebieten halten, eingezäunten Bereichen von 1000–5000 km^2. Somit war ihre Lebensweise als Halbnomaden zerstört.

Die Saamen nach der Unabhängigkeitserklärung

Das ab 1917 unabhängige Finnland gewährte den Saamen keine Rechte und versuchte, die offiziell gar nicht existierende Volksgruppe zu assimilieren. Finnisch-Lappland wurde als Rentierzuchtgebiet festgelegt, die Saamen erhielten jedoch keine besonderen Rechte in ihrem traditionellen Land. Der Staat beeilte sich vielmehr festzustellen, dass Rentierzucht, Jagd und Fischerei allen örtlichen Bewohnern erlaubt seien. Dies trug weiter dazu bei, den Saamen ihre Lebensgrundlage zu entziehen, denn der Zuzug von Finnen in ihr Gebiet und die Tatsache, dass nun auch die neuen Einwohner die alten saamischen Wirtschaftsformen betrieben, schmälerten die Einnahmequellen der Saamen bedeutend. Außerdem entstand dadurch, dass die Saamen in ihren Wohngebieten in die Minderheit gerieten, eine große Gefahr der **Assimilierung**. Die Verschmelzung der Saamen mit der finnischen Bevölkerung in der Gegend um Vuotso (zwischen Sodankylä und Inari) und der dadurch bedingte Sprachverlust ist einer der raschesten Assimilierungsvorgänge, den die internationale Ethnologie kennt.

Nach dem Ersten Weltkrieg wurde Finnland der **Eismeerzugang** im Petsamo-Gebiet zugesprochen. Das bisher eher abseits gelegene, einer Sackgasse ähnelnde Lappland wurde dadurch Richtung Meer geöffnet. Dies führte zu einem Aufschwung des gesamten Gebietes und zur starken Zuwanderung finnischer Bevölkerung in saamische Gebiete.

Im September 1944 wurde Finnland, vorher ein treuer Kriegsverbündeter Deutschlands, durch ein Waffenstillstandsabkommen mit der Sowjetunion zum Kriegsgegner Deutschlands. Die in Lappland stationierten **deutschen Soldaten** verstanden diesen Schritt Finnlands als Verrat und die Wehrmachtstruppen, die bis 1945 in Lappland blieben, hinterließen bei ihrem Abzug eine schreckliche Spur der Verwüstung. Die noch heute teilweise spürbare Abneigung der Finnen – vor allem derer, die in nördlichen Landesteilen zu Hause sind – gegen Deutsche rührt von dieser historischen Tatsache her. Die Zivilbevölkerung Lapplands wurde allerdings bereits im Herbst 1944 nach Pohjanmaa/Ostbottnien evakuiert, um sie vor den zu befürchtenden Kampfhandlungen zu schützen.

So gerieten Saamen plötzlich in finnische Gebiete außerhalb Lapplands und mussten auf engem Raum **mit finnischen Familien zusammenleben.** Soziokulturell brachte diese Evakuierung freilich ihre Probleme mit sich. Einerseits hielten die Finnen die Saamen für ein unzivilisiertes Volk, andererseits zeigten sich auch Verständigungsprobleme vieler Saamen, die des Finnischen nicht oder nur sehr bruchstückhaft mächtig waren. Außerdem waren die Saamen nicht an die Rationierung von Lebensmitteln gewöhnt, was das Zusammenleben nicht erleichterte. Viele von ihnen waren das erste Mal in ihrem Leben in einer anderen als der gewohnten Umgebung Lapplands.

Doch die ungewollte Nachbarschaft zeigte bald auch positive Seiten: Einerseits weckte sie ein Gemeinschaftsgefühl und ein **ethnisches Identitätsbewusstsein in den Saamen.** Vor dem Krieg lebten die verschiedenen saamischen Sprachgruppen ziemlich isoliert voneinander, nun aber bekamen sie zum ersten Mal das Gefühl, gemeinsam „anders" zu sein, sich also von den Finnen als Gruppe, als eigenes Volk zu unterscheiden. Andererseits erwies sich die religiöse Erweckungsbewegung des *Laestadius* als vermittelnd. Die finnischen Bewohner von Pohjanmaa waren nämlich in großer Anzahl Anhänger dieser christlichen Bewegung und auch unter den Saamen gab es viele Laestadianer. Gemeinsame religiöse

Aktivitäten brachten Finnen und Saamen näher zueinander, bald wurden sogar Mischehen geschlossen. Die Saamen bedienten sich verstärkt der finnischen Sprache und als sie nach 1945 wieder in ihr Heimatgebiet zurückkehrten, hatte sich in vielen von ihnen schon der Keim der Assimilierung festgesetzt. Dieser wurde weiter genährt im Zuge der Wiederaufbaubestrebungen nach dem Krieg, wodurch die Saamen an Lohnarbeit gewöhnt wurden. Außerdem mussten saamische Kinder nun in finnische Schulen gehen. Da die soziale Distanz zwischen Finnen und Saamen nun verringert war, bedeutete dies (noch) kein Problem für die saamischen Familien. Erst später sollten sich die Saamen aktiv für ihre Spracherhaltung einsetzen.

Das Saami-Heimatgebiet umfasst auch ein eigenes Gebiet der **Skoltsaamen,** die nach dem Zweiten Weltkrieg aus dem Gebiet von Petsamo, das an Sowjetrussland abgetreten wurde, nach Sevettijärvi Keväjärvi und Nellim Sarmijärvi im östlichen Teil der Gemeinde Inari umgesiedelt wurden. Die Skoltsaamen unterscheiden sich in mehreren Belangen von den traditionell in Finnland lebenden Saamen. Als Bewohner der Halbinsel Kola kamen sie unter die Herrschaft Nowgorods und in den Einflussbereich der orthodoxen Kirche. Der schweizerische Schriftsteller *Robert Crottet* startete in England über „BBC" einen Spendenaufruf für die gerade aus Petsamo nach Finnland evakuierten Skoltsaamen und tatsächlich gelang es, mit der zusammengekommenen Summe das neu entstandene Skoltlappendorf Sevettijärvi in Schwung zu bringen. Heute verfügt das Dorf auch über eine orthodoxe Kirche und eine Schule. Die meisten der Skoltsaamen sind im Dienstleistungssektor tätig, wobei die Arbeitslosigkeit unter ihnen ein großes Problem ist.

Da das Skoltsaamische aufgrund seiner geringen Sprecherzahl stark bedroht ist, ist die wöchentliche Nachrichtensendung auf Skoltsaamisch, die einen Teil der Saamischen Sendung des Finnischen Radios darstellt, von großer Bedeutung. Leider ist heute der Aufschwung, den *Crottet* für Sevettijärvi brachte, stark im Rückgang. Das eigene Postamt wurde vor einigen Jahren geschlossen und heute fungiert die einzige Dorfbar zusätzlich als Lebensmittelgeschäft, das auch Briefmarken verkauft. Innerhalb des Dorfes sind die Häuser weit verstreut und das nächste Geschäft ist im 120 Kilometer entfernten Inari, wohin nur einmal täglich ein Lokalbus verkehrt. In Sevettijärvi gibt es viele Junggesellen, die im Elternhaus wohnen bleiben und der traditionellen Rentierzucht nachgehen. Die meisten Jugendlichen ziehen der Arbeit und dem Studium in den Süden nach. Diese Tatsachen sind eindeutige Bedrohungen für die skoltsaamische Volksgruppe, weil einerseits viele abwandern und es andererseits wenig Nachkommen gibt.

Erst in den 1970er Jahren, mit der Herausbildung des finnischen Wohlfahrtsstaates, begannen sich die Saamen zu organisieren und gegen die ungerechten Vorgangsweisen zu protestieren. 1973 wurde die Saami-Minderheit in Finnland offiziell anerkannt. Ein Organ mit beratender Funktion, das **Saami-Parlament,** in das die 21 Vertreter alle vier Jahre gewählt werden, wurde gegründet.

Die nördlichsten Gemeinden Finnlands wurden als **Saami-Heimatland** festgelegt. Der Großteil der in Finnland lebenden Saamen wohnt in diesem Gebiet: Dazu gehören Enontekiö, Inari, Utsjoki und der nördliche Teil der Gemeinde Sodankylä. Das Saami-Heimatland umfasst an die 35.000 km^2, ein Drittel der hier ansässigen Bevölkerung ist Saamisch.

Das **Verhältnis der finnischen Bevölkerung zu den Saamen** ist auch heute noch oft gespannt. Bis in die frühen 1990er Jahre wurden in Kabarettprogrammen des finnischen Fernsehens Scherze auf Kosten der Saamen gemacht und nur selten beschwerte sich eine „politisch korrekte" Stimme außerhalb der Gemeinschaft der ethnischen Saamen. Erst als Finnland 1990 dem Europarat und 1995 der Europäischen Union beitrat, wurde auch auf die verbale Umgangsweise mit den Ureinwohnern des Landes geachtet.

Die **Besitzverhältnisse der Saamen** in Finnland sind bis zum heutigen Tag nicht geklärt. Ihre rechtlose Lage stammt von der voreingenommenen Definition des finnischen Staates, dass ohne festen Wohnsitz und das Betreiben von Ackerbau kein Landbesitz entstehen kann.

In Schweden wurde diese Sichtweise 1981 vom Obersten Gericht abgewiesen, in Finnland ist noch nichts Vergleichbares geschehen. Mehrere Jahrzehnte wird die Angelegenheit bereits auf politischer Ebene verhandelt. Alle bisherigen Ergebnisse verschieben jedoch die Entscheidung in weite Zukunft und die Begründung lautet immer: „aufgrund der Tragweite der Angelegenheit". Es ist eindeutig ersichtlich, dass den Saamen Unrecht getan wurde und dass ihnen die traditionellen Gebiete zustehen. Gerade Themen wie die Abholzung der Wälder und Naturschutz betreffen die Lebensräume der Saami und werfen die Besitzfrage immer wieder auf.

Die größten Probleme der Saamen heute sind die **hohe Arbeitslosigkeit** im Norden Finnlands und ein **eine große Anzahl von Alkoholabhängigen.** Alkohol wurde von Händlern und Beamten schon im 18. Jahrhundert oft missbraucht, um den Samen Rentiere und Steuergelder zu entlocken. Lange Zeit dachte man, die Saamen hätten einen undisziplinierten und unkontrollierbaren Umgang mit dem „Feuerwasser", so wie es indianischen Stämmen in Nordamerika zugeschrieben wird. Untersuchungen in einschlägigen Wohngebieten zeigen aber, dass die saamische Bevölkerung weder mehr noch weniger „an der Flasche hängt" als ihre finnische Nachbarschaft. Bewiesen werden kann dies auch anhand der laestadianischen Bewegung, die Alkoholgenuss prinzipiell ablehnt. In saamischen Gebieten nahm der Alkoholverbrauch nach der Verbreitung dieser Bewegung bedeutend ab. Es ist also nicht wahr, dass ein Saame, der einmal Alkohol gekostet hat, ihn nie wieder meiden kann. Beim saamischen Alkoholmissbrauch spielen wohl eher berufsmäßige

Saamisches Kulturgut

Kulturell heben sich die Saamen in einigen Belangen von ihren Landesgenossen ab. Traditionelles saamisches Kunsthandwerk umfasst alles, was man aus Holz und Rentier herstellen kann: hölzerne Schüsseln und Perlen, Messer aus Rentierhorn, Felle und Ledererzeugnisse. In den kunsthandwerklichen Gegenständen der Saamen vereint sich die Ornamentik der Wikinger und der östliche Einfluss. „Echtes" saamisches Kunsthandwerk erkennt man an einem Zertifikat, das seit 1982 vom saamischen Kunsthandwerksverband verliehen und in allen nordischen Ländern anerkannt wird. Die traditionelle Tracht der Saamen zeichnet sich durch kraftvolle Färbung, meist blau und rot, aus.

037fn Foto: ih

Der *Joiku* ist die traditionelle Gesangsform der Saamen. Er basiert auf einer seltsamen Melodie, die ohne festen Text stundenlang gesungen wird und ein bestimmtes Ereignis oder eine Person beschreibt. Der *Joiku* ist ein tranceinduzierender Gesang, bei dem der Sänger eins mit seiner Umgebung wird. Diese Volksmusik der Saamen steht näher zur indianischen und sibirischen Musiktraditionen als zur europäischen. Ausgezeichnete, auch international bekannte finnische Saamikünstler, die diese Gesangstradition in modernen Varianten aufarbeiten, sind die Frauengruppe „Angelit" und der Finnlandsaame *Wimme Saari,* der die Joiku-Tradition mit elektronischer Musik mischt. *Mari Boine* ist eine in Ethno- und Worldmusic-Kreisen international bekannte norwegische Saami-Sängerin.

Traditionen und Bräuche

Wie groß der Bruch zwischen alter und neuer Lebensweise für die Saamen gewesen sein muss, kann man anhand des Militärdienstes erkennen, den die Saamen seit 1919 zu leisten haben. In der Glaubenswelt der Saamen ist nämlich Tod und Töten mit einem Tabu belegt und im Saamischen existiert kein Wort für Krieg. Ebenso war es für

Die saamische Tracht ist durch lebensfrohe Musterung gekennzeichnet

Benachteiligung oder die hohe Arbeitslosigkeit eine Rolle. Und die ist – wie wir sehen konnten – alles andere als von den Saamen „selbstgemacht". Und dass Saamen von Finnen oft wirklich misstrauisch betrachtet werden, beweist das Vorhandensein einer Vielzahl von „Lappland-Witzen". Ein Beispiel: „Wie nennt man ein in der saamischen Mythologie vorkommendes menschliches Monster? – „Nüchterner Saame."

die Saamen, die gewohnt waren, in jedem Naturphänomen etwas Göttliches zu sehen, fremd, in einem geschlossenen Raum wie einer Kirche nach dem Übernatürlichen zu suchen. Nicht alltägliche Naturerscheinungen – ein eigenartig gewachsener Baum, ein besonders hoher Hügel – wurden von den Saamen als heilig verehrt. Diesen so genannten *seitas,* „Kultstätten", wurden Opfer dargebracht. Man schlachtete ein Rentier, aß es und schmückte den *seita* mit seinem Geweih. Nordlichter wurden als trostspendend und beschützend verehrt. Totemtiere und Tierzeremonien wie der Bärenkult waren Hauptbestandteile saamischer Rituale.

Volksmedizin

Eine weit entwickelte Volksmedizin war für die Saamen ebenfalls kennzeichnend. Als der später weltberühmte Botaniker *Carl von Linné* 1732 durch Lappland reiste, stellte der gelernte Arzt fest, dass die Saamen sehr gesund seien. Reine Luft, sauberes Quellwasser, mäßige Nahrungsmengen, Mangel von Alkohol und eine ruhige Lebensweise – diese Faktoren machte *Linné* verantwortlich für die Gesundheit der Saamen. Mit Birkenrinde, Tannenharz sowie einer Baumschwammsorte, die als Universalmedizin eingesetzt wurde, heilten sich die Saamen praktisch selbst von allen Krankheiten.

Saamische Empfindsamkeit

Ein in der Literatur mehrfach belegtes Phänomen ist die saamische Sensibilität, auch bekannt als arktische Hysterie. *Hans U. Schwaar,* ein Lapplandkenner, der mehrere Werke über sein Leben bei den Saamen verfasst hat, meint, dass Saamen ekstatische Zustände und Exzesse hin und wieder brauchen, um die langen Winter ohne psychische Probleme bewältigen zu können. Die arktische Hysterie und die Anwendung von Trancezuständen in schamanistischen Glaubenswelten mögen die Erklärung dafür liefern, warum die laestadianische Bewegung, eine christliche Erweckungsbewegung, so großen Zuspruch unter den Saamen gefunden hat – im Gegensatz zur lutherischen Religion. Die Laestadianer wenden nämlich auch eine Art religiöser Ekstase in ihren Ritualen an. *Lars Levi Laestadius,* selbst mütterlicherseits saamischen Ursprungs, knüpfte hier offensichtlich an eine alte saamische Tradition an. Die saamische Empfindsamkeit drückt sich aber auch in einem starken Mitgefühl, einer guten Menschenkenntnis und einer ausgeprägten Intuition aus. So erzählt *Schwaar* immer wieder von seltsamen Zufällen, die eine Art Gedankenübertragung zu sein scheinen. Ein Freund, an den man schon seit Ewigkeiten nicht mehr gedacht hat und der einem „zufällig" in den Sinn kommt, steht einen Tag später vor der Haustür. Während ein Europäer von unerklärlichen Zufällen spricht, glauben die Saamen, dass die freie Seele des Menschen dem Freund einen Besuch abstattet und ihn einlädt.

006fn Foto: ih

WAS MACHT DIE FINNEN FINNISCH?

Heiß und würzig: Die Sauna

„Teile deinen Tabak und deine Munition,
nicht aber deine Sauna oder Frau."
(Finnisches Sprichwort)

Sauna ist das einzige finnische Wort, das wohl jeder Mitteleuropäer ohne Probleme aussprechen kann und von dem er auch weiß, was es bedeutet. Als finnische Nationalinstitution ist sie auch in unseren Breiten bekannt und beliebt, obwohl das, was im deutschen Sprachraum als Sauna verkauft wird, dem finnischen Typus meist nicht das Wasser reichen kann.

In Finnland wird in rund 1,7 Millionen Saunas geschwitzt, was das Zeug hält. Auf die Bevölkerung aufgerechnet bedeutet das, dass auf drei Finnen eine Sauna kommt und das ist wohl global gesehen die **höchste Saunadichte.** Man könnte aufgrund dieser recht beeindruckenden Zahlen meinen, Finnland sei das Ursprungsland der Sauna. Doch dem ist nicht so, haben doch zahlreiche Kulturen entsprechende Bade- und Schwitzgewohnheiten. Bereits Römer und Kelten entdeckten die reinigende Wirkung bestimmter Schwitzbäder; nordamerikanische Indianer, Japaner, Russen, Türken und Mexikaner verfügen über saunaähnliche Gewohnheiten. Wer wann genau die Sauna erfunden hat, ist nicht feststellbar.

Weshalb kennen wir dennoch die **Finnen als das Saunavolk** schlechthin? Erstens, weil sie es geschafft haben, diese schöne Tradition in die moderne Welt herüberzuretten. Zweitens, weil die Sauna ein alltäglicher Bestandteil ihres Lebens ist. Und drittens, weil die „original finnische Sauna" als Kulturexportartikel in der ganzen Welt beliebt ist, da sie erfolgreich zwei Arten des Bades miteinander kombiniert: das Schwitzbad und das Dampfbad.

Im **Mittelalter** waren Schwitzbäder noch in ganz Europa verbreitet, doch durch die Reformation, die puritanische Moral verkündete und Nacktheit als ungehörig einstufte, verschwand diese Art des Bades weitestgehend. Nur im Norden und Nordosten Europas, in Skandinavien, Finnland und Russland, blieb die Saunakultur erhalten.

Die tagtägliche Nutzung des schwedischen Badehauses *bastu* verlor im frühen 18. Jahrhundert an Bedeutung und das Bad wurde zu einem Ritual, das man höchstens an Weihnachten begeht. Die gängigen Argumente gegen den Saunabesuch waren die Vergeudung von wertvollem Brennholz und die Verbreitung von Geschlechtskrankheiten.

Zur gleichen Zeit, als Finnland also noch ein Teil des schwedischen Reiches war, versuchten die Schweden den Finnen die Sauna auszureden. Von **schwedischer Seite** wurde behauptet, die Sauna verursache Tumore und Geschwulste, Blindheit und allerlei andere Krankheiten und sei besonders gefährlich für Kinder. Einige schwedische Ärzte verlautbarten sogar, die Sauna mache die Haut faltig, runzelig und braun, man brauche sich ja nur mal die Haut der finnischen Alten anzusehen. 1756 wurde vom schwedischen Königlichen Kollegium der Chirurgen ein Pamphlet über die Pflege von Kindern herausgegeben, in dem behauptet wird, finnische Mütter würden ihre Kinder der Gefahr des Kindstodes aussetzen, indem sie sie öfters in der Woche in die Sauna mitnehmen.

Glücklicherweise ließen sich die Finnen aber nicht so leicht beirren: Sie saunierten munter weiter.

In Norwegen verschwand die Saunakultur, weil das Tragen von Unterwäsche populär wurde. Sie war aus Leinen und leichter zu waschen als der ganze Körper und so verlor auch dort die Sauna an Bedeutung.

Geschichte der Sauna

Da es kaum Aufzeichnungen über die Finnen vor der Zeit des Mittelalters gibt, ist es schwer festzustellen, woher die Finnen ihre Saunatradition bekommen haben. Die meisten Forscher sind sich jedoch darüber einig, dass sie immer schon die eine oder andere Form des Schwitzbades gekannt und praktiziert haben. Lange Zeit wurde das **Wort Sauna** mit dem Wort für Rauch, *savu,* in Verbindung gebracht, da die **Urformen der Sauna** immer ohne Rauchabzug waren und so der Rauch im Inneren des Gebäudes blieb. Später wurde jedoch nachgewiesen, dass die urfinnische Form des Wortes *sakna* ist, was wiederum eine Entsprechung im Lappischen hatte und als Aushöhlung im Schnee, wie sie zum Beispiel von Schneehühnern oder Auerhähnen gemacht wird, übersetzt werden kann. So wurde immer wahrscheinlicher, dass die Finnen die Sauna bereits in sehr alter Zeit gekannt haben. Belegt haben dies Funde aus der Steinzeit von topfförmigen Grubenherden, die von manchen Forschern für Saunaherde gehalten werden.

Die Blocksauna, vollständig aus Holz gezimmert, entwickelte sich aus dieser unterirdischen Form, deren Existenz in Finnland bereits um etwa 400 n. Chr nachgewiesen werden kann. Alle diese Urformen der finnischen Sauna waren so genannte **Rauchsaunas,** das heißt mit offenen Öfen beheizte, rauchfanglose Gebäude, in denen Rauch und Ruß im Inneren des Raumes blieben. Die Türen waren niedrig und die Schwellen hoch, um das Entweichen der Wärme zu verhindern; allerdings waren einige mit Holzklappen versehene Luken an den Wänden angebracht, die die Luftzirkulation regulieren sollten.

Der oben abgerundete Steinhaufen, der die Urform des Herdes darstellte, eignete sich sehr gut zum Heizen, nicht jedoch zum Kochen und Backen. Im 11. Jahrhundert entwickelte sich ein separater Herd für diese Zwecke, der oben geschlossen war und eine eigene Kochstelle hatte: Der Backofen war entstanden. Aufgrund des Entstehens zweier separater Feuerstellen entwickelte sich die **Sauna zu einem eigenen Raum,** einem Bad, in dem jedoch noch immer ein Teil der Hausarbeiten verrichtet wurde. Es gab für die Feuerstellen weiterhin keine Rauchabzüge. *Carl von Linné,* der schwedische Naturforscher, erzählt in seinem Tagebuch (1723) von triefäugigen Bewohnern Finnisch-Lapplands, die Augenentzündungen hatten, weil sie den ganzen Tag dem beißenden Rauch in ihren Wohnhäuser ausgesetzt waren.

Ein großer Schritt in der Entwicklung war es daher, als Ende des 18. Jahrhunderts ein **Rauch abführender Saunaofen** entstand. Bereits zum Ende des 15. Jahrhunderts hatte es diese Öfen in westfinnischen Schlössern gegeben, doch die Verbreitung auch in den unteren Schichten der Gesellschaft ließ lange auf sich warten. Mit dieser neuen Form des Ofens wurden die Feuerstellen viel sicherer – die ehemals offenen Öfen waren sehr gefährlich. Die finnische Geschichte weiß von vielen verheerenden Stadtbränden, die aufgrund der üblichen Holzbauweise um so zerstörerischer wirkten. In Städten, die aufgrund der engen Bebauung besonders brandgefährdet waren, konnte man ab nun Saunas bauen, die geschlossene Öfen hatten.

Zu Beginn des 20. Jahrhunderts wurden bereits standardmäßig **Saunaöfen mit Metallummantelung** hergestellt. Zur gleichen Zeit war Finnland nahe daran, seine Saunakultur zu verlieren. Mit zunehmender Urbanisierung wurden bäuerliche Sitten als plump und aus der Mode gekommen abgetan. Die Sauna als wichtiger Bestandteil im Leben der Landbevölkerung wurde ebenso behandelt. Noch dazu war im 20. Jahrhundert die Badewanne in aristokratischen Kreisen modern geworden und die Sauna verlor neben dieser neuen, noblen Badesitte aus Mitteleuropa zunehmend an Glanz. In der Stadt gab es, da die Bewohner von Etagenhäusern keine Möglichkeit zum Saunieren hatten, **öffentliche Saunas,** die vor allem von den neuen, vom Land zugezogenen Stadtbewohnern genutzt wurden. Bereits zu Beginn des 19. Jahrhunderts etablierten sich diese gebührenpflichtigen Badeanstalten, die Badefrauen, Masseure, Schröpferinnen und hin und wieder auch „Knochensetzer“, Vorläufer der Chiropraktiker, beschäftigten. Frauen- und Männerabteilungen waren getrennt und Familien konnten sich eine eigene Sauna vorbestellen. Diese öffentlichen Saunas hatten freilich einen ganz anderen Charakter als die Saunas der Landbevölkerung: Sie waren aus Stein und Beton, mit Fliesen und Verputz. Außerdem waren sie viel feuchter, weil mehr Wasser verwendet wurde und der Dampf an den Wänden kondensierte.

Durch die schwere wirtschaftliche Situation in der Zwischenkriegszeit standen die Badewannen immer öfter unbenutzt herum: Warmwasser war sehr teuer und zeitweise auch rationiert. Noch in den 40er Jahren des 20. Jahrhunderts gingen viele Stadtbewohner aus diesem Grund in die öffentliche Sauna, gab es doch dort genügend Warmwasser. Der Zweite Weltkrieg gebot dem Verschwinden der Sauna Einhalt. In Zeiten der Lebensmittelknappheit und fehlenden Möglichkeiten zur Unterhaltung, war die Sauna eine der wenigen Freizeitbeschäftigungen, die die Menschen noch genießen konnten. Auch die finnischen Soldaten, die an der Front kämpften, bemerkten, wie wohl ihnen eine **Zeltsauna,** die sie immer mitführten, körperlich und seelisch tat.

Ab den 1950er Jahren und dem Aufschwung nach dem Wiederaufbau wurden die öffentlichen Saunaanstalten eine nach der anderen geschlossen, da einerseits die neu eröffneten Schwimmhallen ihnen die Kundschaft wegnahmen und andererseits die Etagenhaus- und Eigenheimsauna ihre Geburtsstunde hatte. Damit dies jedoch geschehen konnte, musste noch die **Elektrosauna** erfunden werden. Diese gewaltige Veränderung in der Geschichte der Sauna deutete die gesamte Saunakultur um. In den 1930er Jahren wurde der Versuch gemacht, einen Saunaofen zu konstruieren, der keinen Rauchabzug brauchte. So entstand der Elektroofen. Dies war deshalb von solch großer Bedeutung, da nun problemlos Saunas auch in Wohnblocks eingebaut werden konnten. Ab Ende der 1940er Jahre wurde dies standardmäßig getan. Die **Saunas in Etagenwohnhäusern** befinden sich meist im Kellergeschoss und umfassen auch einen Wasch- und Umkleideraum. Natürlich fehlt diesen oft der Charme einer eigenen Sauna, sind doch die Saunazeiten festgelegt (jeder Hausbewohner trägt seine Wunschsaunazeiten in einen Wochenplan ein) und die Kellerräumlichkeiten oft dunkel und unfreundlich. Wer schon einmal eine mit Holz beheizte Sauna besucht hat, der weiß, wie viel angenehmer diese Variante der Sauna ist. Der Elektroofen ist zwar einfach zu bedienen und heizt die Sauna schnell auf, die heiße Luft ist jedoch viel trockener und stechender als in einer mit Holz beheizten Sauna.

Ende der 1970er Jahre kam man dann von der Etagensauna ab, da die **eigene Sauna in der Wohnung** immer populärer wurde. Sogar in großen städtischen Wohnhäusern gehört heute eine Sauna zu jeder Wohnung dazu, zumeist als Erweiterung des Badezimmers. Aufgrund des begrenzten Raumes wirken diese Saunas jedoch meist wie „Grillschränke", da man gezwungen ist, sehr nah am Ofen zu sitzen. Außerdem sind Aufgüsse in solchen Saunas sehr stechend, weil es kein ausreichendes Luftpolster zum Auffangen des Dampfstoßes gibt.

Nach dem Zweiten Weltkrieg, als der wirtschaftliche Aufschwung infolge des Wiederaufbaus seinen Lauf nahm, begannen immer mehr Finnen, sich Ferienhäuser anzuschaffen. Die Landflucht kehrte sich jedes Wochenende um und die Finnen flüchteten (und tun es heute noch) an Sommerwochenenden hinaus in die Natur. Heute ist die **Sauna im Sommerhaus** eine der Hauptattraktionen des Aufenthaltes auf dem Land und jeder Finne seufzt sehnsüchtig bei dem Gedanken, sich nach der Sauna auf dem eigenen Steg zu räkeln und die Beine ins Wasser baumeln zu lassen. Denn Seen, die gibt es in Finnland zur Genüge.

Das finnische Nationalepos „Kalevala", um 1835 als Sammlung des Arztes und Volkskundlers *Elias Lönnrot* erschienen, unterstreicht die **Bedeutung der Sauna als finnisches Identitätssymbol,** das einerseits das Zusammengehörigkeitsgefühl verstärkte und andererseits die Besonderheit der finnischen Kultur gegenüber anderen Kulturen betonte. Das

„Kalevala“ brachte nämlich eine nationalromantische Bewegung ins Rollen, die die Suche des finnischen Volkes nach seiner Identität markierte. In diesem Nationalepos ist die Sauna ein wichtiger Bestandteil. Die Helden saunieren vor den entscheidenden Kämpfen und die Frauen haben die Aufgabe, den Männern frische Kleidung zu bringen und Holz nachzulegen. Die Sauna im „Kalevala“ ist nicht nur Bad und Schauplatz des Alltagsgeschehens, sondern auch ein heiliger Ort mythischen Geschehens. Diese Deutung der Sauna als wichtiger Bestandteil der finnischen Kultur stand im krassen Gegensatz zur Sichtweise der Oberschicht, die die Sauna als bäuerlich-grobe Sitte abtat. Doch mit der Verbreitung der nationalromantischen Bewegung zog es immer mehr Mitglieder der Oberschicht in den Bann der neu entdeckten finnischen Identität, deren wichtiges Inventar die Sauna geworden war.

Der bekannte finnische Autor *Alexis Kivi* lässt in seinem berühmtesten Roman „Sieben Brüder“ von 1870 die Sauna als natürlichen Bestandteil finnischen Lebens erscheinen. Einige, die Sauna betreffende Sätze aus diesem Buch sind zu alltäglich gebrauchten Redewendungen geworden, so zum Beispiel: „Eine rauchende Sauna, ein bellender Hund, ein krähender Hahn und eine miauende Katze, das sind die Wahrzeichen eines ordentlichen Hofes.“ Auch dem **Mythos der himmlischen Sauna** widmeten einige Autoren ihre Werke. *Juhani Aho* zeichnet beispielsweise ein humorvolles Bild von der Sauna im Himmel und damit ist klar: Die Sauna war ein Sinnbild für das Paradies auf Erden. Die Sauna ist zur Zeit der Nationalromantik auch ein beliebtes Thema in der bildenden Kunst gewesen.

Sauna der Agrargesellschaft

Die Sauna war im traditionellen Bauernhausverband der Ort körperlicher und seelischer Reinigung sowie auch ein Schauplatz haushaltsbedingter und landwirtschaftsgebundener Arbeiten. Trocknen von Flachs und Fischen, Schlachtvorgänge, Keimen von Feldfrüchten, Räuchern von Fleisch, Auskochen von Wäsche und viele andere Prozeduren fanden in der

Sauna statt. Sie wurde manchmal als Gästestube genutzt und galt außerdem als Apotheke der Armen. „Wenn Sauna, Schnaps oder Teer nicht helfen, dann ist die Krankheit tödlich", sagt ein altes finnisches Sprichwort. In der Sauna wurden Kranke geheilt, vor allem mithilfe von Volksmitteln wie Aderlass und Schröpfen. Einmal in der Woche, meist am Samstag, wurde die Sauna aufgeheizt. Das Saunieren war ein langes und stressfreies Ritual, das – Beheizen mitgerechnet – den ganzen Tag dauerte. Männer und Frauen gingen getrennt in die Sauna: Zuerst der Bauer und die Knechte nach der Feldarbeit, dann waren die Frauen an der Reihe. Die Sauna **begleitete die Menschen von der Wiege bis zum Grab:** Noch bis zum Zweiten Weltkrieg gebaren die Frauen der Landbevölkerung ihre Kinder in der Sauna. Danach wurde es üblich, zur Geburt ins Krankenhaus zu gehen, weil es aufgrund ärztlicher Betreuung sicherer war und man durch die keimfreie Umgebung dem häufigen Säuglingstod entgegenwirkte.

Die Sauna war jedoch im finnischen Hausverband der **hygienischste und wärmste Raum.** Die Dunkelheit des Raumes und die Wärme, die der Herd ausstrahlte, stellten Bedingungen her, die heute in modernen Entbindungskliniken angestrebt werden, um Babys ohne Geburtsschock auf die Welt zu helfen. Die besten Voraussetzungen für eine „sanfte Geburt" waren also in der Sauna der finnischen Landbevölkerung bereits gegeben. Die werdende Mutter begab sich mit Einsetzen der Wehen in das separate Saunahäuschen und brachte ihr Kind mithilfe einer Hebamme zur Welt. Das erste Bad des Babys war ein magischer Akt, von dem man glaubte, dass er die zukünftige Persönlichkeit des Kindes beeinflussen würde. In der Woche nach der Geburt durfte die junge Mutter nur von anderen Frauen besucht werden, ihr Mann musste der Sauna fern bleiben. Diese Kindbettsauna wird allgemein als der Beginn der finnischen Frauenkultur angesehen. Der Vater durfte das Kind erst dann sehen, wenn die Mutter sich dazu entschloss, mit ihrem Baby aus der Sauna ins Haupthaus überzusiedeln, was ein feierlicher Akt war.

Junge Mädchen unterzogen sich einem Reinigungsritual in der Sauna, bevor sie heirateten. Für so manche Paare war das Saunahäuschen der einzige Ort, an dem sie ungestört ihre Leidenschaft füreinander ausleben konnten und so war die Sauna nicht nur ein Ort der Entbindung, sondern oft auch der Empfängnis.

Auch am Ende des Lebens stand die Sauna: Leichen wurden bis zum Zeitpunkt ihrer Beisetzung in der Sauna aufgebart, wo ihnen die letzte Ehre erwiesen wurde.

Sauna als Quelle der Inspiration: „In der Sauna" (Akseli Gallen-Kallela, 1889)

In Anbetracht der Tatsache, dass die Sauna in jedem Lebensabschnitt des Menschen eine wichtige Rolle spielte, ist es gar kein Wunder, dass sie mit Ehrfurcht betrachtet und sogar als heilig angesehen wurde. *Christfrid Ganander,* Pfarrer und Erforscher der finnischen Mythologie, notierte in seinem 1789 erschienenen Werk „Mythologia Fennica" einen Zauberspruch über *löyly,* den Aufguss, in dem die Göttin Auteretar als Schutzgöttin der Sauna genannt wird. Das Wort *löyly* ist ein altes finnisch-ugrisches Wort, das neben seiner Bedeutung als „Dampfstoß" ursprünglich auch Geist, Hauch, Atem bedeutete. Der **Geist der Sauna** ist ja auch mehr als nur Wasser und Wärme. Dieser Geist erfüllt die Seele, wenn ein Aufguss gemacht wird. Ohne der geneigten Einstellung dieses Geistes – auch *saunan henki* (Geist der Sauna) genannt – kann die Sauna nicht ihre volle wohltuende Wirkung entfalten. Noch einen anderen, unsichtbaren und kleinwüchsigen Einwohner hat die Sauna: *Saunatonttu,* einen „Saunawichtel", der sich um die Sauna kümmert.

Da die Sauna ein **heiliger Ort** war, musste man sich in ihr betragen wie in einer Kirche. Keine zu lauten Unterhaltungen, Schreie, Flüche oder Tratschgespräche durften in der Sauna verlauten. Kindern wurde schon von klein auf beigebracht, die Sauna zu ehren und sich in ihr angemessen zu benehmen. Da das Saunabad nur einmal in der Woche erfolgte, war es eine Familienangelegenheit, die mit Freude erwartet wurde. Sie stellte neben dem Kirchgang am Sonntag eine Abwechslung zum schweren Landarbeitsalltag dar. Der Sauna kommt auch heute noch zu Feiertagen wie Mittsommer oder Weihnachten eine wichtige Rolle zu. Zu Mittsommer warfen früher junge Mädchen den Saunaquast – zusammengebundene Birkenäste, die durch sanftes Abklopfen der Haut die Durchblutung fördern – auf das Dach der Sauna und wohin der Quast zeigte, aus jener Richtung sollte der zukünftige Ehemann kommen.

Heute hat die Sauna zwar ihre Heiligkeit größtenteils verloren, noch immer aber ist sie ein **Ort der stillen Eintracht.** Hier weihen Onkel ihre Neffen in die Geheimnisse des Lebens ein. Warum der Onkel und nicht der Vater? Weil in der finnischen Tradition dem Bruder der Mutter, auf Finnisch *eno,* eine besondere Stellung zukommt. Er agiert als Mentor und Ratgeber, von dem der Junge Dinge erfahren kann, über die er seinen Vater nicht zu fragen wagt.

Vor **Weihnachten** wird die Sauna auch heute noch besonders glänzend geschrubbt und mit Kerzen geschmückt. Die Familie geht am Weihnachtstag gemeinsam in die Sauna, auf deren Bänke in manchen Familien Stroh ausgebreitet wird, um das bescheidene Bett des Jesuskindes zu imitieren. Einige Saunaliebhaber meinen sogar, das Christkind sei in einer Sauna zur Welt gekommen ...

Die Ehrfurcht, die die Finnen der Sauna entgegenbrachten und ihr Charakter als allen zugängliche Alltagseinrichtung bewahrte sie wohl vor dem Absinken ins Zwielichtige, wie dies in vielen anderen europäischen Ländern passiert ist. In Finnland ist die Sauna kein Massageclub mit Option auf sexuelle Leistungen, sondern ein nach Geschlechtern getrenntes, Körper und Geist entspannendes Baderitual. In Studentenkreisen wird die gemischte Sauna eher praktiziert, jedoch auch hier ohne sexuellen Hintergrund.

Saunazeit in Finnland

Der traditionelle **Saunatag** ist auch heute noch der Samstag. In vielen Familien ist der Samstagabend für das Saunaritual reserviert. Freilich reicht eine Etagenhaussauna nicht für alle Saunaaspiranten aus, daher müssen einige auf andere Termine ausweichen. In Einfamilienhäusern und neueren Wohnhäusern mit eingebauter Einzelsauna kann man sich den Luxus erlauben, zu jeder beliebigen Zeit die Freuden des Schwitzbades auszukosten. Die meisten Stadtsaunas sind elektrisch beheizt, was ein Vorprogrammieren zum Aufheizen zu einer bestimmten Zeit erlaubt. Manche Saunaöfen lassen sich sogar über Telefonanruf einschalten.

Familien mit kleinen Kindern gehen meist gemeinsam in die Sauna, werden die Kinder jedoch älter und kommen in die Pubertät, wollen sie nicht mehr gemeinsam gehen und so gehen Väter mit Söhnen und Mütter mit Töchtern. Bei **Familieneinladungen** ist es recht häufig, dass der Gastgeber seinen Gästen einen Saunagang vorschlägt. Es wird eine Regelung getroffen, welches Geschlecht zuerst in den Genuss kommen darf. Es ist ein bekanntes Phänomen, dass gewöhnlich schweigsame Männer – die es unter den Finnen in nicht unbeachtlicher Anzahl gibt – in der Sauna richtig gesprächig werden. Gemeinsames Schwitzen verbindet scheinbar und löst die Zungen. Sich die Seele frei reden kann man viel leichter in der Sauna, wenn eine gewisse Gleichheit durch Nacktheit und gemeinsames Schwitzen entsteht – all dies freilich kombiniert mit der physischen Nähe und der „Heiligkeit" der Sauna. Finnische Männer rasieren sich gern nach der Sauna, weil die Haut dann am weichsten ist und die Nassrasur besonders leicht fällt.

Kinder werden schon als Babys mit in die Sauna genommen, für sie ist die Wärme und das Spielen mit Wasser immer eine fröhliche und ersehnte Beschäftigung. **Familiensaunas** sind immer an die Badezimmer anliegend gebaut, in denen selten Badewannen, oft jedoch mehrere Duschköpfe zu finden sind. Die Saunatür ist meist aus abgedunkeltem Glas oder Plexiglas und reicht nicht bis zum Boden, da die Hitze ohnehin nach oben steigt. Der Waschraum verfügt über einen gefliesten Boden, der leicht zu einem Abfluss hin geneigt ist. Die Dusche hat keine Duschwanne und keinen Vorhang, vielmehr ist der ganze Waschraum eine einzige Dusche. So kann man im gesamten Waschraum und der Sauna regelrechte Wasserschlachten veranstalten, was gerade für Kinder ein besonderer Genuss ist. Nach den Badefreuden wird das verbliebene Wasser am Boden einfach mit einer Art riesigem Scheibenwischer in den Abfluss „gekehrt".

In die Sauna gehen Finnen völlig unbekleidet und meist nass. Über die eigenartige und engstirnige Regel, die Saunagesellschaften deutscher und österreichischer Schwimmhallen oft aufstellen, nach der man nur trocken in die Sauna kommen darf, weil man ansonsten „den Anderen die Wärme wegnimmt", können Finnen bloß lachen. Schwitzen kann man zwar schneller, wenn man trocken in die Sauna geht, doch in Finnland wird nicht nach starren Regeln, sondern nach persönlichem Wohlbefinden sauniert. Für das Haar ist es außerdem besser, wenn es vor dem Saunagang befeuchtet wird. Sitzunterlagen werden meistens verwendet, wobei man

In der Sauna

Für den eigentlichen Saunagang gibt es keine Regeln. Erlaubt ist, was wohl tut, so lautet die einzige Regel. Wenn man finnische Gäste in eine österreichische Sauna mitnimmt, brechen sie beim Anblick der genauen Saunaregeln, die an jede Saunatür genagelt sind, entweder in Gelächter aus oder schütteln nur ungläubig den Kopf. Besonders fremd ist ihnen die gemischte Sauna. Gemeinsam mit Wildfremden unbekleidet in einem riesigen Saunasilo zu schwitzen – das entspricht gar nicht ihrer Vorstellung von Entspannung, zumal man sich bei solchen Saunagängen die oft wenig erheiternde Konversation eingefleischter Saunageher anhören muss. Das rote Lämpchen, dass einen Aufguss nur zu bestimmten Zeiten von einer bestimmten Person (oder noch schlimmer: maschinell über eine Einspritzdüse) erlaubt und bei dessen Brennen kein Mensch die Sauna verlassen darf, und sei er noch so sehr am Rande eines Kreislaufkollapses, finden Finnen meist abscheulich. Ebenso bringen sie der (Un)Sitte des Handtuchwedelns, um die warme Luft von oben auf die Schwitzenden hinunterzujagen, nur wenig Verständnis entgegen. Die Sauna hat in Finnland zwischen 80 und 90 °C. Aufgussmarathons bei über 100 °C finden die meisten Finnen höchst sinnlos. Davon ausgenommen sind noch am ehesten junge Männergruppen, die sowohl im Schwitzen als auch im Am-längsten-im-Schnee-Rollen-Wettbewerbe veranstalten.

Doch im Allgemeinen geht es in Finnland beim Saunieren um Wohlbefinden und nicht um Machogehabe. Was auch nichts mit Machogehabe oder masochistischen Tendenzen zu tun hat ist die finnische Sitte, sich und andere mit einem Bündel Birkenzweigen sanft zu schlagen. Die Prozedur regt die Durchblutung der Haut an und die freiwerdenden ätherischen Öle verbreiten einen angenehm frischen Duft. Im Sommer werden frische Birkenzweige gepflückt, zu einem nicht zu großem auf natürliche Materialien wie Flachs und Leinen zurückgreift und oft gröberes Material vorzieht. Neben der Sitzunterlage, die aber nicht immer benutzt wird, ist das einzige, was ein Finne in der Sauna braucht, ein Behälter Wasser für den Aufguss und eine Schöpfkelle.

Verschiedene synthetische Aroma- und Duftstoffe, wie sie in Mitteleuropa gern verwendet werden, sind der finnischen Sauna fremd. Die meisten Finnen meinen, dass solche Aufgusswasserzusätze der Haut eher Schaden zufügen, als ihr nützen. Hin und wieder fügen die Finnen dem Wasser Birken-, Tannen- oder Eukalyptusextrakte bei oder einige Tropfen Teeraroma. Alle diese Zusatzstoffe sind direkt der Natur entnommen und werden meist nur in Stadtsaunas gebraucht, in denen die Natur nicht gleich vor der Haustür ist.

Nach der alten finnischen Tradition nimmt das Familienoberhaupt oder der Ehrengast den **Aufguss** vor. Heute darf das jeder tun, allerdings muss er für seinen Aufguss auch die „Verantwortung übernehmen".

Die finnische Sauna-Urform, die **Rauchsauna,** ist bei Finnen wegen ihrer Bodenständigkeit und Tradition sehr beliebt und meist nur auf dem

Birkenquast zusammengebunden, vor Gebrauch in kaltes Wasser getaucht und über den heißen Ofensteinen geschüttelt. Dabei wird man ungebetene Besucher wie Blattläuse und ähnliches Getier los: Der von den Ofensteinen aufsteigende heiße Wasserdampf lässt auch sehr hartnäckige Birkenbewohner ihre Wohnstätte aufgeben. Bei diesem Vorgang fallen immer wieder einige Birkenblätter auf die Steine und fungieren dabei als Saunaaroma. Wer braucht da noch einen künstlichen Aromazusatz? Um nicht jeden Tag Birken malträtieren zu müssen, wird ein Saunaquast für mehrere Saunagängen verwendet. Vor dem Wintereinbruch legt man sich einen Vorrat an Birkenzweigen an, die entweder tiefgefroren oder getrocknet in die Wintersaison hinübergerettet werden. Diese Quasten legt man vor der Benutzung einige Zeit in heißes Wasser.

In letzter Zeit sind verschiedene Saunashampoos und Duschbäder sowie Gesichts- und Haarpackungen auf den Markt gekommen. Was aber die meisten Finnen eint ist ihre puristische Einstellung zur Sauna. *Saunahunaja,* „Saunahonig", der auf das Gesicht aufgetragen die Haut weich und geschmeidig macht, sowie verschiedene Waschprodukte aus *terva* (Baumteer) sind urfinnische Reinigungsmittel, die auch heute noch bei vielen Finnen als einziges Pflegemittel Eingang in die Sauna finden. Schließlich darf man diese schöne alte Tradition nicht mit allerlei modernem Firlefanz degradieren, der noch dazu im Gegensatz zu natürlichen Mitteln oft einen ungünstigen Einfluss auf Wohlbefinden und Gesundheit hat. Die finnische Sauna zeichnet sich durch ihre Naturverbundenheit und Einfachheit aus. Das sind die Grundwerte, die Finnen an ihrer Sauna so lieben. Die aus Teer gemachte Seife oder das entsprechende Shampoo verbreiten noch dazu einen Geruch, der an den Duft der urfinnischen Rauchsauna erinnert.

Land zu finden. Wenige Familien verfügen über eine selbst gebaute Rauchsauna, weil sie vor allem in der Reinigung aufwendiger und viel feuergefährlicher ist als Saunas mit geschlossenen Öfen. Rauchsaunas werden meist der Tradition entsprechend mit nur einem winzigen Fenster ausgestattet, daher ist es im Raum ziemlich dunkel, was beruhigend und geheimnisvoll wirkt. Die Tür ist quer durchgeschnitten, sodass man den unteren Teil öffnen kann, um vor dem Saunagang einmal zu lüften und so das beim Verbrennungsvorgang entstandene, für den Menschen gefährliche Kohlenmonoxid zu vertreiben. Nach dem Saunagang riecht man wie geräuchert.

Zum Ausgleich der Körpertemperatur folgt nach der schweißtreibenden Hitze der Sauna das **Abkühlen.** Einerseits kann dies mit den schon erwähnten Duschen erfolgen, andererseits geht man – wenn möglich – gerne an die frische Luft. Einfamilienhäuser werden in Finnland so gebaut, dass der Hintereingang vom Badezimmer aus leicht zugänglich ist. Wenn man am Wochenende am frühen Abend einen Streifzug durch finnische Einfamiliensiedlungen macht, sieht man oft krebsrote Figuren – meist in Bademäntel oder Badetücher gehüllt – auf Ruhestühlen im Garten sitzen, sommers wie winters. Die kühle Luft tut nach einem Saunabad immer gut.

Das Ferienhaus samt angeschlossener Blockhaussauna am See- oder Meeresufer hat einen Vorteil von unschätzbarem Wert: Man kann nach

039fn Foto: ih

der Sauna ins kühle Nass springen. Besonders Abgehärtete machen dies auch im Winter. Und da im Winter die finnischen Wasserflächen die meiste Zeit über zugefroren sind, nennt sich das Ganze **Eislochschwimmen.** Zugegeben: Eine harte Disziplin, der in Finnland eine beachtlichen Gruppe von Menschen auch ohne Sauna frönt. *Avantouinti* nennt sich der Spaß und ist so weit verbreitet, dass es sogar an Flüssen und Seen der Städte speziell dafür vorgesehene geheizte Umkleidekabinen und von der Stadt betriebene Zeltvorrichtungen und Heizanlagen samt Leiter gibt, die das erneute Zufrieren des Eisloches verhindern. An die atemraubende Kälte des Wassers gewöhnt man sich schneller, als man glaubt, und das prickelnde Gefühl nach kräftigem Abrubbeln mit dem Handtuch hat tatsächlich seinen Reiz. Aus eigener Erfahrung gesprochen: Fast könnte man es nochmals versuchen – aber eben nur fast.

Ein besonderes Erlebnis ist auch das **Wälzen im Schnee,** den es in Finnland im Winter in großen Mengen gibt. Neben dem Spaß, den man dabei hat, kommt die Durchblutung der Haut sichtbar kräftig in Gang.

Zwischen den Saunagängen lieben es Finnen besonders im Sommer, still auf der Veranda oder dem Steg zu sitzen, die Ruhe zu genießen und den ruhigen See zu betrachten. Ein himmlisches Gefühl, das jeden noch so wilden Choleriker für einige Minuten zum friedlichsten Menschen der Welt macht.

Wie oft man in die Sauna geht und wie man sich abkühlt, das ist Privatsache und wird nach eigenem Gutdünken und Wohlgefühl entschieden. Das **Bier** gehört jedenfalls zur Sauna dazu. Es steht gekühlt zwischen zwei Steinen im See oder im Kühlschrank bereit. Für diejenigen, die Bier nicht mögen, gibt es *siideri,* die finnische Variante des französischen Apfelweins *cidre* und auch dieses Getränk erfrischt herrlich. Oder man nimmt einfach Mineralwasser, von welchem man getrost auch mehrere Flaschen trinken kann, ohne ins Schwanken zu geraten. Nach der Sauna freut sich der Finne schon auf das Essen, das traditionellerweise aus gebratenen Würsten besteht. Und wie könnte es anders sein: Die Finnen haben sich auch eine eigene Wurst für diesen Fall zugelegt: *Saunamakkara,* ihres Zeichens **„Saunawurst“,** die gerne in Alufolie gepackt in die Sauna gelegt wird, wo sie wie die Saunierenden langsam im eigenen Saft schmort. Brot brauchen die Finnen zu einer Saunawurst nicht, Hauptsache, der Senf fehlt nicht. Herrlich sind zu so einem typischen Saunaessen ein frischer Pilzsalat aus selbst gesammelten Pilzen oder auch andere Salatsorten und natürlich das eiskalte Bier.

Eislochschwimmen ist etwas für Waghalsige

Ein- und Ausrichtung

Die Auswahl des Saunaofens und der Ofensteine will gut überlegt sein. Saunaöfen gibt es verschiedene, von denen sich in letzter Zeit der sich sofort aufheizende Elektroofen in Einfamilienhäusern großer Beliebtheit erfreut. Man kann schon wenige Minuten nach dem Einschalten die Saunafreuden genießen, da bei diesem Ofen ein Deckel über den Steinen angebracht ist, der erst geöffnet wird, wenn man in die Sauna geht. Durch ein bis zwei Aufgüsse erwärmt sich die Sauna genügend für ein ordentliches Schwitzbad. In Sommerhäusern mit Holz beheizten Öfen werden manchmal Saunaöfen verwendet, die aus einem riesigen, bis zu 2 Meter großen Metallzylinder bestehen, der mit Saunasteinen so angefüllt ist, dass im Inneren die Hitze zirkulieren kann. Für einen Aufguss wird ein Metalldeckel angehoben und das Wasser direkt in den Ofen gegossen. Durch die gute Wärmespeicherwirkung kann man nach der Abendsauna auch in der Früh noch mal ein mildes Schwitzbad genießen, ohne dass erneut eingeheizt werden muss. Dieser Typ des Saunaofens nennt sich *aito kiuas,* also „echter, ursprünglicher Saunaofen."

Manche Finnen schwören auf Saunasteine aus dem See vor dem Sommerhaus, für andere ist die Auswahl der Ofensteine ein kritischer Prozess. Spezialisten empfehlen dunkle Intrusionsgesteine, das heißt Erstarrungsgesteine, die aus den Tiefen der Erde in flüssiger Form in Hohlräume eindringen und dort erstarren.

Traditionelle Holzsorten, die für den Bau einer Blockhaussauna verwendet werden, sind Tanne, Kiefer, Erle und Espe. Gewisse Sorten haben eine starke Harzabsonderung wie zum Beispiel die Zirbelkiefer. In solchen Fällen muss das Holz ausgeräuchert werden, damit das Harz heraus schmelzen kann, ansonsten kann man sich während des Bades Brandwunden von tropfendem Harz holen. Ein wenig Harz, das aus den Saunawänden austritt und dort wie kleine Perlen schimmert, gibt der Sauna einen würzigen Duft. Zur Beheizung nimmt man, was einem der umliegende Wald anbietet und das ist in Finnland meist Birken- oder Tannenholz. Diese Sorten verbreiten einen angenehmen Duft und knistern fröhlich.

Sauna heute

Obwohl die Sauna heute für viele ihrer früheren Anwendungsformen nicht mehr genutzt und eigentlich nur noch zu Schwitzbädern gebraucht wird, ist es interessant für einen Nichtfinnen mitzuverfolgen, wie selbstverständlich sie **in den finnischen Alltag integriert** wird. So findet man zum Beispiel in Haushalts- und Frauenzeitschriften immer wieder Artikel darüber, dass man Flohmarkterwerbungen (der Flohmarkt und Second-Hand-Läden sind in Finnland seit der Wirtschaftskrise zu Beginn der 1990er Jahre weit verbreitete und beliebte Einkaufsstätten) wie Kleider und mit Stoff überzogene Möbel einige Zeit lang in der heißen Sauna lassen soll, um sämtliche unerwünschte tierische Untermieter zum Abschied zu bewegen.

Heute haben Unternehmen oft eine eigene **Firmensauna,** in die sie vor allem ausländische Geschäftspartner gerne mitnehmen. Harte Verhandlungspartner lassen sich ausgezeichnet erweichen, wenn man sie „in den Schwitzkasten nimmt". Außerdem eignen sich Saunas – vor allem, wenn sie mit einem schöngestalteten Kamin- und Ruheraum verbunden sind – sehr gut für Repräsentationsveranstaltungen und die Pflege von Geschäftsbeziehungen. Sie werden oft auch dazu verwendet, nach anstrengenden Geschäftsverhandlungen die Angelegenheit in einer entspannten Atmosphäre abzuschließen.

Auch zur Einfamilien- und Ferienhaussauna gehört im Idealfall ein Kaminraum mit Ruhestühlen, die zum Seele-baumeln-lassen einladen.

Allerlei Literatur lässt sich in Finnland dazu finden, wie man eine solche Selbstverständlichkeit wie die finnische Sauna ausländischen Gästen nahe bringen soll. Unter Umständen erschrecken Fremde, wenn sie gleich bei der ersten **Privateinladung in die Sauna** geschleppt werden. Oft wird Sauna mit Zwielichtigkeit verbunden, weil in vielen Großstädten Sauna und Freudenhaus sich in ihrer Bedeutung überlappen. Andererseits mögen eben nicht alle vor fremden Leuten völlig unbekleidet paradieren. Finnen weihen Ausländer gern in ihre Saunarituale ein und sind glücklich darüber, wenn man diese genießt. Kein Finne wird beleidigt sein, wenn man aus Schamgefühl das große Badetuch auch in der heißen Sauna nicht ablegt und den abhärtenden Freuden des Eislochschwimmens entsagt. Die Faustregel ist: Sauna soll für jeden angenehm und unverkrampft sein.

Die Sauna ist in Finnland auch in institutionalisierter Form zu finden: Seit 1937 gibt es die **Finnische Saunagesellschaft,** die sich die Bewahrung und Pflege der finnischen Saunakultur zur Aufgabe gemacht hat und falsche Auffassungen über die Sauna zurechtrücken will. Sie umfasst auch einen internationalen Saunabund und den Forschungsverein der Finnischen Sauna. Die Saunagesellschaft hat rund 3100 Einzelmitglieder und sechs Vereine, die samt und sonders Mitglied der Gesellschaft sind, und betreibt ein Saunahaus in Helsinki. Ursprünglich war die Saunagesellschaft ein Männerklub, der aus patriotischen adeligen Ärzten bestand. Heute sind 30 Prozent der Mitglieder weiblich.

040 Foto: ih

Das **Saunahaus,** in dem mehrere Saunas - einschließlich Rauchsaunas - und eine Sauna zu medizinischen Forschungszwecken betrieben werden, wurde 1952 in Vorbereitung auf die Olympiade in Helsinki gebaut,

Die NASA mietete sich 1959 in das Saunalabor ein, um die Einflüsse der Hitze auf den menschlichen Körper, wie sie beim Wiedereintritt in die Erdatmosphäre wirken, zu erforschen. Die Saunagesellschaft publiziert ein eigenes Magazin namens „Sauna" und organisiert jedes vierte Jahr einen internationalen Saunakongress, der 2002 in Zürich gehalten wurde und 2006 in Finnland stattfinden wird.

Seit 1986 ist der 2. Samstag im Juni der **Feiertag der Sauna,** reserviert für die Beweihräucherung dieser finnischen Nationalinstitution.

1983 wurde in Muurame nahe der mittelfinnischen Stadt Jyväskylä ein **Saunamuseum** eröffnet. Es handelt sich dabei um einen großen Park, in dem die Entwicklung der finnischen Sauna anhand 30 alter Rauchsaunagebäude vor Augen geführt wird. Die älteste dieser Saunas stammt aus Lappland aus der Zeit des 18. Jahrhunderts.

Globale Verbreitung

International bekannt wurde die finnische Sauna durch den **Sport.** Bei den Olympischen Spielen 1924 in Paris führten die Finnen ihre mitgebrachte Sauna der internationalen Sportlergemeinschaft vor. Der ausgezeichnete Erfolg von finnischen Läufern wie *Paavo Nurmi* wurde mit der Wirkung der Sauna in Verbindung gebracht - Doping durch Hitze sozusagen. In den USA schrieb eine Bostoner Tageszeitung, *Paavo Nurmi* sei deshalb so widerstandsfähig, ausdauernd und schnell wie der Wind, weil er die Sauna mehrmals in der Woche frequentiert. So wurde auch das Wort *sisu,* das typisch finnische Zähigkeit und Ausdauer bedeutet, international bekannt.

Auch die **Pfadfinder** trugen zum Bekanntmachen der finnischen Sauna bei. 1935 wurde beim internationalen Pfadfindertreffen, genannt Jamboree, im ungarischen Gödöllő von finnischen Pfadfindern eine Zeltsauna errichtet und betrieben.

In den 30er Jahren des 20. Jahrhunderts entdeckte man auch im deutschen Sprachraum langsam die Vorzüge der finnischen Sauna. Es wurde öffentlich darüber diskutiert, ob der Artikel der Sauna „die" oder „das" sein sollte.

Von finnischer Seite wurde auf das internationale Interesse mit der Gründung der Finnischen Saunagesellschaft reagiert. 1938 war das Thema der finnischen Abituraufsätze „Die finnische Sauna".

Doch als auf dem **Weltmarkt** die Nachfrage nach Saunas begann, war die finnische Industrie nicht vorbereitet. So vermarkteten Schweden und Deutschland die finnische Idee und verkauften Saunaöfen und Fertigteilsaunas. Für viele Finnen erscheint es als Sakrileg, dass Fremde das finnische „Heiligtum" so profitorientiert vermarkten. Heute ist auch Finnland auf den Zug aufgesprungen und verkauft qualitativ hochwertige Öfen und Saunautensilien in viele Länder der Welt. Auch weltweit hat man nämlich entdeckt, dass man nirgends so sauber wird wie in der Sauna, in der man sich sogar die Sünden von der Seele waschen kann ...

Aspekte der Ferne: „Du" versus Redeabstand

Ein finnisches Brüderpaar sieht sich nach langen Jahren in der Wildnis wieder. Nachdem sie bei der zweiten Flasche „Koskenkorva"-Wodka angelangt sind, fragt der eine Bruder: „Und - wie geht es dir?" Darauf antwortet der andere: „Bist du zum Reden hier oder zum Trinken?"
(Finnische Anekdote)

Bertolt Brecht stellte in seinem Gedicht „Finnische Landschaft" fest, dass die Finnen in zwei Sprachen - Finnisch und Schwedisch - schweigen. Heute könnte man sagen: in fünf Sprachen, denn die drei saamischen Sprachen sind in einigen Teilen Lapplands seit 1992 dritte offizielle Landessprachen. In vielen Reiseführern und Finnland-Büchern liest man, die Finnen seien kühl, schweigsam und distanziert. „Der schweigsame Finne" ist ein Stereotyp geworden. Was steckt hinter dieser Ansicht? Eine eindeutige, vollkommen befriedigende Antwort kann darauf kaum gegeben werden, denn „den" Finnen gibt es nicht, jede Nation besteht aus

Ob der Saunawichtel tatsächlich so aussieht?

Individuen, die in ihren Eigenschaften mitunter sehr stark voneinander abweichen. Fest steht jedenfalls, dass die Deutung des Schweigens oder der Wortkargheit im Ermessen des Betrachters liegt: Ein Mangel an Kommunikation wird von Mitgliedern gesprächigerer Kulturkreise oft als Desinteresse, Ablehnung, Feindseligkeit, Inkompetenz und unterdrückte Spannung gedeutet. Zu Unrecht, denn dies alles bedeutet es in Finnland überhaupt nicht.

Der **Redeabstand** zwischen finnischen Gesprächspartnern beträgt mindestens einen halben Meter und ist somit bis zu 20 Prozent größer als im deutschen Sprachraum. Während des Gespräches ist es unüblich, einander zu berühren. Die Autoren haben selbst – vor allem in Konversationen mit männlichen Gesprächspartnern – die Erfahrung gemacht, dass der Augenkontakt durchschnittlich öfter als im deutschen Sprachraum vermieden wird. Das Fehlen bestätigender Gesprächspartikel wie „aha", „mhm" etc. kann im Gespräch mit Finnen manchmal irritierend wirken und am Interesse des Gesprächspartners zweifeln lassen. Genauso wie die Worte fallen auch Gestik und Mimik eher karg aus.

Ein kurzer Händedruck beim **Begrüßen** ist üblich, wenn auch nicht zwingend. Umarmungen werden vor allem unter der urbanen Jugend verteilt und sind ein eher neues Ritual, Küsse auf Wange und Mund sind jedoch völlig unüblich. Das Umarmen und Küssen von politischen Partnern in der Sowjetzeit ist in Finnland immer mit Erheiterung und Irritation aufgenommen worden.

Wortkargheit wird von Ausländern allgemein bei finnischen Männern festgestellt. Durch die mangelnde Redefreudigkeit wiegt dann das Wort aber auch mehr: **Gesagtes gilt** und wird ernst genommen. Umgekehrt braucht hinter dem Gesagten aber auch nicht nach versteckten Bedeutungen gesucht zu werden: Finnland ist ein Land mit einer Kultur des „niedrigen Kontextes", d. h., ein gesagtes Wort ist eine übergebene Nachricht, nicht mehr und nicht weniger.

Wie anhand von **öffentlichen Diskussionen** im finnischen Fernsehen beobachtet werden kann, wirkt das finnische Gespräch eher statisch und monologisch. Eine Wortmeldung folgt der anderen, Unterbrechen und Dazwischenreden gilt als unhöflich und respektlos. Eine Debatte oder Diskussion während eines privaten Gespräches wird schnell als Angriff auf die Privatsphäre empfunden.

Small talk wird selten betrieben und lange Gesprächspausen sind den Sprechenden nicht peinlich. Wie die finnische Wortkargheit von Ausländern, so wird auch die ausländische Redseligkeit von den Finnen mit Verwunderung betrachtet und interpretiert: Weitschweifigkeit gilt in Finnland als suspekt und vertrauensunwürdig.

Mauno Koivisto, einer der früheren Präsidenten Finnlands, kann fast als Prototyp des schweigsamen Finnen herhalten. Ungern zeigte er sich bei Pressekonferenzen und seine raren Worte fielen immer langsam und bedächtig aus. Ob er wohl deshalb so beliebt war? Immerhin erzielte er bei seiner ersten Wahl 70 Prozent der Stimmen.

Interessant ist, dass in der geschlossenen Umgebung der Sauna die Wortkargheit oft auf einen Schlag verschwindet. Sobald die Hüllen fallen, öffnen sich bei so manchem eingefleischten „Schweiger" die Dämme des Redeflusses. Auch der Alkohol scheint ein Schweigensbrecher zu sein.

Zum **Lachen** hat der Finne mittlerweile ein gesundes Verhältnis. Doch das war nicht immer so. Nach alter puritanischer Bauernethik ist nämlich ein Mann, der lacht, unehrlich oder nicht ganz richtig im Kopf. Lachende Menschen galten als zügellos und genusssüchtig, während ein ernstes, asketisches Leben gepriesen wurde. Heutzutage sind humoristische Elemente in den Medien sehr gefragt: Gelächter ist salonfähig geworden.

Allgemein bekannt ist die Tatsache, dass Finnen über den **Umweg des Mobiltelefons** sehr kommunikationsfreudig sind. So manchmal sieht man in Bars einsame Figuren am Tresen sitzen und in ihr Handy sprechen oder noch trauriger: Textnachrichten schreiben. Finnland hat die höchste Dichte an Mobiltelefonen in der Welt, Nokia ist einer der größten Erzeuger kommunikationstechnischer „Spielereien" und das Übersenden von Textnachrichten per Mobiltelefon eine finnische Erfindung.

Die Bewegung der Fennomanen, die die finnische Kultur profilierte und um 1870 ein politisch verwendbares Finnlandbild zu schaffen versuchte, brachte die **Idee von einem gemeinsamen Volkswillen** auf. Der in der Folge des Japanischen Krieges in Russland 1905 ausgerufene Generalstreik griff auch auf Finnland über und an die Stelle des Ständestaates traten das allgemeine Wahlrecht und das Einkammerparlament. In dieser Zeit entstand unter dem Einfluss von Volksbewegungen, die das Kollektiv als dem Individuum übergeordnet ansahen, ein starker Zusammenhang zwischen Kollektiv und Staatsangehörigkeit.

1918 wurden das Land und die nationale Zusammengehörigkeit von einem Bürgerkrieg erschüttert, der durch die politische Linke und Rechte das Land entzweite. Dieser Konflikt wurde zur schwelenden Wunde des Landes, die zu einem nationalen Trauma ausgewachsen ist und aufgrund dessen die **Konfliktvermeidung** innerhalb des Landes eine innenpolitische Vorgabe geworden ist.

Starke Unterschiede werden in Finnland vermieden. Es gibt **keine Hierarchien auf sozialer und kultureller Ebene.** Daher ist es auch möglich, dass beispielsweise ein Universitätsprofessor und ein Bauarbeiter sich weder äußerlich (also ihrer Kleidung nach) voneinander unterscheiden

Nationalliteratur

Eine Erklärung für die Wortkargheit der Finnen kann die historische Entwicklung des finnischen Selbstverständnisses sein. *Zacharias Topelius,* Schriftsteller und Historiker, der im 19. Jahrhundert mit seinen Publikationen großen Einfluss auf das Selbstverständnis der Finnen hatte, meinte in seinem Buch „Boken om vårt land" („Das Buch von unserem Land", 1875 auf Schwedisch erschienen, wie auch der Rest seiner Publikationen), dass aufgrund eines Gott gegebenen „Stempels" die Finnen einander in Aussehen und Charakter sehr ähnlich seien. Dieses Buch und seine finnische Übersetzung erschienen in der Folge in sechzig Auflagen, die bis in die 1940er Jahre als Lesebuch für die Volksschule gebräuchlich waren. Die Werte und Eigenschaften des finnischen Volkes, die *Topelius* in seinem Werk beschreibt, prägten die Leser Generationen hindurch.

noch einander aus dem Weg gehen. Konfliktvermeidung und demokratischer Respekt machen eine Begegnung sehr unterschiedlicher Menschen auf einer Ebene der Gleichheit möglich.

Diese Homogenität der finnischen Kultur und das Selbstverständnis aus dem **kollektiven Gefühl** heraus hat es wohl auch möglich gemacht, dass sich Finnland nach dem Zweiten Weltkrieg so schnell erholt hat. Ebendiese Homogenität führt möglicherweise auch zu der Sparsamkeit sprachlichen Ausdrucks, da mündliche Artikulation einen Teil des Individuums preisgibt und es so aus dem Schutz des Kollektivs herauslöst.

Je mehr Worte, um so mehr **Preisgabe des Individuums** also. Jeder, der sich frei selbst verwirklichen möchte, sieht sich einer Art von **gesellschaftlichem Druck** des Kollektivs gegenüber und diese Spannung kann mitunter auch Ursache von Depression, Alkoholismus und Selbstmord sein.

Die hohe **Selbstmordrate** (rund 30 Selbstmorde pro 100.000 Einwohner im Jahr 1998 und ca. drei- bis viermal so viele Versuche, während es in Schweden „nur" rund 14 Fälle pro 100.000 Personen waren) hat wohl ihre Hauptursache in Einsamkeit, Alkoholismus und Depression, die einander oft bedingen. Vor allem finnischen Männern scheint es schwer zu fallen, über Probleme offen zu sprechen: 80 Prozent der Selbstmörder sind Männer zwischen 35 und 55 Jahren. Im Jahr 2002 begingen in Finnland 1095 Personen Selbstmord, davon 824 Männer und 271 Frauen. In Lappland ist die Arbeitslosigkeit die primäre Ursache für Depression, Alkoholismus und Selbstmord. Vor allem der Zusammenbruch der Sowjetunion und mit ihr der Wegfall des bedeutendsten Absatzmarktes für viele finnische Güter, hatte große Auswirkungen auf die Arbeitsmarktsituation und verursachte in kürzester Zeit rund 1 Million Arbeitslose. Der Monat November, die dunkelste Jahreszeit, ist eine Spitzenzeit für Selbstmorde.

Nach dem Zweiten Weltkrieg bis in die 1970er Jahre gab es in Finnland eine immense Landflucht, die die Städte explodieren ließ und **neue Strukturen des Zusammenlebens** schuf. Ein engeres Zusammenleben mit Nachbarn, die man aber hinter geschlossenen Türen kaum zu Gesicht bekam, ließ viele Finnen in die Falle der völligen Abgeschiedenheit und des Fehlens sozialer Netze tappen und diese Faktoren begünstigen Selbstmorde im urbanen Raum.

Ein weiterer Aspekt der finnischen Gleichheit ist das **Verschwinden des Siezens** aus der Sprache. Das Vorbild dazu ist die schwedische Sprache und deren in den 60er Jahren des 20. Jahrhunderts eingeführte Gebräuchlichkeit der Anrede mit „du" hat sich sehr schnell in Finnland durchgesetzt. Obwohl seit den 1990er Jahren wieder ein verstärkter Gebrauch der höflichen Anrede bemerkbar ist, wird das Duzen auch zwischen Chef und Angestelltem, zwischen Student und Professor als normal betrachtet. Die Anrede mit dem Vornamen folgt rasch auf das Kennenlernen und ist mit keinem Ritual verbunden. Man duzt sich automatisch, vorheriges Zuprosten oder Anbieten des „Du" ist nicht üblich.

Vor allem im urbanen Finnland ist heute eine Jugend im Heranwachsen, die international eingestellt, selbstsicher, kontaktfreudig und individualistisch ist. Diese **neue Generation** wird das Land über kurz oder lang zu einer Gesellschaft mit neuen Werten machen. Laut einer Studie, die in Finnland 2003 durchgeführt worden ist, haben junge Finnen heute einen viel größeren Freundeskreis als noch ihre Eltern. Dies kann man laut der Studie auf die Verbreitung von Kindergärten ab den 1960er Jahren zurückführen.

Die natürlichen Gegebenheiten des Landes, die klimatischen Bedingungen werden gern zur **Erklärung der finnischen Schweigsamkeit** und Distanziertheit bemüht. Eines ist sicher: Die Finnen sind es gewohnt, Platz zu haben. 338.000 km^2 groß – fast so groß wie Deutschland – ist ihr Land, hat aber nur 5 Millionen Einwohner. Fast 78 Prozent der Bevölkerung konzentriert sich auf die urbanen Zentren des Landes, die größtenteils im Süden liegen. Während in Lappland die Bevölkerungsdichte bei 2,2 Personen pro km^2 liegt, ist sie in Uusimaa, der Provinz, die auch Helsinki umfasst, 130 Personen pro km^2.

Einsamkeit ist in Finnland nicht immer negativ besetzt. Kataloge für das Vermieten von Sommerhäusern an Seen geben in einer eigenen Kategorie die Nähe zum nächsten Haus an. Sagt der Text: „Kein Nachbar in Sichtweite", so ist das Glück perfekt. Hat die Wortkargheit der Finnen damit zu tun, dass Finnen gewohnt sind, viel Platz zu haben und alleine zu sein? Eine mögliche Erklärung wäre es jedenfalls, völlig befriedigend ist sie aber nicht, da bei Nachbarnationen mit ähnlichen natürlichen Gegebenheiten andere Kommunikationskulturen beobachtet werden können. Im Vergleich zum deutschen Sprachraum spricht man in skandinavischen Ländern allgemein weniger, Finnen selbst stellen jedoch fest: In Sachen Schweigen übertreffen sie alle ihre Nachbarn.

Das Schweigen mag – zumindest unter den Saamen – auch einen anderen Grund haben. Der lange Zeit über als Nomaden lebenden Volksgruppe, die weit verstreut in Russland, Norwegen, Schweden und Finnland ihr Auskommen suchte, sagt man nämlich **telepathische Kräfte** nach. Tatsächlich ist vor allem in Nordfinnland das Phänomen des *etiäinen* ein Begriff. Dabei handelt es sich um eine Vorahnung, eine Art Omen, die beispielsweise die saamische Hausfrau immer zur richtigen Zeit, gerade zur Ankunft des nicht angemeldeten Gastes den frischen Kaffee auf den Tisch stellen lässt. Und wo man gedanklich kommuniziert, dort ist das gesprochene Wort wohl überflüssig. Die finnische Erfindung der Textübertragung via Mobiltelefon, die SMS – so könnte man den Gedanken weiter spinnen – ist sozusagen die moderne technische Form der Gedankenübertragung.

Zwischen den germanischen und slawischen Sprachen in der Nachbarschaft ist Finnland als Mitglied einer anderen Sprachfamilie isoliert. Dieses **Inseldasein** gemeinsam mit den rauen Wetterbedingungen und den langen, dunklen Wintern hat sicherlich einigen Einfluss auf die Bevölkerung, wiewohl sie nicht allein zur Erklärung der „finnischen Eigenarten" herangezogen werden sollte. Der Finne sagt jedenfalls: „Ich fahre nach Europa", und meint damit zum Beispiel eine Reise nach Deutschland.

Der Tango

Argentinien und Finnland. Zwei Länder, so unterschiedlich wie Tag und Nacht. Und doch haben sie eine Gemeinsamkeit: den Tango. Doch während argentinische Tanzpaare in einem kantigen Miteinander voll knisternder Erotik verschmelzen, weint die finnische Form des Tango voller Melancholie der Vergangenheit, verlorener Liebe oder einem unerreichbaren Paradies nach.

Der Tango hat sich **der finnischen Seele angepasst.** Aus den Vorstädten von Buenos Aires, wo er um die Wende vom 19. zum 20. Jahrhundert geboren wurde, brachten ihn Musiker zu Beginn des 20. Jahrhunderts nach Paris. Der Tango entstand im Armenmilieu und wurde oft in

Im Sommer werden in Pavillons und früheren Ställen oft Tanzabende veranstaltet zwielichtigen Lokalen europäischer Großstädte getanzt. Daher wurde er von der Oberschicht anfangs in Europa ungern gesehen. Trotzdem ließ sich seine Verbreitung nicht aufhalten. So gelangte er auch nach Finnland, wo er in Tanzlokalen getanzt und in Tanzschulen unterrichtet wurde. Von manchen finnischen Musikern wurde er zu Beginn jedoch mit Skepsis und ein wenig Häme betrachtet. Davon legt der erste finnischsprachige Tango Zeugnis ab, in dem *Iivari Kainulainen* 1915 Finnland unterstellt, die französischen Moden nachzuäffen. Er beklagt sich darüber, dass überall nur mehr Tangomelodien zu hören sind: „Tag und Nacht macht man heute den Tango hier. Bald schon wird er auch in den Schulen unterrichtet werden. Und weil er ja in Frankreich gelehrt wird, wie könnte da Finnland ohne Tango auskommen?" *Kainulainen* passt den Text dieses Tangos auf typisch finnische Weise an, indem er das Wort „Tango" in *Tanko* umwandelt. Den harten Konsonanten k, p und t kommt in der finnischen Sprache eine Sonderstellung zu und sie werden in Wechselwirkung mit ihren weichen Partnern g, b und d gebraucht.

Der Tango setzte seinen **Siegeszug** durch Finnland fort. Man hielt sich dabei nicht an ursprünglich argentinische Vorbilder, sondern übernahm die „abgepufferte" Form aus Deutschland. Diese etwas kitschigen, so genannten „Konditoreitangos" hatten musikalisch gesehen einen romantischeren Stil als die kampflustige argentinische Art. Die Finnen gaben der deutschen Form neben ihrer eigenen Sprache auch musikalisch eine neue Richtung: Marschähnliche Dynamiken passten den Tango an finnischen

041fn Foto: ih

Geschmack an. Während der Tango anfangs vor allem von Liebe in warmen, exotischen Ländern erzählte, begann man ab den 1930er Jahren inhaltlich finnischen Bildern und Schicksalen nachzugehen. Der 1936 von *Georg Malmsten* gesungene Tango „Lumihiutaleita" war der erste, der nordische Bilder in den Tango einführte: „Schneeflocken" heißt das Lied übersetzt. Sogar einen Tango aus dem hohen Norden namens „Lapin Tango" („Lappländischer Tango") haben die Finnen eingespielt. Typische Instrumente eines finnischen Tangoorchesters waren Akkordeon, Schlagzeug und Bassgitarre, wobei das Akkordeon wehmütige Solopassagen übernahm.

Doch noch hatte der Tango seine finnischen **Sternstunden** nicht erreicht. Eigenartigerweise brachte diese der Zweite Weltkrieg mit sich. Im Winterkrieg und im Fortsetzungskrieg, aus denen Finnland als Verlierer hervorging und einen Teil seines Landes an die Sowjetunion abtreten musste, standen nämlich Geschichten über Sehnsucht, Trennung und verlorenes Glück hoch im Kurs. Der finnische Tango traf diesen Nerv ganz genau. „Siks' oon mä suruinen", „Darum bin ich traurig" ist ein typisches Beispiel dafür. Der Sänger *Olavi Virta* verlieh der Musik zu diesem Tango, der von *Toivo Kärki,* einem Artilleriesoldaten, komponiert wurde, seine Stimme. Die wehmütige Musik und der Text, der von einer schönen, verlorenen Zeit erzählt, rührten das geschlagene Nachkriegsfinnland in seinem Innersten.

Wie konnte der wehmütige Kriegstango in die sich rasch entwickelnde und verändernde Gesellschaft hinübergerettet werden? Bis in die 1960er Jahre war Finnland ein Agrarstaat. Der Großteil der Bevölkerung lebte auf dem Land, die Urbanisierung setzte erst langsam ein. Der **Tango geriet im urbanen Raum langsam in Vergessenheit,** weil er das Genre der Traurigkeit und Melancholie repräsentierte, das während des Wiederaufbaus und des Wirtschaftsaufschwungs nicht mehr von Interesse war. Auf dem Land wurden Tangos jedoch weiterhin gehört und machten einen Teil des Alltagslebens aus. Es kamen aber kaum neue Tangos nach und in den Hitlisten gab es Anfang der 1950er Jahre keine Tangoaufnahmen.

Schon 1952 war jedoch ein **Wiederaufleben** des Tangos bemerkbar, was auf den **internationalen Trend** zurückzuführen ist, der beispielsweise im Deutschland und Amerika dieser Zeit den Tango in die Hitparaden eingehen ließ. Fleißigst wurden wieder **neue Tangos komponiert.** Diese sind in ihrem Stil schon anders, weil sie durch die Berührung mit Rock 'n' Roll und Beat-Rhythmen einen neuen Drall erhielten. International bekannte Tangos wurden mit Begeisterung ins Finnische übersetzt. In dieser Zeit war *Olavi Virta* der erfolgreichste Unterhalter der Nation. Er ist der „Finnische Tangokönig", der mit seinem 1953 herausgekommenen Tango

„Täysikuu" („Vollmond") einen Superhit landen konnte. Bis zum Ende der 1950er Jahre war er sehr populär und wurde sogar als finnisches Gegenstück zu *Frank Sinatra* bezeichnet, später begann sein Abstieg aufgrund von Alkoholexzessen, die schließlich 1972 zu seinem Tod führten.

In den 1950er Jahren wurde es immer deutlicher, dass ein Tangosänger in Finnland gute Chancen hatte, es zu Ruhm und Anerkennung zu bringen. Texte und Interpreten gewannen an Wichtigkeit, die melancholischen Themen der finnischen Tangos verlangten nach Personen, die diese glaubwürdig dem Publikum vortragen konnten. Einer dieser **Künstler** war *Unto Mononen,* der große Tangokomponist und -texter Finnlands. 1962 wurde sein Tango „Satumaa" („Märchenland") von *Reijo Taipale* gesungen aufgenommen und dieser Tango wurde zur zweiten Hymne Finnlands. Durch *Mononen* kam es zu einer neuerlichen, wenn auch kurzen Blütezeit des Tangos. Die Musikindustrie verkaufte mehr Tangoplatten denn je und das Publikum verlangte, dass ihre Lieblingsbands und -sänger bei Konzerten nur Tangos spielten.

Doch schon 1965 wurde Finnland vom Beatles-Fieber heimgesucht und wie Pilze schossen finnische Bands, die mit elektrischen Gitarren der neuen Musik frönten, aus dem Boden. Wieder war es die Landbevölkerung, die nicht mithalten wollte. Nördlich der Städte Vaasa und Kouvola zog sich quer durch das Land eine Linie, die Finnland in **Beatles-Finnland und Tango-Finnland** teilte. Im Norden spielten die Interpreten ihre Tangos in konservativen Anzügen, weißen Hemden und Krawatten, die Haare mit Brillantine zurückgekämmt; im Süden gaben die Bands die neue Musikform in farbenfroher Hippiekleidung und langer Haarmähne zum Besten. Langsam, aber sicher verschob sich diese Grenze jedoch immer weiter nach Norden. Der Wirtschaftsaufschwung und die verstärkte Öffnung Richtung Westen verbreitete die neue Musik immer weiter. Der wehmütige alte Tango wurde belächelt und als vergangen abgetan. Tangoparodien karikierten die großen Gefühle, die der Tango einst hervorrufen wollte.

Finnland wäre aber nicht Finnland, wenn die Geschichte so einfach geendet hätte. Denn schon in den 1980er Jahren erklang der Tango wieder in den Tanzlokalen, diesmal jedoch von jungen Interpreten in Lederjacken gesungen, die den alten Hits poppige Töne verliehen. Statt des Akkordeons spielte nun die Elektrogitarre das Solo. „Itämaista rakkautta" („Orientalische Liebe") war 1984 der erste Tango, der mit Beatrhythmen arbeitete und **Altes und Neues erfolgreich mischte.** Schon 1936 war dieser Tango aufgenommen worden und bis zur Einspielung von 1984 gab es ihn in mehreren Versionen auf dem finnischen Plattenmarkt. *Topi Sorsakoski* und seine Band „Agents" gaben mit dieser neuesten Version den Startschuss für einen neuerlichen Boom des Tangos ab.

Seinäjoki – Führende Tangostadt der Welt

Im Zuge des neuen Tangobooms gibt es seit 1985 in der ostbottnischen Stadt Seinäjoki ein Tangofestival, das heute bereits international bekannt und beliebt ist. Ostbottnien ist in Finnland als Wilder Westen bekannt und das Festival macht Seinäjoki einerseits zur zweiten Tangoweltstadt nach Buenos Aires, andererseits trägt es zur Reputation Ostbottniens als etwas seltsam und ungewöhnlich bei. Rund 100.000 Besucher lauschen jährlich im Sommer wehmütigen Tangoklängen und krönen beim Gesangswettbewerb eine Tangokönigin und einen Tangokönig. Dieses Ereignis wird live vom finnischen Fernsehen übertragen und sogar internationale Fernsehstationen berichten darüber. Auch einen Tangotanzwettbewerb gibt es im Zuge des Festivals. Dass man sich in Finnland darüber bewusst ist, wo die Wurzeln des Tangos liegen, beweist der regelmäßige Auftritt argentinischer Künstler beim Tangofestival. 1995 wurde in Seinäjoki das Olavi-Virta-Tangomuseum eröffnet. Es umfasst eine Ausstellung über die Geschichte und Entwicklung des argentinischen und finnischen Tangos und ein Archiv. Buenos Aires und Seinäjoki unterschrieben übrigens im Jahr 2000 ein vertragsähnliches Dokument, das die beiden Städte zu Welttangostädten machte. Der Bevollmächtigte von Seinäjoki besiegelte bei seinem Besuch in Buenos Aires den Vertrag mit einem Kuss auf die Wange der Kultursekretärin der argentinischen Hauptstadt. Die Ausformulierung dieser Zusammenarbeit war jedoch ein kleiner Kompromiss für die Finnen: Die Ostbottnier hatten zuerst eine Version präsentiert, nach der die Städte „die führenden Metropolen des Tangos" wären. Die argentinischen Delegierten gaben jedoch zu bedenken, dass bei einer Population von rund 29.000 wohl kaum von einer Metropole gesprochen werden könnte. Die Enttäuschung der Seinäjoki-Tangobegeisterten über die neue Formulierung als „führende Tangostadt der Welt" wurde dadurch wett gemacht, dass Buenos Aires sich einverstanden erklärte, für die Reisekosten der argentinische Tangokünstler aufzukommen, die beim Tangofestival in Seinäjoki auftreten wollten. So ist das Ganze auch für die finnischen Veranstaltern von Vorteil.

Seit der Unterzeichnung dieses Vertrages scheinen sich die Argentinier vom finnischen Tango etwas bedroht zu fühlen. Der damalige Präsident *Fernando de la Rua* zeigte sich Ende 2000 so besorgt über den Status des Tango, dass er vorschlug, dieses Kulturgut auf die Liste des Weltkulturerbes der Unesco zu setzen. Die „Chicago Sun-Times" berichtete daraufhin, dass der Präsident so reagiert hätte, weil er die Konkurrenz aus Finnland befürchtete, die dem argentinischen Tango seinen Platz streitig machen würde. „Ilta-Sanomat", die finnische Entsprechung des amerikanischen Boulevardblattes, titelte daraufhin mit „Krieg der Tangos!" und prophezeite eine argentinisch-finnische Diskussion um diesen Tanz. Diese ist freilich bis zum heutigen Tag ausgeblieben und es scheint, die ganze Aufregung war ein Sturm im Wasserglas.

Bis Oktober 2004 lief mit Unterstützung des Europäischen Fonds für regionale Entwicklung ein Projekt namens **„Tangozentrale"**, das die finnische Tangoszene zentral zu koordinieren und zu leiten versuchte. Nicht alle sind mit einer zentralisierten Leitung der Tangoszene einverstanden, da man um das Verschwinden authentischer kleiner Orchester bangt und eine allzu große Vereinheitlichung der Szene fürchtet. Finnischer Tango wird auch heute gerne in Tanzlokalen und im Radio gespielt. Die Akkorde in Moll, das Akkordeon, das wehmütig den traurigen Text begleitet und das Fehlen der Synkopen haben aus dem argentinischen einen ganz eigenen finnischen Tango gemacht, der die finnische Seele widerspiegelt. Dies alles bietet einen Kanal zum Schwelgen in der Melancholie, ein Ventil für die Traurigkeit und eine willkommene Möglichkeit, Gefühle auszudrücken – was den Finnen sonst oft schwer fällt.

Die **zentralen Themen,** um die ein Tangotext kreist (ausgenommen die der Tangoparodien), sind Liebe, Schmerz, Natur und ländliche Umgebung. Viele Tangos sind Ausdruck von Heimweh oder einer Sehnsucht nach einem märchenhaften Land des Glücks. „Satumaa", *Unto Mononens* Sehnsuchtstango, der von einem entfernten Paradies erzählt, in das nur Vögel gelangen können, gilt als zweite Hymne des Landes, die manche sogar ins Gesangsbuch der finnischen-lutherischen Kirche aufnehmen lassen wollen. Dass Tango immer etwas mit einer unvergänglichen, unheilbaren Traurigkeit zu tun hat, scheint die Tatsache zu bestärken, dass einige Tangointerpreten und -komponisten ein trauriges Ende gefunden haben. *Unto Mononen* erschoss sich 1968, der Tangokönig des Jahres 1994, *Sauli Lehtonen,* starb ein Jahr nach dem Titelgewinn bei einem Autounfall und *Olavi Virta* ertränkte sich in Alkohol.

Vielleicht teilweise eine Antwort auf die Frage, warum man den Tango in Finnland so liebt, ist die Tatsache, dass man ihn eng tanzt. Finnische Männer sind im Allgemeinen scheu und nicht unbedingt beredt – ein enger Tanz bietet also die ideale Grundlage zum Kennenlernen.

Die Texte der berühmten finnischen Tangos sind **allgemeines Kulturgut,** jeder kennt sie auswendig und sie werden in Karaoke-Lokalen oft gesungen. In Tanzlokalen füllen sich die Parkette oft erst, wenn das Orchester den ersten Tango spielt. Vor allem auf dem Land und in Kleinstädten des Nordens ist der Tango sehr beliebt. Aber sogar Finnen, die andere musikalische Vorlieben als den Tango haben, stellen fest, dass er wie Sauna und *Sibelius* zu Finnland dazugehört. *M.A. Numminen,* ein enfant terrible der finnischen Musik- und Literaturszene, schrieb 1998 den Roman „Tango ist meine Leidenschaft", der auch ins Deutsche übersetzt worden ist. „Viele fragen, was der Sinn des Lebens ist. Ich weiß es: es ist der Tango", lässt Numminen den Protagonisten seines Romans sagen. Neben einer Erzählung über den Tanz und die Liebe ist dieses Buch auch eine Sammlung von Fachwissen über den Tango.

Nicht immer muss etwas, was mit Tango begonnen hat, traurig enden: Die Tangokönigin des Tangofestivals von 1994 und der Tangokönig von 1999 gaben sich 2002 bei einem Tangofestival das Ja-Wort.

Kesämökki und mansikkakausi: Der finnische Sommer

„Wir Finnen sind wie Bären. Im Winter ziehen wir uns in unsere Höhlen zurück, im Sommer können wir gar nicht lange genug wach sein", solche Sätze hört man in Finnland immer wieder. Tatsächlich scheinen sich die Einwohner des Landes sowohl innerlich als auch äußerlich an die Jahreszeiten anzupassen. Auch das mitteleuropäische Schlafbedürfnis wächst an grauen Wintertagen und wir gehen an lauen Sommerabenden viel eher aus uns und unseren Heimen heraus. In Finnland ist die Veränderung jedoch geradezu verblüffend: Während man an dunklen Winterwochenenden bange durch die verlassenen Gassen irrt, sind dieselben an warmen Sommersamstagen geradezu verstopft. Warum das? Ganz einfach: Finnen sind eben durch und durch Naturmenschen und diese verallgemeinernde Feststellung kann jeder nachvollziehen, der bereits in einer finnischen Großstadt gewesen ist. Diese ähneln viel eher spärlich bewohnten Kleinstädten mit viel Grünfläche als den urbanen Dschungeln mit Hochhäusern und Mietskasernen, an die wir in anderen Teilen Europas gewöhnt sind. Die Naturnähe ist freilich auch von den Wetterextremen geprägt.

Scheint die Sonne, fallen finnische Hüllen und Vorbehalte wie magisch von Körpern und Geistern ab. Der nach dem langen, dunklen und kalten Winter so herbeigesehnte Sommer wird gefeiert, was das Zeug hält. Nicht, dass Finnen sonst Schwierigkeiten dabei hätten, einen Grund zum Feiern zu finden. Im Sommer sind diese Feste jedoch viel ausgelassener und werden in die Öffentlichkeit verlegt. An Kleidung sieht man nur das Nötigste, viele Männer sitzen ohne Hemd auf den Terrassen der Bars und Cafés. Während Weihnachten ein Familienfest ist, das besinnlich zu Hause gefeiert wird, sind Feste wie *vappu* (1. Mai) und *juhannus* (Mittsommer) große, öffentliche Umtrünke.

Bereits zu *vappu* rüsten die Finnen sich mit einer nicht unbedeutenden Menge Alkohol für den kommenden Sommer und alle im Winter aufgestauten Gefühle werden in einem riesigen, staatlich abgesegneten Chaos losgelassen. Man sieht Wundersames: Menschen umarmen sich auf der Straße, jeder unterhält sich mit jedem, die Ausgelassenheit und Vorfreude auf die warmen, lichtdurchfluteten Sommertage schlägt über alle Stränge. **Am 1. Mai** ist es unter den Studenten und Jugendlichen von Helsinki üblich, ein „Katerfrühstück" im Brunnenpark zu veranstalten. Der Park wimmelt dann nur so von Picknickenden, deren Großteil noch unter dem Einfluss des Alkohols steht und seine Freude in allerlei sexuellen Aktivitäten ausdrückt – nicht unbedingt für jeden ein angenehmer Anblick. Und je länger und wärmer die Tage werden, um so mehr verstärkt sich das Leben auf den Straßen. Man muss bedenken, dass in den nordischen Ländern die **urbane Straßenkultur** eigentlich kaum entwickelt ist - wohl an erster Stelle aufgrund des rauen Klimas. Im Sommer jedoch bevölkern sich die Straßen, wenn auch nicht auf dieselbe bunte Weise wie in südlichen Ländern. In Finnland unterhält man sich, trinkt eine Tasse Kaffee an einem der sonnenbeschienenen Straßencafétischen und lauscht Straßenkonzerten. Viele Straßenkünstler, vor allem aus Teilen der früheren Sowjetunion, verdienen sich auf Finnlands Straßen mit Musik und Tanz ihren Unterhalt. In Städten sieht man an den ersten warmen Wochenenden Menschen am Meer und an Seen Teppiche waschen. Es gibt extra dafür vorgesehene Waschtische und Stege. Man unterhält sich und hört Radio, während man mit Bürste und Seife die Teppiche bearbeitet. Die Schulferien beginnen bereits Anfang Juni und enden Mitte August, weil danach der Herbst schon bald an die Tür klopft. Viele Familien ziehen sich bald nach den ersten warmen Tagen jedes Wochenende aufs Land in ihr Sommerhäuschen zurück.

Mökki - Das Sommerhaus

Und da wären wir schon bei einem wichtigen Bestandteil des finnischen Sommers: dem *kesämökki* (Sommerhäuschen). In Finnland können sich rund 25 Prozent der Familien ein solches Häuschen leisten. Nach dem Zweiten Weltkrieg hat sich die Sitte der Oberschicht, zur Sommerzeit aufs Land zu fahren, auch in der Arbeiterschicht verbreitet. Durch den Besitz von Autos wurde es zunehmend möglich, das Sommerhaus in größerer Entfernung zum Hauptwohnsitz in der Stadt zu bauen. Manche Familien begnügen sich nicht bloß mit den Sommerwochenenden: Sie ziehen von Anfang Juni bis Ende August vollständig in ihr Sommerhaus, wobei Vater, Mutter oder beide zur Arbeit in die Stadt pendeln. Dabei darf man sich die meisten dieser Häuschen nicht als Prachtbauten mit Luxusausstattung vorstellen. Diese *mökkis* sind meist selbst gebaute Holzhäuschen, die weder über eine Wasserleitung noch über elektrisches Licht verfügen.

Die Finnen mögen ihr Sommerhäuschen so **einfach und naturnah** wie möglich. Gerade das macht den Reiz ja auch aus. Während in unseren Breiten sich die Menschen auf tropische Urlaube oder kulturelle Stadtferien in fremden Ländern freuen, zieht es die Finnen im Sommer in die Tiefe ihrer eigenen Wälder. Sie kehren dabei zu ihren Wurzeln zurück, zum geliebten Wald, mit dem das finnische Volk schon seit jeher eng emotional verbunden ist. Der Urlaub in tropischer Wärme kann bis zur Winterzeit warten, in der es in Finnland dunkel und bitterkalt ist. Der finni-

042fn Foto: ih

sche Sommer ist so kurz und so hell, dass man ihn auf jeden Fall in allen seinen Facetten auskosten will. Was käme da gelegener als ein Urlaub in den eigenen vier Wänden und gleichzeitig in der Natur? Denn ihre Ferienhäuser wollen die Finnen ihr Eigentum nennen. Gemietet oder teilbesessen sind sie nur halb so authentisch. Es gibt *mökkis* auch zur Miete und sogar einige Unternehmen, die sich auf das Vermitteln typisch finnischen Sommerurlaubs spezialisiert haben – doch richten sich diese Angebote hauptsächlich an **ausländische Touristen.**

Diese haben oft Schwierigkeiten, mit der Karte und den Beschreibungen des Vermieters das gemietete Häuschen auf Anhieb zu finden. Sie irren dann stundenlang im gemieteten Auto auf unbefestigten Waldwegen umher, um genau den gewissen schief gewachsenen Baum oder verrosteten Briefkasten zu finden, den der Besitzer als Orientierungshilfe angegeben hat. Straßennamen gibt es in weiten Teilen finnländischer Landstriche, in denen sich Fuchs und Hase gute Nacht sagen, kaum. Fragen scheidet auch aus, denn man trifft selten eine Menschenseele.

Ein Sommerhaus ist eigentlich nicht nur ein Haus. Das Anwesen besteht aus einer Gruppe von Gebäuden: einem Wohnhaus, einem Saunahaus, einem Toilettenhäuschen und mancherorts einem Holzspeicher. Vorzugsweise soll sich dies alles an einem Seeufer befinden und zwar so, dass weit und breit nur Wald und Wasser zu sehen sind. Wähnt der Finne am Horizont eine nackte Figur friedlich am Steg seines Ferienhauses sitzen zu sehen, fühlt er sich bereits bedrängt. Nein, das ideale finnische Sommerhaus hat **keine Nachbarn.** Und wenn, so sind diese entweder zu weit für den Sichtkontakt, oder sie verstecken sich aus Taktgefühl und ähnlichem Antrieb wie ihr Nachbar gezielt vor einer Begegnung. Überraschungsbesuche in finnischen Sommerhäusern aus Freundlichkeit und zum Kennenlernen sollte man unterlassen, es sei denn, man kennt die Besitzer gut und weiß, sie würden sich freuen. Karelische Familien sind hier eine Ausnahme, denn sie haben einen traditionell ausgeprägten Sinn für Gastfreundschaft, der sich gerne auch spontan entfaltet. Finnen verbringen ihre Ferien in der Verlassenheit der Einöde, um sich zurückziehen und auf die Natur konzentrieren zu können. Die beliebtesten *mökkis* stehen an schwer zugänglichen Orten wie auf Inseln inmitten von großen Seengebieten oder am Rande von nur mit Gummistiefeln betretbaren Moorgebieten. Je einsamer und abgeschiedener, desto besser.

Doch warum, fragen wir Mitteleuropäer uns gerne, müssen die Finnen um Himmels Willen gerade in solch urwüchsigen, fast könnte man sagen ärmlichen Umständen ihre kostbaren Ferientage verbringen? Weil eben gerade in der Naturnähe und Unabhängigkeit von Technik für einen Finnen ein **völliges Loslassen und Entspannen** möglich wird. Der Ballast des schnelllebigen, ungesunden Alltags fällt ab und wenn man nach einer Schwitzkur in der Blocksauna seine Beine in den kühlen See baumeln lässt, an einem kalten Bier nuckelt und sich über die Mitternachtssonne wundert, dann versteht man plötzlich nicht mehr, weshalb man nicht immer an solch einem Ort lebt.

Die Requisiten, die Finnen für ihr *mökki* anschaffen, sollen so naturnah wie möglich sein. Plastik beispielsweise hat hier nichts zu suchen. Putzmittel sind von der biologisch vollständig abbaubaren Sorte. In finnischen Supermärkten gibt es eigenes mökki-Klopapier, das sich kompostieren lässt und dem Waldboden nicht schadet, wenn man es ins Plumpsklo wirft.

Freilich ist nicht jedes *mökki* so ausgelegt, dass man sich darin wie ein Waldkauz fühlen muss. Sehr wohl gibt es auch finnische Familien, die in ihrem Urlaub nicht auf Fernseher, Warmwasser und andere Annehmlichkeiten verzichten wollen. Doch diese **Prachtvillen** dann noch *kesämökki* zu nennen, das ist für so manchen Finnen schlichtweg Betrug. In Küstenregionen haben wohlhabendere Familien manchmal sogar ihr eigenes Motor- oder Segelboot, mit dem sie gern in den Sommermonaten durch das Schärengebiet der baltischen See kreuzen oder den Bottnischen Meerbusen erkunden.

Nach der Sauna tut das Schwimmen im klaren See besonders gut

Eine Woche Sommerhaus

Was tun die Finnen wochenlang in solch einem gottverlassenen Haus? Wir haben es ausprobiert und glauben Sie uns: Man muss aufpassen, dass man nicht in Stress gerät. Nach dem ausgiebigen Frühstück ziehen die Männer aus, um im Smaragdgrün des Sees das Mittagessen zu angeln oder es in den am Vorabend ausgelegten Reusen zu finden. Zu jedem Strand-mökki gehört auch ein eigenes Ruderboot, das manchmal mit einem abmontierbaren Außenbordmotor versehen ist, der auch längere Ausflüge erlaubt. Die Frauen machen sich derweil im Wald auf die Suche nach Beilage und Dessert. Wenn sie Glück haben, kehren sie mit einer reichlichen Ladung wohlschmeckender Pilze und Beeren zurück. Manche lassen es sich nicht nehmen, hinter dem Häuschen ein kleines Gemüsebeet anzulegen, aus dem sie dann voller Stolz die walnussgroßen Früchte der eigenen Ernte an die Oberfläche befördern: Kartoffeln, das beliebteste Gemüse Finnlands, das praktisch als einzig mögliche Beilage zu Fisch und Fleisch infrage kommt.

So verstreichen die Stunden und plötzlich merkt man: Der Magen knurrt. Der Mann wird mit Kübel und Schöpfkelle an den See geschickt, um Wasser zum Kochen und Trinken zu holen. Der frische Fisch wird entweder in der „Sommerküche", das heißt auf einem Stein am Seeufer bei offenem Feuer oder auf der Gas betriebenen Kochplatte gegart. Auf speziellen Räucheröfen werden frische Fische oft auch an Ort und Stelle zu einer Delikatesse geräuchert, die sich kein Finnlandbesucher entgehen lassen sollte.

Nach einem kurzen Nachmittagsschlummer muss man sich auch schon um die Abendsauna kümmern. Da gibt es einiges zu tun: Holz sammeln und hacken, Wasser in die riesigen Kessel der Sauna füllen und kräftig einheizen. Die ganze Prozedur dauert Stunden und ist reine Männerarbeit. Frauen betätigen sich in der Küche und am Seeufer mit dem Abwaschen und den Vorbereitungen fürs Abendessen. Man glaubt es kaum: Der Tag vergeht und man hat eigentlich durchgearbeitet.

An dieser Stelle muss man zugeben: Nicht alle können dieser Form von Urlaub etwas abgewinnen. Die Autoren jedenfalls ließen sich davon verzaubern und schwören heute darauf, dass es nach einem Arbeitsjahr voller Stress nichts Geruhsameres und Heilsameres gibt als solch einen Urlaub im *mökki*. Man wird dabei in alte, traditionelle Zeiten zurückversetzt, lebt in althergebrachten Geschlechterrollen und wird sich der Einfachheit des Seins bewusst. Gerade diese bewusste Rückkehr zur Vergangenheit hat etwas Zauberhaftes, das die Seele zum vollständigen Auspendeln anregt.

Das einzige Utensil aus der technisierten Außenwelt ist ein Radio, das jedoch einem Ausländer auch nicht viel Freude bereiten wird, außer er interessiert sich brennend für Fremdsprachen: Neben finnischem Geplapper wird er trotz konzentrierten Einstellversuchen höchstens das eine oder andere russische oder schwedische Programm hören können. Der Handyempfang ist übrigens auch im tiefsten finnischen Urwald ausgezeichnet. Kein Wunder, Finnland ist doch das Mobiltelefonland schlechthin. Dabei sollte man nur bedenken, dass der Akku eines solchen Telefons auch nicht ewig hält, zumal es im Radius von mindestens zehn Kilometern keine Auflademöglichkeit gibt ...

Obwohl in letzter Zeit die finnischen Sommer immer heißer zu werden scheinen, kann es doch vorkommen, dass man einen **verregneten, kühlen Sommer** erwischt. Schon so mancher Urlauber hat sich vom wochenlangen Nieselregen betrüben lassen. Nicht so die Finnen. Hinaus in die Natur, komme was wolle, ist ihre Devise. Sie ziehen sich Gummistiefel und einen Regenmantel an und gehen in den Wald, Pilze und Beeren suchen. Denn die gedeihen bei Feuchtigkeit ohnehin sehr gut. Kommt nach dem Regen wieder die Wärme, fängt die Saison der finnischen Mückenplage an, gegen die aber viele Finnen immun zu sein scheinen. Kinder leiden noch unter den Bissen, aber später entwickeln sie dagegen eine Resistenz. Kein Wetterumschwung und keine Mückenplage der Welt könnte eine Familie von ihrem lang ersehnten mökki-Urlaub abhalten. Schließlich kann man sich bei hartnäckiger Kälte ohnehin in der Sauna aufwärmen. Viele dieser Sommerhäuschen sind übrigens auch winterfest. Verfügen sie über Kamin und ausreichende Isolation, lassen es sich Finnen nicht nehmen, auch im Winter das eine oder andere mökki-Wochenende zu veranstalten, dann jedoch mit Skiern und Eisbohrern ausgerüstet.

Sommerfestivals und -feste

Übrigens hat sich auch das Kulturleben an diese sommerliche Massenflucht aufs Land angepasst: Die Kultur- und Kunstfestivals sind den Menschen nachgezogen. Viele der großen finnischen Festivals finden nicht in den südlichen Großstädten, sondern in kleineren Orten jenseits der Achse Helsinki–Turku–Tampere statt.

So kann man, wenn man einmal für einen Abend genug von der Stille des Waldes hat, beispielsweise einen Abstecher in die ostfinnische Stadt Savonlinna im Seengebiet machen, um die **Opernfestspiele** zu erleben. Die Opern werden vor den fantastischen Kulissen der mittelalterlichen Olafsburg aufgeführt. Wobei man sich übrigens früh genug um Karten kümmern sollte: Das Festival ist international bekannt und beliebt.

Genauso weltberühmt ist **„Pori Jazz"** im westfinnischen Küstenstädtchen Pori, welches nicht nur Jazzmusik vertritt, sondern auch Künstler aus der World-Music-, Latin- und New-Age-Szene zu Gast hat.

Das Volksmusikfestival von Kaustinen, die Kammermusikfestspiele in der ostfinnischen Kleinstadt Kuhmo, das Tangofestival in Seinäjoki und das Musikvideofestival kombiniert mit der Luftgitarrenweltmeisterschaft in Oulu, das von MTV übertragen wird, sind weitere Gründe, weshalb man Finnland im Sommer besuchen sollte.

Das **Filmfestival von Sodankylä** in Lappland wurde von den Kaurismäki-Brüdern initiiert und Regisseure wie *Francis Ford Coppola, Wim*

Wenders, István Szabó, Emil Kusturica, Constantin Costa-Gavras und *Jim Jarmusch* gehen ein und aus. Filmpräsentationen finden 24 Stunden am Tag statt, die Sonne scheint schließlich um 4 Uhr nachmittags genau so wie um 4 Uhr früh. Die **Rockmusikfestivals** „Ruisrock", „Provinssirock" und „Nummirock" präsentieren Topkünstler aus aller Welt. Fast alle Festivals finden zwischen Mitte Juni und Anfang August statt.

Der Höhepunkt des Sommers ist **Mittsommer,** auf Finnisch *juhannus,* das Ende Juni gefeiert wird. Am Juhannuswochenende sind finnische Städte geisterhaft leer. Alle begeben sich aufs Land, in ihre Sommerhäuser oder die ihrer Freunde und Verwandten. Zum Juhannusfest gehört die Sauna ebenso dazu wie ein großes Lagerfeuer und reichlich Alkohol.

Doch auch diejenigen Finnen, die in den Sommermonaten arbeiten und daher in der Stadt bleiben müssen, genießen die weißen Nächte in vollen Zügen. Auch während der Woche trifft man sich zu **Gartenfesten,** bei denen die gegrillte Wurst nicht fehlen darf. Bis weit in die Nacht hinein wird gefeiert. Finnische Kinder kann man kaum mit Berufung darauf, dass „es schon dunkel ist" ins Bett schicken, denn es wird schlichtweg nicht dunkel, höchstens ein wenig dämmrig.

Im Sommer gibt es in vielen Kleinstädten und Dörfern **Tanzveranstaltungen,** die in einem halboffenen Pavillon stattfinden. Dort drehen sich dann die Paare zu Tango, Walzer und einem polkaähnlichen Hüpftanz namens *jenkka,* der aus Schottland über Deutschland nach Finnland kam. Oft sind diese Veranstaltungen der Abschluss von Jahrmärkten und Dorffesten, bei denen das ganze Dorf mit Lampions dekoriert ist und bei Tombolas und Versteigerungen geistreiche Hauptpreise wie zum Beispiel ein Ferkel verliehen werden. Solche Sommerveranstaltungen dauern die ganze weiße Nacht hindurch und werden mit zunehmendem Alkoholgenuss immer ausgelassener. In den Städten besucht man an lauen Sommerabenden Kneipen und Straßenkonzerte oder besorgt sich Karten für eines der Festivals, das gerade auf dem Hauptplatz stattfindet.

Der finnische Sommer wäre nicht vollständig ohne *mansikka,* die „Erdbeere". Schon Wochen bevor die Erdbeerernte beginnt, finden sich in Zeitungen Prognosen über die Qualität und Menge der diesjährigen Erdbeeren. *Mansikkakausi,* die **„Erdbeersaison"** wird fieberhaft erwartet. Viele Finnen erfüllt es mit Stolz, dass in einem klimatisch unwirtlichen Land wie Finnland Erdbeeren von solcher Süße und Qualität wachsen. „Oma maa mansikka, muu maa mustikka" heißt ein finnisches Sprichwort, wortwörtlich übersetzt: „Eigenes Land Erdbeere, fremdes Land Heidel-

Teuer, aber gut. Mit finnischen Erbsen kommen garantiert Sommergefühle auf.

beere". Soll heißen: Erdbeeren sind süßer als Heidelbeeren, also ist das Leben im Vaterland süßer als in der Fremde. Märkte und Supermärkte verkaufen Erdbeeren zum Literpreis, der die ohnehin schon teuren Erdbeeren noch teurer macht, da das Litermaß weniger als ein kg Erdbeeren fasst.

An Samstagen während der Erdbeerzeit sieht man Familien große Kisten voller Erdbeeren in ihr Auto schleppen. In dieser Zeit isst man Erdbeeren mit Erdbeeren und wird es nie müde. Die außerordentliche Süße finnischer Erdbeeren wird mit der langen Sonnenzeit erklärt: Schließlich scheint in Finnland gerade zu dieser Zeit, also kurz nach Mittsommer, die Sonne fast den ganzen Tag. Menschen, oft Jugendliche aus den baltischen Staaten und Russland, fahren in der Erdbeersaison in Scharen nach Finnland, um auf den Feldern mit Erdbeerpflücken, verglichen mit ihren Heimatgehältern, gute Löhne zu verdienen. Um die Ankunft der Erdbeere gebührend zu feiern, veranstaltet man in Finnland an manchen Orten **Erdbeerfeste.** Da sieht man wieder: Finnen lassen keine Gelegenheit zum Feiern aus.

Ein weiteres Versatzstück des finnischen Sommers, das ebenfalls Gaumenfreuden bereitet, ist die **Erbse,** auf Finnisch *herne*. Es kann einem durchaus passieren, dass man in der Sommerzeit in der Nähe eines finnischen Marktes auf etwas Grünem ausrutscht und diesen Übeltäter beim näheren Betrachten als leere Erbsenschote identifiziert. Frische junge Erbsen sind so süß, dass sie von Finnen (ebenfalls literweise) auf dem Markt

043fn Foto: ih

gekauft und dann an Ort und Stelle verschlungen werden. Zerknackt man die süßen grünen Kügelchen zwischen den Zähnen, weiß man ganz genau: Es ist Sommer.

Die Finnen hängen an ihrem Sommer, folgt doch nach ihm die lange, dunkle Jahreszeit, die so manchem Gemüt zu schaffen macht. Mitte August, wenn die Schule wieder anfängt und die Menschen aus ihren Sommerhäusern zurückkehren, sind Zeitungen und Magazine voll von **Tipps gegen die Nachurlaubsdepression.**

Doch bevor diese einsetzt, lässt man im Sommer noch alle Körperlichkeiten hochleben: Im Juni und Juli verkaufen die finnischen Händler um ein Viertel mehr Kondome als zu anderen Zeiten des Jahres. Die Sonnenstrahlen wecken die verschlafene **finnische Libido.** Und sogar der Sex ist in Finnland naturverbunden: Der Sommerhit des Jahres 2001 war die Nummer „Missä vaan" der Gruppe „Neljä Ruusua". Der Refrain lautet etwa so: „Im Schutz der Wälder, an Seeufern, im Schein der Sonne oder des Mondes, auf Rasen, in Flussbetten, im Schatten von Büschen oder Bäumen, lass uns überall miteinander schlafen".

Der finnische Mann

„Ein finnischer Mann spricht nicht, weint nicht und küsst nicht", so lautet ein finnisches Sprichwort. Ob das wirklich so ist und was dahinter steckt, das soll auf den kommenden Seiten erkundet werden. Zweifellos ist das männliche Geschlecht in Finnland **schweigsamer** als das weibliche, wie auch in vielen anderen europäischen Ländern. Finnische Männer sind aber nicht nur schweigsamer als ihre Frauen, sondern auch schweigsamer als mitteleuropäische Männer. Dies schließt hie und da das Nichtbeantworten von Fragen mit ein, was in Finnland nicht zwingend für unhöflich gehalten wird. Man weiß einfach, dass viele Männer ungern den Mund auftun, und das ist auch gesellschaftlich akzeptiert. Das dies so ist, wird wohl kaum ein Finne abstreiten können oder wollen.

Die **Gleichberechtigung der Geschlechter** wird in Finnland groß geschrieben. Sowohl in der Berufswelt als auch im privaten Bereich wird darauf geachtet, dass Frauen nicht benachteiligt werden. Und während die Frauen seit den 1960er Jahren für ihre Stellung in der Gesellschaft kämpfen, begannen finnische Männer erst in den 1990er Jahren darüber nachzudenken, welche Auswirkungen die weibliche Emanzipation auf ihre eigene Rolle mit sich bringt. In Finnland ist eine Frauenkultur, das heißt soziale Bindungen und gemeinsame Aktivitäten beziehungsweise Rituale zwischen Frauen, viel präsenter als eine Männerkultur. Was natürlich nicht heißt, dass es letztere nicht gibt. Wie Männerkultur und Rolle des finnischen Mannes in der Vergangenheit ausgesehen haben und welche Auswirkungen sie auf die heutige Situation haben, das wollen wir uns im Folgenden etwas genauer ansehen.

Arbeit als Lebensinhalt

Der finnische Mann scheint sich seit jeher durch seine Arbeit definiert zu haben. Weitere **wichtige Bausteine finnischer Männlichkeit** in der Agrargesellschaft waren patriotische Leistungen im Krieg, insbesondere gegen Schweden. Als Schweden 1809 Finnland an Russland verlor, waren viele Finnen glücklich, weil ihr Land vom Status einer Provinz in den eines Großfürstentums erhoben wurde. Auch Verantwortung für sich selbst und die Familie sowie ein ausgeprägtes Körperbewusstsein sind Wege, über die sich finnische Männer definieren. Der Bauer war als Kopf der Familie außerhalb des Hauses beschäftigt. Er sorgte für das Auskommen seiner Familie und kümmerte sich wenig um die Kinder und ihre Erziehung.

Da die Arbeit immer schon die wichtigste Zutat finnischer Männlichkeit war, bedeutet es für einen finnischen Mann ein vollständiges Versagen, wenn er arbeitslos wird. **Arbeitslosigkeit** führt oft zuerst zu Depressionen, später zu Alkoholmissbrauch und manchmal sogar zum Suizid. In Nordfinnland und Lappland ist der Begriff des *peräkamarinpoika* bekannt, zu Deutsch „Hinterzimmersohn", also ein Mann, der sein Leben unverheiratet im Elternhaus neben seiner meist verwitweten Mutter verbringt und arbeitslos ist. Solche Schicksale sind vor allem in weit abgelegenen Gebieten typisch und enden allzu oft in völliger Einsamkeit und fataler Alkoholsucht.

Der Wert von Mann und Frau wurde in der finnischen Agrargesellschaft nach ihrer Tüchtigkeit in der Arbeit bemessen. Dass die Geschlechter verschieden sind, war damals kein Thema: Es wurde als selbstverständlich angenommen. Wichtig war nur, dass die anfallende Arbeit verrichtet werden sollte und sich dabei beide Geschlechter einbringen mussten.

An sexuellen Leistungen wurde die Männlichkeit kaum gemessen, wie dies beispielsweise in manchen Ländern des Mittelmeerraumes der Fall ist. Daher waren auch Anspielungen auf **Homosexualität** und boshafte Witze über sie selten. Seit 1980, als in Finnland die Homosexualität zu einem öffentlich diskutierten Thema wurde, haben sich boshafte Witzeleien und Anspielungen auf homosexuelle Praktiken verbreitet. Dies ist wohl darauf zurückzuführen, dass im Wandel der Geschlechterrollen manche Männer die Sexualität als einzigen Bereich sehen, den ihnen Frauen nicht streitig machen und in dem sie noch „trumpfen" können – und sei es durch die Herabwürdigung von homosexuellen Männern.

Der finnische Waldarbeiter

Ein ganz eigenes Biotop finnischer Männlichkeit war der Wald. Der Waldarbeiter, der saisonal bedingte Zeitarbeit verrichtete, verdiente sein Geld mit dem Fällen von Bäumen und sonstigen Tätigkeiten, die in der Holzwirtschaft anfielen, wie z. B. Schwemmen von Baumstämmen zu Transportzwecken. Sobald seine Arbeit getan war, zog er zum nächsten Arbeitgeber weiter. So war er die meiste Zeit über fern seiner Familie, wenn er nicht überhaupt Junggeselle blieb. Der Name für solch einen Waldarbeiter war *jätkä* und dieses Wort hat sich heute mit der Bedeutung „Kerl, (echter) Mann" verallgemeinert, was zeigt, dass mit diesem Beruf eine große Portion Männlichkeit assoziiert wurde.

Der Beruf des *tukkijätkä* ist Nährboden für eine besondere Nostalgie, die sich in allerlei Liedern und Geschichten ausdrückt, die über einen ausnehmend männlichen Beruf erzählen. Es handelt sich um einen Schwemmburschen, der auf den Baumstämmen steht, während diese flussabwärts transportiert werden. Er hatte einen langen dünnen Stock, mit dem er auf den schwimmenden Stämmen die Balance halten konnte. Als *Mauno Koivisto* 1982 als Präsident kandidierte, war die Tatsache, dass er vor seiner akademischen Karriere als Schwemmbursche gearbeitet hatte, ein Schlüsselthema seines Wahlkampfes und hatte wohl auch Einfluss auf seine Wahl.

Das Leben eines Waldarbeiters in der finnischen Agrargesellschaft galt als frei und ungebunden, ähnlich einem nordamerikanischen Cowboy. Dieses harte Von-der-Hand-in-den-Mund-Leben wurde trotz aller Unbequemlichkeit zum Ideal eines finnischen Männerlebens. Das Bewegen im geliebten Wald, das freie Auswählen der Arbeitsstätte, das Übernachten inmitten der Natur waren Faktoren, die solch eine Arbeit zum begehrten Männerjob machten. Junge Burschen wurden mit ungefähr 15 Jahren in diese „Schule des Lebens" geschickt. Alles, was ein Mann für das Leben braucht, so hieß es, könne er im Wald bei den Holzfällern lernen. Viele Burschen gingen daher auch freiwillig in den Wald, weil sie darin eine Ausbildung zur Männlichkeit sahen. Waldarbeiter nahmen ihre Söhne oft schon im Alter von neun Jahren mit in den Wald, wo sie ihre Väter mit dem Verrichten kleinerer Arbeiten unterstützten. Kinderarbeit war im Finnland des 19. Jahrhunderts sehr verbreitet, da man die Teilnahme der Kinder an den Arbeitsvorgängen erziehungstechnisch für wertvoll ansah und eine arme Familie ohne die Arbeitskraft ihrer Kinder gar nicht zurechtgekommen wäre. Manchmal, vor allem wenn es in einer Familie keine älteren Söhne gab, mussten die Töchter mit ihrem Vater in den Wald gehen und dort arbeiten. Während die Jungen stolz darauf waren, im Wald mithelfen zu dürfen, schämten sich die Mädchen dafür. Wenn sich ein Junge als gute Arbeitskraft bewies, nahm ihn die Männergruppe der Waldarbeiter in ihre Mitte auf. Es handelte sich also um eine Art Einführung der Jungen in die Welt der Männer, die manchmal auch durch wenig

Echte Männer

Wenn von finnischen Eigenschaften und vermeintlichen Volkstugenden die Rede ist, darf das Wort **sisu** nicht fehlen. Genau übersetzen kann man diesen Begriff nicht. Es handelt sich um einen Sammelbegriff für positive Eigenschaften, der Zähigkeit, Ausdauer und Geduld beinhaltet. Genauso salonfähige Rituale verdeutlicht wurde. War ein junger Mann jedoch einmal aufgenommen, fühlte er sich als Teil der Elitetruppe finnischer Männlichkeit, stärker und männlicher als Männer anderer Berufssparten. Die körperliche Arbeit in der urfinnischen Umgebung, also dem Wald, wurde als Tätigkeit mit Urkraft angesehen, bei der sich der Mann mit seinen bloßen Muskeln gegen die Kräfte der Natur stellte. Dazu brauchte der Waldarbeiter keine besondere Schulbildung. Die Ungebildetheit der Waldarbeiter wurde ebenfalls als etwas Ursprüngliches und Naturgegebenes betrachtet, das die Vertreter der Bildungsschichten verloren hatten.

Das Waldarbeiterleben war gekennzeichnet von langen zölibatsähnlichen Perioden. Das Zusammenleben der Männer gestaltete sich nach bestimmten Regeln, die auch die Beziehung zu Frauen regelten. War ein Waldarbeiter Junggeselle geblieben, fiel es ihm schwer, seine Sexualpartnerinnen in anderen Schichten als der der Prostituierten zu finden, da er als ungehobelt und ungebildet galt und aus dem Heiratsalter heraus war. Nächtliche Besuche bei Anbieterinnen der käuflichen Liebe waren in der Gruppe der Waldarbeiter durchaus erlaubt, wenn auch nicht gern gesehen. Blieb jedoch ein Mann über Nacht bei seinem Liebchen und stellte sich heraus, dass ihn romantische Fäden an die Frau banden, wurde ihm mit verschiedenen Ritualen der „Frauengeruch" aus dem Körper geräuchert. Wenig zimperliche Bestrafungen erwarteten den Übeltäter, hatte er doch gegen die ungeschriebenen Gesetze der Männerrunde verstoßen. Liebesbeziehungen zu Frauen, die über rein sexuelle Befriedigung hinausgingen, hatten nämlich in Waldarbeiterkreisen nichts verloren. Sexuelle Begierden wurden selten ausgelebt und eher in der harten körperlichen Arbeit sublimiert oder drückten sich in der Wortwahl und den Gesprächsthemen aus. Von Homosexualität wurde kaum gesprochen, eher wurde über Masturbation und Sodomie gewitzelt. Gespräche über romantische Beziehungen waren tabu. Auch heute noch kann man in finnischen Männerfreundschaften dieses Moment entdecken: Rein sexuelle Begegnungen und erotische Abenteuer werden in aller Breite mit viel Sarkasmus und boshaften Bemerkungen aufgefächert, während Betterlebnisse mit der „Auserwählten" überhaupt nicht angesprochen werden. Gespräche über Liebe finden nur in ganz ernsten Gesprächen statt oder wenn Alkohol im Spiel ist, was die männliche Hemmschwelle für gefühlsbetonte Gespräche bedeutend heruntersetzt.

Die raue Wortwahl und das ungehobelte Benehmen der Waldarbeiter waren nichts für Kinder und Mädchen: Wenn in einem Bauernhaus ein wandernder Waldarbeiter um Nachtquartier bat, durften sich Kinder selten im selben Raum mit ihm aufhalten. Seine Schlafstelle war oft das separat stehende Saunahaus. Im Wald sah die Sache ganz anders aus: Die dort arbeitenden jungen Männer sollten in der „Schule des Lebens" auch die raue Männersprache erlernen.

gut kann *sisu* auch eine negative Wertung bedeuten, wenn der Begriff zum Beispiel auf starrköpfige und ungehorsame Kinder verwendet wird. *Sisu* im positiven Sinn ist im Laufe der finnischen Geschichte immer wieder für Erklärungen, weshalb das finnische Volk sich trotz aller Schicksalsschläge und wirtschaftlichen Schwierigkeiten immer wieder erfolgreich aufrappeln konnte, bemüht worden. In der **Welt des Sportes** findet dieser Begriff auch immer wieder Erwähnung, beispielsweise wenn es um die hervorragenden Leistungen finnischer Läufer geht. Obwohl auch Frauen durchaus damit gesegnet sein können, sind es die Männer, die *sisu* gern für sich beanspruchen. *Sisu* ist auch diese unerklärbare übermenschliche Kraft, die einen über seine eigenen Grenzen gehen lässt, wie im Winterkrieg, als Finnland gegen Russland trotz einer russischen Übermacht von 10:1 so lange Widerstand leisten konnte.

Kriegsführung ist – zumindest bis 1995 – reines Männerterrain gewesen. Dass seit jenem Zeitpunkt auch Frauen zum Grundwehrdienst zugelassen sind und militärische Karriere machen können, ist ein Ergebnis der Geschlechtergleichstellung. Trotz dieser Tatsache ist die **finnische Armee** nach wie vor männerdominiert und die Vaterlandsliebe, die sehr vielen (auch jungen) finnischen Männern attestiert werden kann, vermischt sich in der Armee zu einer eigenen Form der Männerkultur, die oft öffentlich kritisiert wird. Der Patriotismus drückt sich manchmal auch in einer offenen Feindseligkeit oder hämischen Bemerkungen gegenüber Schweden oder Russland, den alten Kolonialmächten, aus. Aufgrund der im Laufe der Geschichte oft untergeordneten Rolle Finnlands gegenüber Schweden gleichen einige Finnen (und auch Finninnen!) ihre Minderwertigkeitsgefühle aus, indem sie verlautbaren, alle schwedischen Männer seien entweder homosexuell oder entbehrten jeglicher Männlichkeit und man könne sich nach Lust und Laune über sie lustig machen.

Genau wie früher die Waldarbeit einen finnischen Jungen zum „echten Mann“ machte, wird dies heute von der Armee erwartet. Gewissermaßen setzt sich die Waldarbeiterkultur im Armeeleben fort. Trotz der Möglichkeit des **Zivildienstes** (395 Tage gegenüber 330 Tagen gewehrfreiem Wehrdienst bzw. 180 bis 362 Tagen Wehrdienst, je nach Ausbildungsgrad) gilt es auch heute oft noch vor allem in der finnischen Männergesellschaft als unmännlich, keinen Wehrdienst geleistet zu haben. Jährlich ungefähr 35.000 Wehrdienstleistenden standen 2002 bloß 2570 Zivildienstleistende gegenüber. Es scheint nach wie vor Arbeitgeber zu geben, die einen Mann, der keinen Wehrdienst geleistet hat, nicht gerne einstellen. Mancher Zivildienstleistende wird allerdings von jener Firma oder staatlichen Institution weiterbeschäftigt, in der er seinen Zivildienst abgeleistet hat. Amnesty International führt Finnland auf einer schwarzen Liste, weil Zivildienstleistende mit mindestens doppelt so langem Dienst wie die Wehrdienstleistenden „bestraft“ werden.

Finnische Männer binden ihr Selbstverständnis stark an die Natur. Der Institution der Waldarbeiter konnte als „Schule der Männlichkeit“ solch eine Bedeutung unter anderem deshalb zukommen, weil sie ein **Leben in der freien Natur** bedeutete. Die Armee wirbt heute noch mit einem freien Leben in der Natur, in dem sich der Mann von allen Stressfaktoren einer Gesellschaft, die sich von der Natur entfernt hat, freimachen kann. Diese Liebe zur Natur bedeutet aber nicht unbedingt eine passive Beziehung zu ihr, sondern oft das Gefühl, die Kräfte der Natur besiegen zu können und in freier Wildbahn sein Auskommen zu finden. Es gibt eine große Anzahl finnischer Jägerklubs und Fischerklubs, und viele Männer finden Freude daran, einige Tage im Jahr mit ihren Freunden auf die Pirsch zu gehen. Ohne Frauen, versteht sich. Die Männer legitimieren ihren Drang, hin und wieder „nur Mann" zu sein, damit, dass sie mit dem erlegten Wild oder gefangenen Fisch zum Haushalt beitragen, obwohl es sich bei solchen Ausflügen meist nur sekundär um die Beschaffung von Nahrung handelt. An erster Stelle steht männliches Beisammensein in freier Natur mit Trinkgelagen und freier Wortwahl.

Finnische Frauen haben sich im Laufe der Zeit daran gewöhnt, dass ihre Männer in gewissen Abständen ausschließlich mit ihrer Männergesellschaft Zeit verbringen möchten. Es handelt sich dabei seitens der Frauen nicht um ein Abfinden mit dieser Tatsache, sondern meist um ein Verstehen, dass der Mann einfach hin und wieder **zu seinen „Wurzeln" zurückkehren** muss, genau so, wie Frauen hin und wieder ein ausgiebiges Gespräch mit Freundinnen brauchen. Beide Geschlechter holen sich dabei das, was sie von ihrem Partner nicht bekommen können. In Finnland scheint dies viel selbstverständlicher und problemloser vor sich zu gehen als in einigen anderen Ländern.

Zu **Humor und Lachen** haben finnische Männer auch heute noch eine für Außenstehende ungewöhnliche Beziehung. Infolge der Jahrhunderte harten Arbeitslebens, im Laufe derer ihnen die puritanische-protestantische Ethik eingebläut wurde, sind auch heute noch alte Auffassungen in vielen von ihnen verankert, nach denen ein Mann, der lacht, entweder unehrlich oder dumm ist. Nach diesen Vorstellungen ist das Lachen eine unnötige Beigabe, die eher vermieden werden soll. Das Lachen weist auf ein genussvolles, aber moralisch schlechtes Leben hin, während die Ernsthaftigkeit ein asketisches, gutes Leben auszeichnet. Auch dies muss man freilich relativieren: Heute ist die Ernsthaftigkeit lang nicht mehr so verbreitet, wie dies einst gewesen sein mag. Finnen lachen vor dem Fernseher, in Gesellschaft und am meisten dann, wenn Alkohol mit von der Partie ist. Aber noch immer wird Gelächter manchmal von Menschen mit mentalen Scheuklappen als Aufreger angesehen, der das Anzetteln einer Rauferei rechtfertigt. Die Regeln, die Humor und fröhliche Gesichter verbieten, werden aber beim Trinken oder beim Verfolgen von Sport umgekehrt. Hierbei darf gelacht und geschrien werden, was das Zeug hält, ohne dass der Nachbar auch nur eine

044fn Foto: ih

Augenbraue hebt. Dass bei Treffen finnischer Männer fast gesetzmäßig **Alkohol** im Spiel ist, stört die Frauen nur dann, wenn der Genuss desselben maßlos übertrieben wird und der Partner zu oft angetrunken nach Hause kommt. Frauen können es verstehen, wenn Männer in Gesellschaft gern einen heben, ist es doch in Frauengesellschaften auch nicht viel anders.

Neben dem Alkohol ist an Männerabenden meist auch die **Sauna** Teil des Rituals. Ein bekanntes Phänomen ist es, dass finnische Männer über schwierige Themen und Probleme am besten entweder im betrunkenen Zustand oder in der Sauna sprechen können. Nach einigen Bieren werden viele Männer plötzlich sehr gefühlsbetont, bezeugen allen Anwesenden ihre Zuneigung und neigen sogar dazu, die eine oder andere Träne zu vergießen. Obwohl auch Frauen oft und viel Bier trinken, gehört der Alkoholgenuss zu den primären Freuden finnischer Männer. Freilich ist übermäßiger Alkoholgenuss, wenn er zu einer Abhängigkeit führt, oft Hinweis auf **psychische Probleme.** Der typische finnische Selbstmörder ist ein Mann im Alter zwischen 35 und 55 Jahren, der aus seiner Depression und damit verbundener Alkoholkrankheit keinen Ausweg findet. Bei den meisten Fällen von Gewalt in der Familie hat Alkohol den Geist des Mannes vernebelt. In den letzten beiden Jahrzehnten ist in

Finnland viel über typische Probleme finnischer Männer gesprochen worden. Durch den Wandel der männerdominierten Gesellschaft zu einer Gesellschaft, in der die Geschlechtergleichstellung regiert, mussten Männer von ihrer traditionellen Berufsfeldern und Rollen Abschied nehmen. Dies erzeugt in vielen Gesellschaften eine Verunsicherung der Männer, die unterschiedlich Ausdruck findet.

Männerbewegungen

In Finnland begann man erst in der zweiten Hälfte der 1980er Jahre sich um die Anliegen der Männer in einer veränderten Gesellschaft Gedanken zu machen. 1986 wurde eine Gruppe zur Männerforschung gebildet, die sich 1988 zur Männerabteilung des Rates für Gleichberechtigungsangelegenheiten weiterentwickelte.

Eine Erscheinung, die in Finnland langsam Verbreitung zu finden scheint, sind verschiedene Männergruppen, die von den traditionellen Fischereigesellschaften und den üblichen Jagdvereinen oder anderen männlichen Freizeitklubs abweichen. Es handelt sich dabei um **Diskussionsklubs** und Gruppen mit erfahrener, oft psychologisch geschulter Leitung, deren Hauptaugenmerk nicht auf einer bestimmten Tätigkeit, dem Ausüben eines Hobbys liegt, sondern auf den Austausch zwischen den Teilnehmern. Solch eine Gruppe ist beispielsweise „Mikä mies?" („Was für ein Mann?"), eine Männergruppe, die als Kurs an der Volkshochschule Tampere angeboten wird. In dieser Gruppe macht man bereits seit dem Jahr 2000 die Erfahrung, dass es nicht stimmt, dass finnische Männer nicht sprechen. Wenn ihnen die Möglichkeit gegeben wird, sich nach ihren eigenen Gesetzen und Möglichkeiten auszudrücken, sind die Männer sehr wohl imstande, auch ohne Sauna oder Alkohol über Gefühle und Probleme zu sprechen.

Auch im Wald herrschen andere Gesetze: Männer an Lagerfeuern finden leichter zum Wort als eingezwängt in vier Wände. Da Frauen es sind, die mehr und vermeintlich tiefschürfendere Gespräche führen, haben sie das Monopol für das sprachliche Inventar zum **Ausdrücken von Gefühlen** inne. Die meisten Frauen glauben, dass ein Mann, wenn er wie eine Frau über seine Gefühle spricht, Erleichterung erfährt. Dass die Männer eine ganz andere Art zum Ausdrücken von Gefühlen haben und diese genauso gültig und brauchbar ist, darauf kommen finnische Männer und Frauen (und nicht nur finnische ...) erst langsam und oft schmerzvoll.

Viele finnische Männer jagen gern. Die Trophäen sind Männlichkeitsbeweise.

Von einer **männlichen Gleichberechtigung** zu sprechen, ist für viele Männer unmöglich, weil es dafür keine glaubhaften Vorbilder gibt. Finnische Männer akzeptieren die Gleichberechtigung der Frau meist ohne besonderes Murren, denn sie spüren, dass die Frau, die so viele Jahrhunderte hindurch unterdrückt war, der „moralische Sieger" der Gleichberechtigungsdiskussion ist. Die Männer meinen, dass es ihnen nicht zusteht, den Frauen die Errungenschaften der Emanzipation wegzunehmen, indem sie sich über ihre neue Rolle beklagen. Die Gefühle, die sie mit ihrer neuen Rolle verbinden, sind nicht immer positiv und können sich in Depression und Alkoholmissbrauch und auch dem Scheitern der Ehe beziehungsweise des Zusammenlebens ausdrücken.

Für viele finnische Männer ist es problematisch, gleichzeitig gut bezahlte Arbeitskraft, guter Vater und sensibler Partner zu sein. Das gemeinsame Zuhause ist in der Regel ein von der Frau beherrschter und gelenkter Bereich, in dem die Männer oft in die Garage verbannt werden. Apropos Beherrschung: Finnische Männer sind Jahrhunderte hindurch von schwedischen oder russischen Adeligen und Beamten beherrscht worden. Sie mussten die Drecksarbeit in der schwedischen Armee leisten, was wohl seine Spuren im Selbstbewusstsein finnischer Männer hinterließ. Die Unsicherheit mancher finnischer Männer drückt sich darin aus, dass sie Augenkontakt vermeiden.

Typisch für die Situation in Finnland ist die Rubrik der häufig gestellten Fragen auf der Homepage des oben genannten Volkshochschulkurses in Tampere: Fragen wie: „Wird in der Gruppe nicht nur die ganze Zeit über Frauen geschimpft?" oder „Handelt es sich um einen Kurs für Schwule?" zeigen das Misstrauen, das viele Männer solchen „Weichei-Aktivitäten" entgegenbringen. Das Eingestehen eigener Schwächen und das offene Gespräch darüber, vor allem wenn das Problem vermeintlich dem Selbstbildnis der eigenen Männlichkeit Abbruch tun würde, kann nach wie vor wohl nur wenigen finnischen Männern attestiert werden. In gewisser Hinsicht könnte man von Machismo (übetriebene Betonung der Männlichkeit) sprechen, der sich in Finnland jedoch nicht gegen die Frauen an sich richtet, sondern an einem Bild des Mannes als zähem Naturburschen festhält.

Trotz einiger Kurse und Klubs ist die finnische Männerbewegung klein. *Arto Jokinen,* Assistent am Institut für Frauenforschung der Universität Tampere, beschäftigt sich schon seit Jahren mit der Erforschung finnischer Männlichkeit. Er stellte fest, dass sich **homosexuelle Männer** an finnischen Männerbewegungen überhaupt nicht beteiligen. *Jokinen* führt dies auf Homophobie und Sexismus zurück, dem schwule Männer in der finnischen Gesellschaft immer wieder ausgesetzt sind. Obwohl es in Großstädten einschlägige Klubs und Bars für Homosexuelle gibt, wird Finnland wohl nie ein Land sein, in dem man offen und locker mit gleichgeschlechtlicher Liebe umgeht. Bis 1971 war eine sexuelle Beziehung zwischen gleichgeschlechtlichen Erwachsenen strafbar. Interessant ist auch, dass die wissenschaftliche Beschäftigung mit dem Mann in Finnland, wie auch in vielen anderen Ländern, kein eigenständiges Institut aufrecht erhält, sondern immer der Frauenforschung unterstellt ist. Erst in den letzten Jahren gilt es andererseits für einen finnischen Mann als akzeptabel, farbenfrohe Kleidung zu tragen, ohne als homosexuell abgestempelt zu werden.

Viele Institute und Initiativen, die sich um die seelische Ausgeglichenheit von Männern bemühen, haben die **Vaterschaft** als Mittelpunkt ihres Bestrebens. So gibt es Beratungsstellen für Väter und Vater-Kind-Klubs. Von einer neuen Art der Vaterschaft spricht *Jouko Huttunen,* Forscher und Professor am Institut für Pädagogik der Universität Jyväskylä. Er meint, dass sich in den 1970er Jahren die traditionelle Rolle des weitgehend abwesenden Vaters, der nur hie und da, wenn die Kinder schon größer waren, bei der Disziplinierung mithalf, veränderte. Der traditionelle Vater war von seinen Kindern immer gefürchtet und ihnen fast unbekannt, da er kaum Zeit mit ihnen verbrachte. In den 1950er und 1960er Jahren begann man sich mit der Vaterschaft auseinander zu setzen, dies jedoch immer mit negativen Vorzeichen: Der Vater wurde erst dann unter die Lupe genommen, wenn die Kinder Probleme hatten. Die neue Generation von Vätern, die sich ab 1970 abzeichnete, will am Leben und der Erziehung ihrer Kinder teilhaben. Die Väter wollen bei der Geburt dabei sein und fühlen sich im selben Maß für ihren Nachwuchs verantwortlich wie ihre Partnerinnen. In jüngster Zeit ist dabei aber auch eine Besorgnis erregende Erscheinung aufgetreten, die *Huttunen* „die Kultur der sich schmälernden Vaterschaft" nennt. Der Mann wird dabei von den vielen verschiedenen Aufgaben, die er im Beruf wie zu Hause und neben seiner Partnerin zu erfüllen hat, überlastet. Aufgrund dieser Überlastung geht der Mann nach einem schweren Arbeitstag lieber mit Freunden aus, als dass er sich den weiteren Belastungen und Anforderungen des häuslichen Lebens stellt. Dies resultiert in einer weitgehenden Abwesenheit von zu Hause, was bedeutet, dass die Frau praktisch Alleinerzieherin wird. Der Mann kann nicht einmal mehr die traditionelle Vaterrolle erfüllen, sondern verbringt fast sein gesamtes Leben außer Haus. Mittlerweile scheint sich diese Art der Vaterschaft so in der finnischen Gesellschaft eingebürgert zu haben, dass sie allgemein akzeptiert wird. *Huttunen* meint, dass das in Finnland weit verbreitete Problem der Schulquälereien, bei denen Kinder einander Schaden zufügen, durch die stärkere Präsenz von Vätern in der Kindererziehung möglicherweise verringert werden könnte.

Der finnische Mann im Alltag

Der finnische Mann ist in seiner **Kleidung** naturnah und unkompliziert. Obwohl man in der urbanen Jugend immer öfter Businessmänner mit Designerkleidung und durchgestylte Skater findet, zieht der Großteil finnischer Männer noch immer das an, was bequem ist. Egal, wie scheußlich die Ehefrau den abgewetzten Pullover, der jedem Modeschöpfer die Haare zu Berge stehen lassen würde, auch findet, die Regel lautet: Gut ist, was bequem ist. Die finnische Nationaltracht ist der **Jogginganzug,** wird oft von den Finnen selbst behauptet und die Bewohner der estnischen Hauptstadt Tallinn nennen die Finnen „Windanzugvolk", weil viele durch die Stadt torkelnde, betrunkene finnische Touristen eher unattraktive, bei jedem Schritt ein raschelndes Geräusch von sich gebende Jogginganzüge tragen.

Der **Gummistiefel** ist ein beliebtes und praktisches Schuhwerk, das in Finnland seit 1890 hergestellt wird. Sogar manche Nichtfinnen wissen, dass das Mobiltechnologieunternehmen Nokia ursprünglich mit der Produktion von Gummistiefel seine Laufbahn begonnen hat. Die damalige Linie wurde in der Zwischenzeit freilich um verschiedenste Modellen und modischen Einzelheiten erweitert.

Interessant ist, dass man in Finnland vor allem in den jüngeren Generationen bis 35 Jahren relativ viele Männer findet, die auch ihrem Aussehen nach dem **Hardrock und Gothik-Pop** frönen. Sie färben ihre meist blonden, langen Haare schwarz, tragen schwarze Kleidung mit einschlägigen Hardrock-Motiven und umranden sich die Augen mit schwarzem Kajalstift. Viele dieser jungen Männer eifern der finnischen Gothik-Band „HIM" nach. Die Beliebtheit solcher Idole mag auch mit einem bestimmten Bild von Männlichkeit zusammenhängen, das die Stärke und Männlichkeit auch durch einen Musikstil auszudrücken vermag.

Manche finnischen Männer erscheinen in den Augen ausländischer Damen ungehobelt und grob. Öffentliches, lautes Rülpsen oder das Verrichten der kleinen Notdurft an jeder beliebigen Häuserecke sind **Verhaltensweisen,** die man an Wochenendnächten in Finnland immer wieder erlebt. Die Tatsache, dass finnische Frauen in Nachtlokalen heute genauso ein Kennenlernen initiieren wie Männer und oft durch aggressive sexuelle Anspielungen ihre Absichten gegenüber dem Mann eindeutig machen, gibt vielen Männern das Gefühl, nicht mehr Herr der Situation zu sein. Der Verlust eines weiteren Hoheitsgebietes also. Die Gleichberechtigung hat in Finnland außerdem so erfolgreich Fuß gefasst, dass an Damen gerichtete Höflichkeiten wie das Aufhalten der Tür, das Hineinhelfen in den Mantel oder das Bezahlen der Getränke kaum mehr praktiziert werden beziehungsweise in ländlichen Gebieten eigentlich nie praktiziert wurden. Dabei ist in letzter Zeit eine interessante Umkehrung zu bemerken, wenn auch recht begrenzt und selten: Manche Frauen sehnen sich nach diesen höflichen Kleinigkeiten und mittlerweile gibt es Männer, die ein Image als Gentleman pflegen und diesen Damen entgegenkommen. In diesem Zusammenhang ist die Sehnsucht nach der an Russland verlorenen Stadt Viipuri zu nennen. Diese Stadt war für ihr internationales Flair und ihre gepflegte Etikette bekannt, in der Männer „noch wussten, wie man Damen behandelt".

Zärtlichkeiten verteilt ein finnischer Mann auch eher selten, wenn er dies aber tut, sollte Frau innerlich jubilieren; sie hat es geschafft, die „harte Nuss" zu knacken!

Das eingangs zitierte Sprichwort „Ein finnischer Mann spricht nicht, weint nicht und küsst nicht" ist, wie man sieht, nur unter bestimmten Voraussetzungen wahr und reichlich übertrieben, wie Sprichwörter im Allgemeinen. Letzteres sollten sich vor allem Frauen ins Gedächtnis rufen, wenn sie folgendes finnische Sprichwort hören: „Eine Frau nimmt man, aber einen Mann bekommt man" ...

Die Freitagsflasche

Wenn man an einem Freitag vor einem verlängerten Wochenende eine lange Schlange vor einem finnischen Geschäft sieht, dann handelt es sich mit einiger Treffsicherheit um eine Filiale der Kette mit dem bezeichnenden Namen „ALKO". Der Firmenname birgt ein staatliches Monopol, das weitestgehende Alleinherrschaft über den Alkohol in Finnland hat.

„ALKO" hat die Aufgabe, den Alkoholkonsum der Finnen zu überwachen und ihn in moderaten Grenzen zu halten. Warum mischt sich der Staat in die Trinkgewohnheiten seiner Bürger ein? Weil Trinken in Finnland keine Privatsache ist. Welche historischen Gründe dies hat, soll im Folgenden ein wenig beleuchtet werden.

Die Entstehung der Abstinenzbewegung

In der finnischen Agrargesellschaft war das **Herstellen von Branntwein** unter den Bauern verbreitet, da es einerseits das übrig gebliebene Getreide verbrauchte und andererseits Selbstgebrautes als Zahlungsmittel galt. Es war Sitte, Landarbeitskräfte teilweise mit Hochprozentigem zu entlohnen. Alkohol hatte also eine nicht unbedeutende Rolle in einem eingespielten System.

Im Jahre 1866 wurde den Bauern jedoch per Gesetz **verboten, ihren eigenen Schnaps zu brennen,** weil der Staat die Steuereinnahmen aus der Alkoholherstellung als wichtige Geldeinnahmequelle entdeckte und für sich nutzen wollte. So kam die Branntweinherstellung und ihr Vertrieb in die Hände der Industrie, die Vater Staat Abgaben und Steuern zu leisten hatte.

Der Fiskus hatte seine Rechnung jedoch ohne die Bauern aufgestellt. Diese trotzten und rächten sich für diese Aktion: Der **ländliche Alkoholkonsum sank,** weil die Bauern nicht gewillt waren, den Industrieschnaps für teures Geld zu erwerben. Der zivile Ungehorsam nahm noch markantere Züge an: Bauern und Grundbesitzer, die in der ländlichen Lokalverwaltung das eine oder andere Machtwort inne hatten, legten gegen Ende des 19. Jahrhunderts durch kommunale Alkoholverbote ihre Landstriche regelrecht „trocken" und kosteten die Beamten des Staates einiges an Nerven. Dabei ist bemerkenswert, dass die Landbevölkerung, um ihren Unmut gegenüber der Obrigkeit kundzutun, gewillt war, auf ihr praktisch einziges Genussmittel zu verzichten. So trank man in Finnland damals jährlich pro Kopf rund 1,5 Liter reinen Alkohol, während in den meisten anderen europäischen Ländern der Verbrauch zwischen 5 und 10 Litern lag. 1901 war sogar der Ausschank von Bier nur mehr in den Gasthöfen von sechs Gemeinden im ganzen Land erlaubt.

Noch am Ende des 19. Jahrhunderts lebten 90 Prozent der finnischen Bevölkerung auf dem Land. Die Städte waren klein und wenig urbanisiert, und in ihnen lebte die Oberschicht der Beamten und Aristokraten. Langsam kamen mit dem Fortschreiten der Industrialisierung Menschen aus den ländlichen Gebieten in die Städte, um dort in den Fabriken und Dienstleistungsbetrieben, die um die wachsenden Zentren entstanden, zu arbeiten. Als sich in den Städten Arbeiterbewegungen zu bilden begannen, lehnten sich diese verstärkt gegen die besseren Lebensumstände der Oberschicht auf. Die **Abstinenzbewegung** rekrutierte ihre Mitglieder aus diesen Arbeiterbewegungen, denn sie meinte, wenn die Landbevölkerung ohne Alkohol auskäme, sollte die Stadt auch „trocken" werden. Die finnische Abstinenzbewegung gründete sich also ursprünglich auf eine Trotzreaktion der Landbevölkerung, die keine Ungleichheiten in der Gesellschaft dulden wollte. Recht schnell verallgemeinerte sich die Idee einer totalen Prohibition, die bald schon auch von Teilen der Oberschicht propagiert wurde, weil die negativen gesundheitlichen Folgen des übermäßigen Alkoholkonsums bekannt wurden.

Bereits 1907 wurde bei der ersten Sitzung des neuen Einkammerparlaments die **totale Prohibition** beschlossen, und zwar stehend, einstimmig und von Ovationen begleitet. Das neue **Alkoholgesetz** trat aber erst im Jahre 1919 nach den Wirren der Unabhängigkeitserklärung und des finnischen Bürgerkrieges in Kraft, weil es vom Senat, obschon bereits beschlossen, noch hinausgezögert wurde. Die Abstinenzbewegung fühlte sich durch diese Verzögerung genötigt, die Totalprohibition gezielt zu begründen, weil sie befürchtete, dass das Gesetz in letzter Minute doch noch verhindert werden könnte. Dabei musste die Frage, warum gerade Finnland als autonomes Großfürstentum des russischen Reiches „trocken" werden sollte, beantwortet werden.

Um dies ausreichend begründen zu können, wurde der Begriff des **„finnischen Schnapskopfes"** geprägt. Dabei berief man sich darauf, dass die Finnen im Gegensatz zu anderen Völkern zügelloser mit dem Alkohol umgehen würden. Folgende Grundzüge wurden den finnischen Trinksitten zugeschrieben:

- Finnen trinken zwar weniger und seltener, aber wenn sie trinken, dann nur mit dem Ziel, betrunken zu werden.
- Finnen benehmen sich im Rausch besonders unzivilisiert und werden gewalttätig.
- Alkohol wird nur außerhalb der Arbeit gebraucht, in bestimmten abgegrenzten Freizeitsituationen.
- Die allgemeine Einstellung der Finnen zu Alkohol und besonders dem Rauschzustand ist negativ.

Aus diesen Ecksteinen schlussfolgerte man, dass das finnische Volk unzivilisiert sei, weil es im Gegensatz zu „Kulturvölkern" und Nationen mit älteren Kulturen „sich nicht beherrschen" konnte und eine negativ beurteilte Sache, die noch dazu der Gesundheit schadet, trotzdem praktiziert. Offensichtlich wurde hier kein Vergleich zu Trinksitten in Irland und Schottland gezogen, wo sich einige Ähnlichkeiten mit Finnland zeigen. Immer wieder zitierte man die vermeintliche Tatsache der kulturellen Minderwertigkeit des finnischen Volkes, das gerade erst „aus dem Wald herausgekommen" sei. Die Finnen betrachteten sich im Gegensatz zu anderen europäischen Ländern als „Waldschratland", das kulturell gesehen wenig hervorgebracht hatte. Der Begriff des „finnischen Schnapskopfes" verwurzelte sich so tief im finnischen Bewusstsein, dass auch heute noch die Auffassung vorherrscht, man müsse nur den Waldkobold aus der finnischen Seele ausmerzen, um in die Gruppe der zivilisierten europäischen Nationen aufgenommen zu werden. Ab diesem Zeitpunkt wurde (zumindest in der Alkoholdiskussion) die Naturnähe der Finnen als negative Eigenschaft gedeutet. Besonders die Oberschicht beeilte sich, die Landbevölkerung als kulturlos, rau, sittenfremd und zügellos darzustellen. Bildung und Zivilisation wären die einzigen Mittel, um die „schlechte Trinknatur" der Unterschichten loszuwerden.

Wenn auch die Einstellung, dass die Finnen im Gegensatz zu anderen Nationen ein ausdrückliches Problem mit dem Alkohol haben, erst um 1910 entstanden ist, war doch die **Diskussion um den Rauschzustand** in Finnland sicherlich bereits im 16. Jahrhundert entbrannt. Alkohol wurde vor allem in religiöser Hinsicht als Teufelszeug und sündhafte Substanz angesehen. Trinkerfeindliche Verse bezeugen die Einstellung, dass übertriebener Alkoholgenuss neben der Moral und dem zivilisierten Benehmen auch noch die Gesundheit und das Geld dahinschmelzen ließe. Diese Ansicht verstärkte sich noch durch die protestantisch-puritane Ethik der Reformation, die Alkohol neben vielen anderen, auch harmloseren Freizeitbeschäftigungen verteufelte.

Die Abstinenzbewegung versuchte das Prohibitionsgesetz auch mit wissenschaftlichen Belegen zu begründen. Bereits 1898 wurde eine Untersuchung in finnischen Gefängnissen vorgenommen, deren Ergebnis den Durchbruch für die finnische Abstinenzbewegung bedeutete: Fast drei Viertel der männlichen Gefangenen waren Trinker und fast zwei Drittel von ihnen hatten ihre Straftat in betrunkenem Zustand begangen. Die **Beziehung zwischen Alkohol und Gewalttätigkeit** wurde so auch in Finnland aufgezeigt.

Sofort aber, als das Prohibitionsgesetz 1919 in die Tat umgesetzt wurde, meldete sich wieder der Trotz der Finnen zu Wort. Hatten die lokalen Alkoholverbote noch gut funktioniert, weil man damit dem Staat „eins auswischen" wollte, so setzte nun mit der gesetzmäßigen Festlegung der Abstinenz eine nie gesehene **Schmuggel- und Schwarzbrennaktivität** ein. Es wird gesagt, dass die Finnen erst während der Prohibition richtig zu trinken gelernt haben.

Dies war also die Zeit, in der der **Alkoholismus zur Volkskrankheit** auswuchs. Trotz der strengen staatlichen Kontrolle existierte ein gut durchorganisiertes Versorgungsnetz, das nahezu alle Wünsche alkoholischer Natur erfüllen konnte. Eine Erklärung dafür kann die negative Einstellung des städtischen Proletariats gegenüber der Bourgeoisie, von der man sich nichts vorschreiben lassen wollte, gelten. Man brach das Gesetz, das man vor kurzem noch selbst mitinitiiert hatte. Die Polizei versuchte, der finnischen Trinklust durch harte Strafen, Razzien und strenge Kontrollen Herr zu werden. Im Jahre 1926 beschlagnahmte sie die nicht unbedeutende Menge von 650.000 Liter Branntwein. Während der Prohibition entwickelte sich aufgrund der schweren Beschaffbarkeit von Alkohol eine eigenwillige Einstellung zum Trinken. Wenn man schon Alkohol trank, sollte

045fin Foto: ih

dieser so stark wie möglich sein, damit man auch etwas „davon hatte". Auf Geschmack wurde selten geachtet. Das kostbare Nass wurde dann so schnell wie möglich getrunken, um der Gefahr von Beschlagnahmung zu entgehen. Alkoholkonsum wurde zu einer Ausnahme vom Alltag, einem feierlichen Ritual, das fast gesetzmäßig zum Totalrausch führte. Noch heute ist die finnische Trinkkultur geprägt von diesen Merkmalen: Ein gepflegtes Glas Wein bei Tisch gibt es nur selten. Dann schon lieber die ganze Flasche am Freitag oder Samstagabend, wobei das einzige Ziel der Vollrausch ist.

Eine **Volksabstimmung** über die Alkoholfrage Ende 1931 ergab, dass 70 Prozent der Bevölkerung die Prohibition abschaffen wollte. 1932 wurde ein Gesetz geschaffen, das die Prohibition aufhob. Der Staat ließ es sich aber dennoch nicht nehmen, sich in die Trinkgewohnheiten seiner Bürger einzumischen. Herstellung, Vertrieb und Handel mit Alkohol blieben einem **staatlichen Monopol,** „Oy Alkoholiliike Ab", das später in „ALKO" umbenannt wurde, vorbehalten. Diese Gesellschaft überwachte die Alkoholkäufer mit verschiedenen Mitteln; so musste sich zum Beispiel während des Zweiten Weltkrieges jeder Kunde in ein Kundenbuch eintragen, in dem auch alle seine Einkäufe verzeichnet waren. War der Konsum eines Kunden ausnehmend groß, wurde er beobachtet, befragt und wenn nötig gemaßregelt. So blieb der Alkoholkonsum der Finnen weiterhin auf einem geringen Niveau. Nicht zu vernachlässigen ist jedoch die Tatsache, dass auf diese Weise auch der Mythos der verbotenen Frucht aufrecht erhalten wurde.

Im Frühling 1948 meldete sich die finnische Abstinenzbewegung wieder zu Wort. Bis zu diesem Zeitpunkt hatte sich der Mythos des „finnischen Schnapskopfes" derart eingeprägt, dass 1948 eine **„Abstinenzwoche"** veranstaltet wurde, im Laufe derer die Abstinenzbewegung den Finnen „gutes Benehmen" beibringen wollte. Unter „gutem Benehmen" verstand die finnische Abstinenzbewegung den Verzicht auf Alkohol, der die Finnen ungehobelte und unsittliche Dinge tun ließ. Der Hintergrund der Abstinenzwoche waren die nahenden Olympischen Spiele in Helsinki 1952, bei denen der Welt ein gutes Bild von den Finnen vermittelt werden sollte. Die Abstinenzbewegung ermahnte ihre Mitbürger, sich nicht wie ein primitives Volk zu benehmen und verteilte Flugblätter mit dem Text „Ein echter Mann betrinkt sich nicht – eine echte Frau erträgt die Gesellschaft eines Betrunkenen nicht". Hier wurde versucht, eine soziale Kontrolle einzuführen, die es in vielen mitteleuropäischen Ländern bereits gab. Dies misslang in Finnland jedoch, ist doch auch heute noch die öffentliche Trunkenheit kaum ein Peinlichkeitsfaktor.

Ab den 1950er Jahren veränderte sich die finnische Gesellschaft rapide. Durch eine Landflucht ungeahnten Ausmaßes und den wirtschaftlichen Aufschwung stieg der allgemeine Wohlstand. Die finnische Gesellschaft wurde zusehends homogener. Als ein Produkt all dieser Vorgänge trat 1968 ein **neues, liberaleres Alkoholgesetz** in Kraft. Es war nicht mehr nötig, aus Trotz und Bitterkeit zu trinken, denn die neu entstandene breite Mittelschicht ließ auch die Kluft zwischen Volk und Aristokratie nahezu verschwinden. Seit diesem Zeitpunkt ist der Alkoholkonsum stetig gestiegen. Heute hält er sich bei etwa 9 Liter reinem Alkohol pro Kopf und Jahr, wobei diese Zahl auch den Alkohol ungesicherter Herkunft, d.h. Schwarzmarktalkohol, Schmuggelware bzw. Selbstgebranntes beinhaltet. Ohne diese illegalen Rauschmittel liegt der Verbrauch bei etwa 7 Liter.

Der Mythos vom „finnischen Schnapskopf" geriet ab den 1990er Jahren in Bedrängnis, als die Soziologie begann, sich auch mit dem Alltag des gewöhnlichen Menschen zu beschäftigen. In den letzten Jahren konnten die Daten der finnischen Trinksucht so immer besser mit ähnlichen Daten anderer Nationen verglichen werden. Die Auffassung, dass sich die Finnen im Rauschzustand besonders schlecht und unzivilisiert benähmen, kann beispielsweise angesichts der Daten über betrunkene Deutsche oder Holländer auf spanischen Ferieninseln kaum standhalten. Freilich hat der Alkohol in der finnischen Gesellschaft aufgrund der oben genannten historischen Entwicklung immer schon einen eigenständigen Stellenwert gehabt, den er wohl in keinem anderen europäischen Land in dieser Form hatte. Interessant ist aber die Verbindung zu anderen skandinavischen Ländern, denen eine ähnliche Zügellosigkeit im Umgang mit Alkohol nachgesagt wird wie den Finnen. Auch in diesen Ländern gab es die Prohibition und eine ähnlich strenge Überwachung der Trinksitten. Angesichts dieser Tatsache lässt sich die traditionelle Begründung, wonach das Trinken in Finnland ein genetisch bedingtes Volksproblem ist, nur schwer halten. Dass Finnen die Trinksucht in den Genen haben, hört man in Finnland aber trotzdem immer wieder, wenn auch oft mit einem humorvollen Unterton. Manche sagen, dass Finnen den asiatischen Zug der Polymorphie des CCK-AR-Genes aufweisen, das zum Beispiel Alkoholabhängigkeit in der japanischen Bevölkerung verursacht. Dies wird in Japan intensiv untersucht, aber bis in Finnland ähnliches bewiesen wird, glauben wir eher an historisch gewachsene Strukturen.

Staatliche Alkoholpolitik und der Einfluss der EU

Der finnische Staat betreibt das **staatliche Alkoholmonopol „ALKO"**, um damit Einfluss auf die Trinkgewohnheiten seiner Bürger auszuüben und ganz nebenbei eine schöne Stange Geld zu verdienen. „ALKO" operiert nämlich auch heute noch mit **sehr hohen Alkoholpreisen.** Der Anteil der Alkoholeinnahmen an den staatlichen Steuereinnahmen lag im Jahr 2002 bei 5,5 Prozent, im Realwert 2040 Millionen Euro. Dabei ist der Steueranteil bei harten Getränken wesentlich höher als bei Bier und Wein, um die Finnen zum Kauf leichterer Getränke anzuregen. Bei Spirituosen betrug der Steueranteil 2003 64 Prozent, bei Wein nur 29 Prozent und bei Bier 34 Prozent. Zu diesem Wert kommt freilich noch ein Mehrwertsteueranteil von 18 Prozent.

Jaakko Uotila, Geschäftsführer von „ALKO" machte 2003 von sich Reden, als er den Steueranteil von Spirituosen aus volksgesundheitlichen Gründen senken lassen wollte. Hinter dieser scheinbar unsinnigen Forderung stand die Angst, dass nach dem Beitritt Estlands zur EU im Mai 2004 ein **Schwarzmarkt** aus estnischem Alkohol entstehen würde, was aufgrund der billigen Beschaffbarkeit vor allem die Jugend zu einem verstärkten Alkoholgenuss animieren würde. Seit Mai 2004 darf man nämlich auf einmal 20 Liter harten Alkohol aus Estland einführen, was vor allem deshalb gefährlich ist, weil in Estland eine Flasche Wodka für rund ein Drittel des finnischen Preises zu haben ist.

Im März 2004 senkte der Staat angesichts der nahenden EU-Erweiterung tatsächlich die Alkoholsteuern, was eine **Verbilligung von alkoholischen Getränken** um rund 22 Prozent nach sich zog. Noch immer aber ist Alkohol in Finnland teuer, teuer genug, dass sich die Reise nach Estland lohnt. Dass Finnland seine Alkoholsteuern um durchschnittlich 32 Prozent senkte, war auch Ergebnis eines Dominoeffektes: Zuerst senkte Dänemark seine Steuern, um die Dänen davon abzuhalten, ihr Bier in Deutschland zu kaufen. Schweden musste nachziehen, damit seine Bürger keine Besorgungstouren nach Dänemark organisierten und nun tat auch Finnland dasselbe, um die Finnen vom Einkauf in Schweden abzuhalten.

Die Restaurants erhalten **Alkoholausschankgenehmigungen** nach drei verschiedenen Klassen: A, B oder C. Klasse A darf alle alkoholischen Getränke verkaufen, B nur Getränke bis höchstens 22 Prozent Alkoholgehalt, C bis zu 4,7-prozentige alkoholische Getränke. Aus alkoholpolitischen Gründen ist die Gewinnspanne für den Verkauf von Bier und Wein höher als für harte Getränke. So sollen Bars und Restaurants dazu angeregt werden, mehr leichte Getränke zu verkaufen, was die Gesundheit der Finnen positiv beeinflussen soll.

Die Soziologen *Thomas Karlsson* und *Jussi Simpura* haben in einer Arbeit über Alkoholkonsum in EU-Mitgliedsländern eine Tabelle mit den **meistverkauften Alkoholsorten** in den verschiedenen Staaten aufgestellt. Die in den 1950er Jahren begonnene Tabelle weist Finnland gemeinsam mit Schweden bis in die 1980er Jahre als Spirituosenland aus, ab den 1990er Jahren jedoch schon als Bierland wie auch Deutschland, Belgien, Österreich und Dänemark. Als Weinländer werden Frankreich, Griechenland, Italien, Portugal und Spanien aufgeführt.

Das **Bier** wird in Finnland in Klassen eingeteilt: Bier I enthält kaum Alkohol (bis 2,8 Prozent) und wurde bis 1995 nur produziert, um Werbung für Alkohol machen zu dürfen. Dieses Bier war nämlich der einzige Alkohol, für den per Gesetz Werbung gemacht werden durfte. Bier II gibt es gar nicht, denn die Brauereien machen schon mit dem Leichtbier überhaupt keinen Gewinn. Bier II gibt es noch in Schweden, wo aber Bier I nicht mehr produziert wird. Bier III und IV enthält schon mehr Alkohol (4,2 bzw. 5,5 Prozent), und Bier IV gibt es sogar in A- und B-Ausführung, wobei B die stärkste erhältliche Sorte Bier ist. Alle Biersorten über 5,5 Prozent werden als Klasse IV B klassifiziert. Die Bierflaschen und -dosen sind mit den genannten Ziffern beschriftet und der Preis nimmt proportional mit der Alkoholstärke zu.

Seit Finnland 1995 der Europäischen Union beigetreten ist, hat es seine restriktive Alkoholpolitik in einigen Punkten überdenken müssen. Laut dem 1995 verabschiedeten **Alkoholgesetz** darf für Getränke bis zu 22 Prozent Alkoholgehalt Werbung gemacht werden. Verboten ist allerdings die so genannte indirekte Bewerbung starker alkoholischer Getränke, worunter auch Schokoladenkonfekt fällt, das mit Wodka gefüllt ist. Bis 1995 durfte man auf öffentlichen Plätzen, also Straßen und Parks, keinen Alkohol konsumieren. Auch diese Verordnung wurde abgeschafft. Heute ist es Angelegenheit der Gemeinde oder des Stadtrates, zu entscheiden, ob öffentlicher Alkoholkonsum erlaubt ist. Die Monopolstruktur von „ALKO“ wurde teilweise aufgebrochen, sodass heute beispielsweise Restaurants nach eigenem Gutdünken Alkohol importieren dürfen.

Was kaum liberalisiert werden wird, ist der strenge Umgang mit **Alkohol am Steuer:** Die 0,5 Promille-Obergrenze wird sehr ernst genommen und die Strafen für Trunkenheit am Steuer sind hart. Eine noch härtere Strafe ist vielleicht die öffentliche Verurteilung, der ein betrunkener Fahrer ausgesetzt ist, wenn er einen Unfall verursacht hat.

Alkoholkonsum heute

Zu finnischen **Feiertagen** gehört der Alkohol unabdingbar dazu. Vor verlängerten Wochenenden sind die „ALKO's“ voller Warteschlangen, weil ja nur in diesen Geschäften Alkoholgetränke von über 4,7 Prozent und einheimische Weinsorten von über 13 Prozent Alkoholgehalt gekauft werden können. Leichtbier und *siideri,* die finnische Entsprechung des französischen Apfelweins *cidre* bekommt man auch im Supermarkt oder am Kiosk. Da der Alkohol so teuer ist, ist es vor allem in Studentenkreisen verbreitet, zu einer **Party** seine eigene Flasche mitzubringen, die jedoch nicht in eine gemeinsame Bar gestellt wird, aus der sich alle nach Lust und Laune laben können. Vielmehr trägt der finnische Student seine eigene Flasche die ganze Feier hindurch mit sich herum und hält sie fest, so gut er kann, denn Unachtsamkeit kann zum Verschwinden führen.

Unter guten Freunden wird dies jedoch entspannter gehalten und mitgebrachte Flaschen werden gemeinsam verzehrt. Zu einem Abendessen oder einer sonstigen Feier, bei der kein eigener Alkohol mitgebracht werden muss, sollte man dem Gastgeber eine Flasche Wein oder Gebranntes übergeben.

Ein Tipp für den Finnlandreisenden: Wenn man im Laufe seiner Reise **bei finnischen Studenten zu Gast** ist, empfiehlt es sich, den billigsten und stärksten Schnaps als Gastgeschenk mitbringen. Ein teurer französischer Rotwein ist – auch wenn es hart klingt – eine Verschwendung. Die Flaschen werden nämlich bis zum nächstgelegenen Freitag oder sonstigen Feieranlass gehortet und gesammelt, damit sie dann in Windeseile nacheinander die Kehlen hinuntergeschüttet werden. Dabei geht es beileibe nicht um Geschmack und Qualität, sondern um den Totalrausch.

Ein weiterer Hinweis auf die Straße, die schnurgerade ins Delirium des **Vollrausches** führt, ist die Tatsache, dass vor allem im hohen Norden

Lapplands, wo der nächste „ALKO" nur mit langer Fahrt erreicht werden kann, speziell von Alkoholikern oder Gewohnheitstrinkern alles getrunken wird, was nur Alkohol enthält. Vom Frostschutzmittel über den Nagellackentferner bis hin zum Verdünner reicht die eigenwillige Getränkeliste, die keineswegs ungefährlich ist. Schon so mancher Trunkenbold hat sein Augenlicht dafür lassen müssen.

Da lohnt es sich schon eher, auf den Versandservice des „ALKO" zurückzugreifen, der per Anruf oder E-Mail die gewünschte Flasche verschickt. In finnischen Supermärkten gibt es allerlei Hefepulver samt Anleitung zu kaufen, aus dem man sich leicht alkoholische Getränke, die nur mit einiger Fantasie „Hauswein" oder „Bier" genannt werden können,

Finnische Nationalgetränke

Ein echt finnisches alkoholisches Getränk ist „Marskin ryyppy", das historische Bedeutung hat. Marschall *Carl Gustav Mannerheim,* Oberbefehlshaber der finnischen Armee während des Zweiten Weltkrieges, war es aus seiner Dienstzeit in der Armee des Zaren gewohnt, seinen Sold teilweise in Form von Alkohol zu erhalten. Ein Schnapsglas zum Frühstück und zwei zur Hauptmahlzeit. Während des Krieges war in Finnland aufgrund der Getreideknappheit jedoch nur minderwertiger, aus Holzspiritus gemachter Schnaps zu haben. Um den unangenehmen Geschmack zu überdecken, befahl *Mannerheim* seinem Adjutanten im Herbst 1942, „etwas dagegen zu tun". Der gute Mann experimentierte so lange herum, bis er den perfekten Geschmack bekam: 1 cl Gin und 2 cl Wermut auf 1 Liter Schnaps. Der Marschall war zufrieden und der finnische Nationalschnaps war geboren. Noch heute trinkt man ihn wie von *Mannerheim* befohlen eisgekühlt aus sich beschlagenden Gläsern, die bis zum Rand angefüllt werden. Das Schnapsglas soll auf einen Schluck so geleert werden, dass kein Tropfen verschüttet wird. Um die genaue Rezeptur streiten sich die Finnen jedoch schon seit Jahrzehnten. Da die Basis des Getränks, der minderwertige Holzspiritus, nicht mehr erzeugt wird, ist der Ausgangsgeschmack freilich auch nicht mehr derselbe. Außerdem herrscht Uneinigkeit darüber, ob die ideale Mischung mit trockenem oder süßen Wermut erlangt wird.

Ist „Marskin ryyppy" das „erhabene" Nationalgetränk, so ist Wodka der Marke „Koskenkorva" das „Getränk des Volkes". Dieses Getränk feierte vor kurzem seinen 50. Geburtstag und ist die meistgekaufte Spirituose in Finnland. Der liebevoll „Kossu" genannte Wodka wird nicht für den Export produziert, wie „Finlandia Wodka", die feinere Variante, der nicht wie „Koskenkorva" Zucker und Zusatzstoffe beigesetzt werden. Als in den 1970er Jahren die Alkoholprozente der Spirituosen gesenkt wurden, um den Alkoholismus einzudämmen, war das einzige Getränk, das nicht angerührt wurde, der „heilge Kossu", wohl weil befürchtet wurde, dass die sonst politisch so friedlichen Finnen Massenprotestaktionen gegen die Verwässerung ihres zusammenbrauen kann. Auch hierbei gilt: Geschmack ist egal, wenn man nur betrunken davon wird.

In den letzten Jahrzehnten gibt es aber auch in Finnland immer mehr, vor allem junge Paare, die sich dem **Wein und ausländischen Qualitätsspirituosen** verschrieben haben und sich über die eine oder andere Flasche Highland Whisky freuen. Dieselben sind es auch, die in ihren Trinksitten „europäischer" zu werden scheinen und zum Essen eine Flasche guten Wein aufmachen, ohne danach fünf weitere öffnen zu müssen. „ALKO" hat in den letzten Jahren eine sehr gute Auswahl an Weinen und Qualitätsspirituosen und paradoxerweise sind gute Weine in Finnland gar nicht so teuer, nähern sich den mitteleuropäischen Preisen an, weil

046fn Foto: ih

Lieblingsgetränkes organisieren könnten. Das ursprüngliche Arbeitergetränk wird sogar bei Gehaltsverhandlungen hinzugezogen, jedoch nicht als Getränk, sondern als Verhandlungsbasis: Laut Forderung sollte mit dem Stundenlohn eines Arbeiters eine 0,5-Liter-Flasche „Koskenkorva" erworben werden können. Dies ist der so genannte „Kossu-Index". Heute verdient ein Fabrikarbeiter im Schnitt 12 Euro pro Stunde und eine kleine Flasche „Kossu" kostet rund 9 Euro. Bezeichnend für die finnische Alkoholpolitik ist übrigens, dass zum 50. Geburtstag des „Koskenkorva" ein Jubiläumsbuch herausgegeben wurde, das aber nirgends erhältlich ist. Klar, das wäre ja auch eindeutig Werbung für Schnaps und die ist gesetzlich verboten.

teure Alkoholprodukte eine geringere Steuerspanne haben als billige. Damit will der Staat Vieltrinker durch hohe Preise mäßigen, während echte Weinkenner und -liebhaber begünstigt werden.

Die Zeiten scheinen langsam vorbei zu sein, als in „ALKO"-Geschäften die peinliche Stille des Unerlaubten herrschte und die Kunden ihre Flaschen in unscheinbare Tüten steckten, um nur ja nicht als Alkoholkäufer entlarvt zu werden. Wohl aufgrund der lange Zeit strafbaren Handlung des Alkoholerwerbs, die Jahrhunderte hindurch für eine Sünde gehalten wurde, waren noch in den 1990er Jahren Einkäufe im „ALKO" für Ausländer eine soziologische Studie. Heutzutage geht dies unbefangener vor sich. Die Kehrseite des freien Umgangs mit dem Alkohol sind die bewusstlosen Betrunkenen, die man hin und wieder an Straßenecken liegen sieht und die von Passanten kaum beachtet werden. Im Winter bezahlen so manche Trinker eine durchzechte Nacht mit ihrem Leben.

Unbestritten ist die Tatsache, dass **Alkohol weiterhin die finnische Volksdroge** bleibt. 75 Prozent der 15–16-Jährigen waren zumindest einmal in ihrem Leben schon betrunken, aber nur 10 Prozent haben Cannabis geraucht. Dabei trinken Jungen eher Bier, Mädchen meist *siideri,* aber auch harte Getränke geben 40 Prozent der befragten Jugendlichen an, im letzten Monat getrunken zu haben. Jährlich sterben ungefähr 2200 Personen an Alkoholvergiftung, 100 an Drogenmissbrauch.

Laut einer Studie des englischen Institutes für Alkoholstudien führte Finnland 1995 die Statistik für Todesfälle mit direktem Zusammenhang mit Alkohol in den EU-Staaten mit 28,6 Männern und 4 Frauen pro 100.000 Einwohner über 15 Jahren an, während es in Deutschland vergleichsweise 16,8 Männer und 4 Frauen und in Österreich 7,6 Männer und 1,5 Frauen pro 100.000 Personen waren. 2002 lag die Anzahl der durch Abhängigkeitskrankheiten verursachten Pflegefälle in Finnland über 40.000. 2001 gab der Staat für diese über 600 Millionen Euro aus.

Unter 10 Prozent der Erwachsenen leben völlig abstinent, aber 5–10 Prozent der Finnen sind Alkoholgroßverbraucher, die praktisch alkoholkrank genannt werden können. Durch die weite Verbreitung des Alkoholkonsums sind ohne Alkohol lebende Personen oft einem bedeutenden gesellschaftlichen Druck ausgesetzt und sehen sich dazu gezwungen, ihr abstinentes Verhalten zu begründen. Die beste Entschuldigung ist immer, zu sagen, dass man mit dem Auto da ist. Jeder Finne weiß dieses gesetzestreue Bewusstsein zu schätzen.

Der finnische Arbeitsmarkt ist auf **Alkoholkrankheit** vorbereitet: In den meisten Arbeitsstellen wird bei Fernbleiben von der Arbeit aufgrund von Trunkenheit mindestens dreimal verwarnt, bevor ein alkoholabhängiger Arbeitnehmer seinen Job verliert. Außerdem werden von der Sozialversicherung bezahlte Ausnüchterungscamps organisiert, in denen Alkoholkranke von ihrer Abhängigkeit geheilt werden sollen.

Sitten und Rituale, die sich mit dem Genuss von Alkohol verbinden, gibt es wenige. Unter den Finnlandschweden gibt es den Brauch des **Trinkliedes** vor jedem Glas Schnaps. Eingefleischte Gesellschaften haben sogar einen Trinkliedführer, der die Intervalle zwischen Trinken und Singen festlegt und das Singen leitet.

Das Jedermannsrecht

Gleich am Anfang zur Klarstellung: Das Jedermannsrecht ist kein finnisches Monopol. Es ist ein **skandinavisches Phänomen,** das es neben Finnland auch in Schweden und Norwegen gibt. Trotzdem handelt es sich dabei um einen Umstand, der die Finnen in ihrer Einstellung zur Natur und ihrem Land eindeutig beeinflusst und vorbestimmt. Aber was bedeutet dieses Schlagwort, das „Jedermannsrecht" überhaupt? Kurz und bündig ausgedrückt, ist es das Recht, mit dem sich jeder Mensch in der Natur frei und ungehindert bewegen darf und zwar ohne Rücksicht auf Besitzverhältnisse. Das heißt, dass im weitesten Sinne kein Unterschied zwischen Privatgrund und öffentlichen Flächen gemacht wird.

Diese Regelung bezieht sich freilich nicht auf städtische Gebiete, denn es ist wohl selbstverständlich, dass man auch in Finnland nicht so einfach in umzäunte Privatgärten am Stadtrand hineinspaziert. Bei dieser Regelung geht es um freie Landstriche und Wälder, die oft so weitläufig sind, dass man ohne gewisse Mühe gar nicht feststellen könnte, ob es sich um Staats- oder Privateigentum handelt.

Das Jedermannsrecht bedeutet, dass jeder, ohne Rücksicht auf Staatsbürgerschaft und Herkunft, auch ohne Erlaubnis des Landbesitzers dessen Land betreten, sich darin aufhalten, in Privatgewässern angeln und mit dem Boot fahren, sich sogar ein Nachtlager aufschlagen, Pilze und Beeren sammeln sowie fischen und jagen darf.

Gemeinsame Kennzeichen von Schweden, Norwegen und Finnland in diesem Zusammenhang sind die geringe Einwohnerdichte, vor allem im hohen Norden, und große Waldgebiete. In anderen Ländern sind Rechte, die das Betreten und Nutzen von Privat- beziehungsweise Staatsgebieten betreffen, viel weniger liberal, teilweise, weil diese Länder viel dichter besiedelt sind und weniger Wälder haben, aber auch wegen einer abweichenden Tradition des Landbesitzes.

Als Finnland gerade erst besiedelt wurde, war das **Landnutzungsrecht** noch nicht geregelt und dadurch fast unbegrenzt. Jeder durfte sich Land zum Bebauen nehmen, das er sein Eigen nennen konnte, den Wald für seine Zwecke nutzen und frei jagen und fischen. Das Nutzungs- und Eigentumsrecht wurde durch die eigene Arbeit erworben. Bewirtschaftete man ein Land nicht mehr, konnte man auch keinen Anspruch mehr darauf erheben und alle Rechte erloschen. Es handelte sich also um ein sehr pragmatisches Recht. Als im 18. Jahrhundert die Wälder aufgeteilt wurden, legte man die Eigentumsverhältnisse und die Besitzrechte schriftlich nieder. Dies hatte jedoch kaum Einfluss auf die allgemeine Nutzung der Natur. Wie zuvor nutzten die Einwohner Finnlands den Wald und offene Fluren für ihre eigenen Zwecke und oft war durch Feuerbrünste in Archiven und Abhandenkommen von Dokumenten die Besitzlage alles andere als eindeutig. Erst später, als sich die Einwohnerdichte vor allem im Süden des Landes und im Einzugsbereich urbaner Zentren erhöhte, begannen die Naturnutzungsrechte zu schrumpfen. Gesetze bezüglich Eigentum und Landbesitz wurden eingeführt. Vor allem im Fall der Saamen war dies schlimm, da ihre Kultur das Konzept des privaten Landbesitzes überhaupt nicht kennt. Für sie bedeuteten diese neuen Gesetze, dass sie aus ihrem traditionellen Lebensraum verdrängt wurden und ihre Lebensgrundlage verloren. Nicht zuletzt aufgrund des wachsenden wirtschaftlichen Interesses an Wäldern bekamen die Landbesitzer immer mehr Rechte.

Aus dem traditionell freien Umgang mit der Natur hat sich als Rudiment das Jedermannsrecht erhalten, das in der finnischen Gesetzgebung nirgendwo vollständig schriftlich niedergelegt ist. Es handelt sich um ein **altes Praxisrecht,** das als Volkstradition weiterlebt und mündlich von einer Generation an die nächste weitergegeben wurde. Heute ist es freilich auch im Internet zu finden und einige Teile des Jedermannsrechtes, zum Beispiel diejenigen, die das Fischen und Jagen betreffen, sind auch gesetzmäßig niedergelegt.

Rechte und Pflichten

Das Jedermannsrecht gehört zum finnischen Kulturgut, weil es aufgrund der weitgehenden Freiheit der Naturnutzung die Beziehung der Finnen zu ihrem Land und der Natur bestimmt. Meistens wird das Jedermannsrecht so ausgelegt, dass die finnische Natur das Eigentum aller ist und daher einer besonders guten Behandlung bedarf. Hier liegt einer der Schlüssel zur finnischen Naturliebe. Das Jedermannsrecht ist nicht nur ein Konglomerat von Rechten, sondern beinhaltet auch eine Reihe von Pflichten.

Man darf beispielsweise keine Tiere, besonders keine nistenden Vögel stören, keine Bäume fällen oder beschädigen und keine Abfälle liegen lassen. Diese Pflichten beziehen sich auf den **Schutz der Natur.**

Einige andere stehen im Zusammenhang mit der **Respektierung von Besitzverhältnissen,** so zum Beispiel das Verbot, andere Personen, vor allem die Landbesitzer zu stören oder ihr Eigentum zu beschädigen, ohne die Erlaubnis des Landbesitzers ein Feuer zu entfachen, Holz zu sammeln, über landwirtschaftlich genützte Felder zu gehen und ein motorisiertes Fahrzeug abseits der Straße zu fahren. Außerdem darf man nicht zu nahe an Wohnhäusern campen und damit die Privatsphäre der Besitzer stören. Als Faustregel gilt: Man soll sein Nachtlager dort aufschlagen, wo man kein Haus sieht. Bei Streitfällen gilt das Prinzip der Zumutbarkeit, das freilich sehr relativ ist und besagt, dass man im „zumutbaren" Abstand von einem Eigenheim campen darf. Man darf sogar mehrere Nächte bleiben, zum Beispiel ein ganzes Wochenende oder eine ähnlich kurze Zeitspanne. Wenn jedoch längere Aufenthalte geplant sind, ist die Zustimmung des Landbesitzers einzuholen.

Fußgänger, Radfahrer und Reiter dürfen jeden Pfad oder Fußweg benutzen und im Winter darf man mit Skiern sogar querfeldein laufen. Dabei muss bloß Sorge getragen werden, dass das Land nicht beschädigt wird. **Öffentlicher Zugang** darf nur per offizieller Tafel verwehrt werden, auf der das Amt, das das Verbot ausgesprochen hat, genannt ist. Selbst fabrizierte und eigenmächtig vom Landbesitzer aufgestellte Schilder widersprechen dem Jedermannsrecht und können getrost missachtet werden. Möchte man jedoch ein Skirennen oder einen Orientierungslauf veranstalten, sollte man diejenigen Landbesitzer, deren Land dabei durchquert wird, zuvor um Erlaubnis bitten.

Das Jedermannsrecht ist eine Form der bindenden Gesetzgebung, die aber oft recht weit verzweigende Auslegungsmöglichkeiten zulässt. Wie schon erwähnt gilt als **Hauptanhaltspunkt die Zumutbarkeit.** Ein Beweis dafür, wie problemlos sich die Finnen im Laufe ihrer Geschichte das Naturnutzungsrecht zu Eigen gemacht haben, ist die Tatsache, dass es trotz der unterschiedlichen Auslegbarkeit vieler Rechte und Pflichten des Jedermannsrechts wenig rechtliche Streitfälle gibt, bei denen es sich um eine Verletzung der Eigentumsrechte in Wäldern handelt. Bei den Rechtsfällen geht es eher um unerlaubtes Feuermachen im Wald, das während der trockenen Sommerperiode generell verboten ist.

Private Gewässer dürfen auch ohne Erlaubnis befahren werden, sowohl von Segel- und Ruder-, als auch von Motorbooten, solange die Lärmentwicklung zumutbar ist. Außerdem darf man in Binnengewässern oder im Meer kurzzeitig ankern, schwimmen, waschen und mit einer Angelrute angeln. Im Winter darf man auf den zugefrorenen Eisflächen Ski fahren und Eislochfischen. Für Haushaltszwecke darf man Wasser aus Seen und Meeresgewässern holen, solange das andere nicht stört.

Sammeln

Eine Besonderheit des finnischen Jedermannsrechtes ist der Umstand, dass Pilze und Beeren frei gesammelt werden dürfen und das auch auf Privatland. Es ist beispielsweise ungesetzlich, wenn ein Landbesitzer ein Schild mit der Aufschrift „Privatbeeren" aufstellt. Beeren, Pilze und Blumen – solange sie nicht zu den geschützten Arten gehören – sind Allgemeinbesitz. Eine Ausnahme hiervon bildet die arktische Sumpfbeere, auch Molte- oder Multbeere genannt, in bestimmten Gebieten Lapplands, da diese im Sommer eine Haupteinnahmequelle der lokalen Bevölkerung ist.

Finnland ist das Land der **Beeren.** Ungefähr 50 Beerenarten wachsen hier, wovon die wichtigsten Erdbeeren, Himbeeren, Preiselbeeren, Moltebeeren, Moosbeeren und arktische Himbeeren sind. Diese gibt es in Hülle und Fülle. In guten Beerenjahren wachsen an die 100 Millionen Kilogramm Beeren, von denen bloß ein winziger Bruchteil, 6,5 Millionen Kilogramm eingesammelt werden. Der Ertrag aus dem Verkauf der Beeren ist in Finnland steuerfrei und eine fleißige Sammlerfamilie kann in einem guten Jahr beim Beerenverkauf schon mal eine schöne Stange Geld verdienen.

Manche Finnen erzählen von einer Art schlechtem Gewissen, das sie überkommt, wenn sie nicht oft genug Beeren sammeln gehen oder gar anstatt finnischer Beeren importierte Früchte konsumieren. „Marjat mätänevät metsiin" – „Die Beeren verfaulen in den Wäldern" ist ein oft mit Trauer und Schuldbewusstsein ausgesprochener Satz.

Auch **Pilze** können in Finnland in einem ertragreichen Jahr viel Geld abwerfen. Von fast 2000 in Finnland wachsenden Arten sind rund 200 essbar. 22 davon sind als zum Verkauf geeignet anerkannt. Finnische Pilzsammler kennen sich gut aus, wovon auch die geringe Pilzvergiftungsstatistik Zeugnis ablegt: Zwischen 1936 und 1978 starben sechs Personen an Pilzvergiftung. Nordkarelien ist die traditionell fleißigste Pilz- und Beerensammlerprovinz. Die Tradition des Pilzkonsums hat sich vom Osten aus in ganz Finnland verbreitet und laut einer Statistik von 1998 sammeln immerhin 56 Prozent der nordkarelischen Haushalte Pilze und sogar 83 Prozent Beeren. Trotzdem braucht man keine Angst zu haben, dass die Wälder „leer gesammelt" werden. Jedes Jahr verrotten Millionen Tonnen Pilze im Waldboden.

Geschützte Pflanzen und Pilze darf man aber unter keinen Umständen pflücken und das Sammeln von Moosen und Flechten ist generell verboten, da diese Pflanzen wertvolle Nahrung für Wildtiere sind und relativ langsam nachwachsen.

Variationen von Lachs und Beeren: Kulinarisches

Finnland ist kein Land der Gourmets. Seine Einwohner ziehen ungekünstelte **Hausmannskost** kulinarischen Höchstleistungen vor.

Die klimatischen Verhältnisse – lange Winter und kurze Wachstumsperioden – boten früher nur beschränkt Möglichkeiten zu abwechslungsreicher Kost. Essen war eine Notwendigkeit, die man eher schlecht als recht bestritt. Schlechte Ernten und Kriege stürzten die Landbevölkerung in **Hungersnöte,** in denen oft Getreidemehl mit geriebener Birkenrinde

Fischen und Jagen

Fischerei und Jagd waren vor der Sesshaftwerdung und der Verbreitung der Landwirtschaft die Haupterwerbsformen in Finnland. Heutzutage werden beide von Privatpersonen meist nur mehr als Hobby betrieben. Berufsfischerei in größerem Umfang gibt es in Finnland fast nur in Meeresgewässern und nahe der Küsten. Finnland gilt als Fischerparadies. Wohin man auch geht, überall ist ein See in der Nähe. Das Fischen für den Privatgebrauch ist auch ein Teil des Jedermannsrechtes, wobei dies jedoch gewissen Regelungen unterliegt. Eine der bemerkenswertesten ist die Regelung, nach der alle Personen, die unter 18 oder über 65 Jahre alt sind, ohne die Bezahlung einer staatlichen Fischereigebühr auch in größerem Umfang angeln dürfen. Diese Gebühr beläuft sich auf 20 Euro pro Kalenderjahr oder 6 Euro pro Woche und ist von allen anderen Altersgruppen zu bezahlen. Wenn man mit Reusen, Netzen und anderen Methoden fischen möchte, braucht man zusätzlich zur Fischereigebühr noch eine Genehmigung, die man meist beim Besitzer des Gewässers oder bei der Behörde kaufen kann.

Das Jagdrecht gehört per Gesetz dem Landbesitzer, der es auf andere Jäger übertragen oder die Erlaubnis zur Jagd geben kann. Jeder Jäger muss eine Jägerprüfung bestehen, in der er seine Kenntnis der Jagdgesetze, Naturschutzregelungen und Eigentumsbestimmungen beweisen muss. Ausländische Touristen können ihre ausländischen Jagdgenehmigungen verwenden, müssen aber, wie alle Wildjäger, eine jährliche Wildmanagementgebühr bezahlen, die bei ca. 24 Euro liegt. Dazu kommt noch die Abschussgenehmigung pro Tier, die ebenfalls bezahlt werden muss. Jäger müssen außerdem die genau festgelegten Zeiten zur Jagd bestimmter Arten beachten. Elche sind die meist bejagten Tiere in Finnland, weil sie zwischen 300 und 600 kg Fleisch geben und sich außerdem rasch vermehren. Die vier großen Raubtiere: Bär, Wolf, Vielfraß und Luchs dürfen nur mit speziellen Abschussgenehmigungen erlegt werden. Die Strafen für Wilderei sind hart, es gibt jedoch nicht genug Beamte zur Überwachung und die Größe der bewaldeten Gebiete macht eine Kontrolle fast unmöglich. Gegenwärtig betreiben NGOs (Non-Governmental Organisations, Nichtregierungsorganisationen) Lobbyismus bei der Europäischen Union, um eine bessere Umsetzung der Gesetze gegen Wilderei zu erwirken.

Die meisten finnischen Jäger gehören einer Jagdgesellschaft an, die sich in der Jagdsaison in der Gruppe mehrmals einige Tage auf die Pirsch begibt. In Nordkarelien wird am meisten gejagt und gefischt. 14% der Erwachsenen gehen dort auf die Jagd (rund 20.000 Personen) und etwa 100.000 geben Fischerei als ihr Hobby an.

gestreckt wurde. Alte Leute erinnern sich noch an die Kriegsjahre, in denen aufgrund von Mehlknappheit Borkenbrot gegessen wurde. Um in dieser schwierige Zeit überleben zu können, machte man von allem, was einem die Natur anbot, Gebrauch. Davon legt heutzutage noch das Brennnesselbrot Zeugnis ab. Nach dem Zweiten Weltkrieg bis in die Mitte der 1950er Jahre waren Lebensmittel nur gegen Essensmarken zu bekommen und es herrschte Knappheit an Kaffee, Zucker, Fett und Fleisch. Die Grundlage der Mahlzeiten bestand aus Kartoffeln und Wurzelgemüse, die man mit Beeren, Fisch und Wild abwechslungsreicher zu gestalten versuchte.

Heute ist freilich vieles anders. Auch im Winter gibt es in Supermärkten ein **reichhaltiges Angebot** an Obst und Gemüse und Händler liefern feinste Delikatessen aus der ganzen Welt in den hohen Norden. Trotzdem ist die finnische Küche, das Kochen und die Esskultur geprägt von einer Einfachheit, die auf den Besucher durch ihre nordischen Zutaten exotisch wirkt und einen besonderen Genuss birgt. Die finnische Küche ist ein Spiegel der finnischen Natur, ungekünstelt, pur und qualitativ hochwertig.

Charakteristisch für Finnland sind **regional stark differierende Speisen,** die sich teilweise auch am Angebot der Natur orientieren. Für die Küsten- und Seengebiete sind Fisch, für Mittel- und Ostfinnland Wild, für Ostbottnien Gerichte aus Getreide und für Lappland Rentierfleisch typisch.

Erst seit den 1980er Jahren wandelt sich das Essen für immer mehr Finnen von einer Notwendigkeit hin zu einem Genuss. Lange Zeit war die feine Küche ein Privileg der Reichen und erst in den letzten Jahrzehnten wurde sie für immer mehr Menschen zugänglich. Diese Entwicklung wird natürlich auch durch den momentanen Trend zu feiner und kreativer Küche begünstigt.

Eine andere neue Erscheinung ist die **gesundheitsbewusste Ernährung,** die heutzutage bereits von fast jedem Finnen angestrebt wird. Ein eindrucksvolles Beispiel für das Gesundheitsbewusstsein der Finnen ist die Tatsache, dass angesichts der hohen Todesfälle, die auf Herzkrankheiten zurückzuführen waren, in den 1980er Jahren verstärkt Kampagnen gegen Salz und tierische Fette geführt worden sind. Mit dem Ergebnis, dass die Finnen tatsächlich den Gebrauch dieser Zutaten einschränkten und die Todesrate stark sank. Auch die Industrie machte mit: Salz- und Fettgehalt in Fleischwaren und Brot wurden drastisch reduziert. Statt Butter verwenden die meisten Finnen heute Margarine, obwohl für sie den Höchstgenuss noch immer ein frisch gebackenes Stück Roggenbrot mit leicht gesalzener Butter bietet.

Ebenfalls dem Gesundheitsbewusstsein ist es zu verdanken, dass es in den meisten Restaurants ein Salatbuffet gibt. Ein Teller Salat ist bei fast jedem Gericht automatisch dabei, sogar, wenn man eine Pizza bestellt.

In den letzten 30 Jahren haben sich Pizza und andere **fremdländische Speisen** auch in Finnland verbreitet. Kebab erfreut sich in letzter Zeit besonders großer Beliebtheit. Auch Hamburger und ähnliche Fast-Food-Produkte sind beliebt, wobei auch eine finnische Variante des Hamburgers zu haben ist: der so genannte *porilainen,* eine Semmel gefüllt mit Fleischwurst anstatt der gebratenen Hackfleischscheibe.

Die **neue finnische Küche** versucht, internationale Einflüsse in die traditionelle Speisenfolge zu bringen. Dies bedeutet entweder, dass typisch finnische Zutaten mit exotischen Gewürzen kombiniert werden, oder umgekehrt, dass exotische Gerichte dem finnischen Geschmack angepasst, also beispielsweise milder gewürzt werden.

Besucher schätzen an der finnischen Küche ihre puren Geschmacksrichtungen, die hohe Qualität der Zutaten und die Tatsache, dass sie leichter ist als mitteleuropäische Küchen. Es wird einem mitteleuropäischen Besucher auch auffallen, dass die finnische Küche kaum prägnante Gewürze verwendet. Für viele Mitteleuropäer wird die finnische Küche etwas fade schmecken und sehr oft werden sie nach dem Salzstreuer greifen, um nachzuwürzen. Knoblauch als Gewürz zum Beispiel entdecken die Finnen erst heute langsam. Eine schwächere Würzung bewirkt, dass man die Einzelzutaten stärker wahrnimmt und dies ist einer der Reize finnischer Küche.

Finnen lieben **Buffets.** Hausfrauen bereiten zu festlichen Anlässen, zu denen mehrere Personen eingeladen sind, gerne ein solches zu. In Finnland heißt der sich unter den Köstlichkeiten biegende Tisch „Butterbrottisch", was gelinde gesagt eine Untertreibung ist, findet sich doch darauf geräucherter Lachs, eingelegter Hering, eine Variation von Salaten und Saucen, Fischrogen mit kleinen Pfannkuchen, Fleischklößchen mit Sauce nach schwedischer Art, allerlei Aufschnitte, Brot, Obst und zumindest zweierlei Nachtisch.

In finnischen Kaffeehäusern sowie in den meisten Mittagsrestaurants ist **Selbstbedienung.** Diejenigen Restaurants, in denen der Kellner zum Tisch kommt, sind meist um einiges teurer, teilweise wohl, weil das Trinkgeld schon in der Rechnung enthalten ist. Daher wird in Finnland in Restaurants, Cafés und Bars nicht erwartet, dass man extra Trinkgeld gibt.

Brot

Brot hat in Finnland eine große Bedeutung. Das merkt man schon an der Vielfalt von Getreideprodukten, die die finnische Küche hervorbringt. Die kulturelle Grenze zwischen Ost und West, die sich auch heute noch recht eindeutig durch Finnland zieht, macht sich auch im Bereich der Küche bemerkbar: Während man im östlichen Teil des Landes nach slawischem Vorbild bereits im Mittelalter Öfen innerhalb des Hauses zum Garen von Speisen und zum Heizen verwendete, wurden im Westen Außenöfen gebaut. Damit hängt auch zusammen, dass in Ostfinnland einmal die Woche große, weiche Brote gebacken wurden, weil der Ofen ohnehin immer heiß war. Im Westen hingegen wurde nur einige Male im Jahr eine große Menge gebacken, meist zu besonderen Anlässen und Festen. Dabei wurde der Teig in den schon auskühlenden Ofen gelegt. So zubereitetes Brot nennt man *jälkiuunileipä,* also „Nachofenbrot" und es wird heute in Finnland besonders geschätzt. Diese Brote waren meist dünn, rund und mit einem Loch in der Mitte versehen, damit man sie über dem Ofen auf eine Holzstange zum Trocknen aufhängen konnte. Es war dies die Urform des heutigen Knäckebrotes.

Ohne **Roggenbrot** können die Finnen nicht leben. Dieses dunkle, knusprige Vollkornbrot, das es in hunderterlei Ausführung gibt, vermissen sie als Erstes, wenn sie im Ausland sind. Bis ins 18. Jahrhundert war Gerste das Hauptgetreide in Finnland, danach wurde sie vom Roggen verdrängt. Weizen gab es schon früher, erst in den 1930er Jahren aber begannen Weißmehlmühlen in Finnland zu produzieren. Bis dahin war weißes Weizenmehl als Delikatesse importiert worden.

Brot hatte eine wichtige Rolle in der Kindererziehung und wurde als heilig betrachtet. Mit Brot im Mund durfte nicht gesprochen werden, genauso wenig durfte man damit spielen. Es brachte Unglück, wenn kein Brot mehr im Haus war. So wurde genug gebacken, damit immer zumindest ein Stück auf dem Tisch liegen bleiben konnte. Verschimmeltes Brot brächte eine schöne Singstimme und ein verbrannter Brotkanten rote Wangen, so glaubte man.

In Lappland und Mittelfinnland bäckt man traditionell *rieska,* flache, weiche Fladenbrote aus Getreide oder Kartoffeln, die nicht lange haltbar sind. Aus Karelien kommt das Roggenbrot, das mit Hefe zubereitet wird. Im schwedischsprachigen Teil Ostbottniens wird ein ganz schwarzes Brot gegessen, das mit Schweineblut angereichert ist. Zu Weihnachten isst man

048fn Foto: ih

in ganz Finnland den „Weihnachtswecken" *(joululimppu)* ein mit Sirup gesüßtes Schwarzbrot. Eines ist bei all der Vielfalt klar: Die Finnen tendieren viel eher zu dunklen, krossen Vollkornbroten, als zu Weißbrot, das jedoch in letzter Zeit vor allem in Form von Baguette und Toastbrot – letzteres vor allem zum Frühstück – beliebt geworden ist. Gesünder ist das Roggenbrot auf jeden Fall: Forschungen haben bewiesen, dass Roggen das Wachstum von Krebszellen verhindert oder zumindest verlangsamt. Außerdem schützt Vollkornroggen vor Gefäßkrankheiten und Diabetes.

Karelische Piroggen wird man bei einem Besuch in Finnland unweigerlich vorgesetzt bekommen. Es handelt sich dabei um kleine, ovale, sehr dünn ausgerollte Roggenteigstückchen, in die eine Füllung aus Reisbrei, Kartoffelbrei oder Karotten hineingebacken ist. Herrlich schmecken sie knusprig frisch aus dem Ofen. Traditionell werden sie mit Eibutter, einer mit gekochten, zerhackten Eiern verrührten Butter bestrichen, aber viele Finnen essen sie einfach wie Brot mit unterschiedlichem Belag. Sie kommen, wie der Name schon sagt, aus Karelien, dem Teil Finnlands, der heute zu Russland gehört und haben sich gemeinsam mit den karelischen Flüchtlingen im ganzen Land verbreitet.

Die **Urform des Brotes** war *pöperö,* ein roher Brei, der aus Getreidemehl vermischt mit Wasser, Fett, Suppe oder Beerenmus bestand. Bis in die heutige Zeit hat sich eine Speise namens *talkkuna* erhalten. Es handelt sich dabei um geröstetes Mehl (meist eine Mischung aus Hafer-, Gerste- und Erbsenmehl), das in Sauermilch, Milch oder Joghurt eingerührt und gerne zum Frühstück gegessen wird. Eine sehr beliebte Frühstücksspeise ist ein Brei, der aus Getreide- oder Reisflocken und Wasser oder Milch zubereitet wird und entweder gesalzen mit einem Stück Butter oder süß mit Zimt, Zucker, Honig oder Früchten verzehrt wird.

Milch

Milchprodukte sind äußerst beliebt. Im alten Finnland wurde Milch nur von Kindern und Kälbern getrunken. Am ehesten trank man noch Sauermilch *(piimä)*. Das änderte sich in den 1970er Jahre grundlegend, weil fettreduzierte, „gesündere" Milch zu bekommen war. Heute trinkt man sogar zum Mittagessen sehr oft Milch. Aus dem Westen kam das Rezept für die Zubereitung des Milchproduktes *viili,* einer Art Dickmilch, die im Geschmack Joghurt nicht unähnlich ist, in der Konsistenz aber viel zäher und fester.

Karelische Piroggen gelten als Spezialität des Landes

Aus dem nördlichen Landesteil stammt der so genannte „Brotkäse", ein Süßmilchkäse, der im Ofen so lange gebacken wird, bis er braune Flecken bekommt. Alleine gegessen ist er relativ neutral im Geschmack, doch mit arktischen Sumpfbeeren angerichtet ist er eine echte Delikatesse.

Der bei weitem beliebteste Käse in Finnland ist der Edamer. Er wird sowohl einheimisch produziert als auch importiert, so wie viele andere Käsesorten auch. Auch Emmentaler ist beliebt, er wird auch in Finnland in verschiedenen Stärken und Formen hergestellt.

Fettreduzierte Milch gibt es in vielen Prozentvarianten. Vollmilch wird heute schon viel seltener gekauft als die leichteren Versionen. Falls sie sich wundern sollten, was das HYLA auf vielen Milchprodukt-Verpackungen bedeutet: Dies sind die laktosefreien Produkte, da rund 15 Prozent der Bevölkerung an Milchzuckerintoleranz leidet.

Fleisch

Eine Lieblingsspeise der Finnen ist die Wurst. Älteste Hinweise auf das Verzehren von Wurstwaren in Finnland stammen aus 1540, die Wurst ist aber allem Anschein nach eine aus Deutschland übernommene Speise. In den 1980er Jahren wurden finnische Männer, die laut eigener Angabe besonders gerne Würste essen, von der Nachricht geschockt, dass Würste äußerst ungesund seien. Die gesundheitsbewussten Finnen kauften plötzlich bedeutend weniger Wurst als zuvor. Quasi zum Schutz der Wurst gründeten einige Berufene den „Würstchenklub" *(„Makkaraklubi"),* der über die finnische und internationale Würstchenkultur wacht. Dieser Klub beobachtet mit Missfallen, dass als Antwort auf den Gesundheitstrend immer weniger Fleisch in der Wurst zu finden ist. Tatsächlich sollte man, will man Fleisch in Wurstform zu sich nehmen, auf die Packungsbeschriftung achten: Steht ein „A" darauf, heißt das, dass die Wurst hauptsächlich aus Fleisch besteht. Ist keine solche Aufschrift zu finden, sollte man sich damit abfinden, eine weitgehend vegetarische Wurst zu essen. Neben zweitklassigem Fleisch (typischerweise Innereien), Sojamehl und allerlei anderen Mehlsorten enthält diese Wurst natürlich Geschmackverstärker und Zusätze. Fragt sich bloß, ob die nicht eigentlich viel ungesünder sind als die Zutaten der fleischigen Sorte ...

Im Sommer wird in Finnland überall gegrillt, vorzugsweise Wurst. Es gibt sogar eine, die den Namen „Saunawurst" trägt. Oft wird sie auf einem Haken über dem Saunaofen oder in Alufolie direkt auf den Ofensteinen gegart. Nach der Sauna gelüstet Finnen am ehesten nach Wurst und Bier. Bei Sportveranstaltungen, Straßenfesten und am Kiosk bekommt man Würste immer. Falls es sich nicht gerade um ein Hotdog handelt, gibt es zur Wurst kein Brot, der Senf aber darf auf keinen Fall fehlen. Senf lieben die Finnen überhaupt sehr. Zu Weihnachten verschenken viele Hausfrauen Gläser gefüllt mit selbst gemachtem Senf. Im Herbst 2002 waren viele Finnen erbost, weil die internationale Lebensmittelfirma Unilever die Produktion der beliebtesten finnischen Senfsorte „Turun Sinappi" („Senf aus Turku") nach Uppsala in Schweden verlegte. Einige der nun arbeitslos gewordenen Angestellten von „Turun Sinappi" gründeten eine neue Marke namens „Auran Sinappi" (benannt nach dem Fluss Aura, der durch die Stadt Turku fließt), die populär geworden ist, da viele verärgerte Finnen „Turun Sinappi" fortan boykottierten und nun eher die tatsächlich finnische Version kaufen.

Im 18. Jahrhundert wurden die so genannten „laatikko"-Gerichte populär. Das Wort bedeutet eigentlich übersetzt „Schachtel", ist aber der Deckname für allerlei Aufläufe, die die Finnen sehr lieben. Meist handelt es sich dabei um geschichtete Gemüsesorten mit Hackfleisch, Fisch oder Käse dazwischen. Oft sind sie mit einer Sahnesauce überbacken. Es gibt sie auch in Makkaroni-Ausführung oder als „Jansson's Versuchung", einem ursprünglich schwedischen Gericht, das hauptsächlich aus Kartoffeln, Fisch und Sahne besteht.

Für Ostbottnien sind Gerichte typisch, die Blut beinhalten, so zum Beispiel kleine dicke Pfannkuchen, die mit Schweineblut angerührt werden oder ein Pfannengericht namens *rössypottu,* das neben Kartoffeln auch gestocktes Blut enthält.

Lappland ist für seinen Rentiereintopf berühmt, der mit gestampften Kartoffeln und Preiselbeeren gegessen wird.

Wie schon der Name erahnen lässt kommt *Karjalan paisti,* der „karelische Braten" aus dem Osten. Dies ist Rind-, Hammel- und Schweinefleisch, das in Stücke geschnitten und im eigenen Saft gegart wird.

Fleischklößchen mit Sauce und Kartoffelbrei kamen aus Schweden nach Finnland und sind heute hier wie dort beliebt.

Fisch

Barsch, Aal, Hecht, Zander, Brasse, Lachs, Regenbogenforelle, Aalquappe, kleine Maräne, Renke und Strömling – dies sind die für Finnland typischen Fischarten. Fische werden schon seit jeher getrocknet, gesäuert, eingesalzen oder in Brotteig eingebacken. Letzteres ist eine ostfinnische Delikatesse, die den eigenartigen Namen *kalakukko* („Fischhahn") trägt. Am besten kostet man dieses eigenartige Ding auf dem Markt von Kuopio, der Geburtsstadt des Fischhahns, wobei manche die Füllung aus Speck und kleinen Fischen, die in einen Roggenteig hineingebacken werden für ziemlich trocken halten. Getrockneter Fisch wurde früher teilweise zu Fischmehl gemahlen und vor allem im hohen Norden, wo die Getreideernten oft aufgrund der Wetterlage verdarben, zum Backen verwendet. Gebeizter Fisch ist eine Spezialität der Küstengegenden. Der rohe Fisch wird meist mit Salz, Zucker und Gewürzen eingerieben und bis zu zwei Tage stehen gelassen. Regenbogenforellen sind die meist gekauften Fische in Finnland, sie werden in der Regel nicht wild gefangen, sondern gezüchtet. Ihre selbst gefangenen Fische räuchern viele selbst: Es gibt dafür eigene Räucherdosen und Säckchen, die in Grill oder Herd den frischen Fisch in wenigen Stunden zu einer Delikatesse garen.

Am 21. Juli jeden Jahres beginnt ein besonderes Fest: Ab diesem Zeitpunkt dürfen Flusskrebse, die eine Länge von 10 cm erreichen, gefangen werden. Sie sind sündteuer und werden heute schon zum Großteil importiert, weil es einheimische Flusskrebse kaum noch gibt. Daher bilden sie heutzutage kaum mehr eine Hauptspeise und werden eher als Vorspeise gereicht. Es wird ein richtiges Krebsfest veranstaltet, im Freien wird ein Tisch gedeckt und die in mit Dill gewürztem Wasser gekochten Krebse werden mit Toastbrot, Butter und blühendem Kronendill gegessen. Freilich darf eisgekühlter Wodka, Bier und Mineralwasser nicht fehlen.

Im Herbst gibt es Neunaugen, lange, schlanke Fische, die mariniert werden und einen ganz prägnanten Geschmack haben. Einigen Finnen sträuben sich die Haare, wenn sie nur *nahkiaiset,* das finnische Wort für Neunaugen hören, andere kaufen sie als Delikatesse. Sie werden im Volksmund „Schnapswürmer" genannt, wohl weil sie als Anlass genommen werden, einige Schnapsgläser Gebranntes zu sich zu nehmen.

Fischrogen ist eine ganz besondere Delikatesse. Die blassorangen kleinen Perlen werden mit gehackten Zwiebeln, saurer Sahne und *blinis,* kleinen Pfannkuchen, gegessen.

Gemüse

Urwüchsige finnische Gemüsesorten lassen sich an beiden Händen abzählen. Die Rübe ist die älteste in Finnland genutzte Gemüsesorte. Steckrüben werden seit dem 17. Jahrhundert angebaut und ersetzten sehr schnell die Rüben. Erbsen und Bohnen werden seit jeher als Nahrungsmittel verwendet und die Erbsensuppe ist eins der traditionellsten finnischen Gerichte. Sie wird vor allem zu Fastnacht und anderen Festen gegessen, ist aber auch als typisches Essen beim Leichenschmaus bekannt. Die Kartoffel gibt es in Finnland seit dem 18. Jahrhundert, als in Pommern kämpfende Soldaten sie als „Beute" mit nach Finnland brachten. Erst seit dem 19. Jahrhundert wird sie aber in Finnland angebaut und gilt seitdem als beliebteste Beilage Finnlands. Neue Kartoffeln werden jedes Jahr mit Ungeduld erwartet und wenn die ersten von ihnen zu Mittsommer auf den Tisch kommen, werden sie in der Schale gekocht und mit Butter, Salz und Dill gereicht. Ein Festmahl für sich, auch ohne Fisch oder Fleisch.

Pilze wurden bis zum Beginn des 20. Jahrhunderts nur im Osten des Landes gegessen. Verwunderlich, wenn man bedenkt, welche Fülle von Pilzen es in Finnland gibt: Von 2000 in Finnland heimischen Arten sind rund 200 essbar. Karelische Flüchtlinge verbreiteten die Verwendung von Pilzen nach ihrer Umsiedlung auch in anderen Teilen des Landes.

Obst

Beeren gibt es in Finnland in Hülle und Fülle. Die Preiselbeere, die Moosbeere und die arktische Sumpfbeere sind auch ohne Zusätze lange haltbar. Beeren wurden einst auch als Süßungsmittel verwendet und zu Likören und Weinen vergoren. Heidelbeeren und Himbeeren vermischen die Finnen gerne zu Saucen und Marmeladen und nennen diese dann die „Königin der Marmeladen". Heidelbeerkuchen ist ein typisch finnisches Dessert und Finnen servieren gerne Vanilleeis mit frischen Beeren.

Obstbäume sind in Finnland wegen des kalten Klimas selten. Apfelbäume gibt es seit dem 19. Jahrhundert. Die Oberschicht aß schon im Mittelalter Früchte, vor allem importiert und in getrockneter Form.

Süßspeisen

Gesüßt wurde bis spät ins 18. Jahrhundert hinein auf natürliche Weise durch langes, langsames Garen von stärkehaltigen Zutaten wie Mehl oder Kartoffeln, die durch die Wärmeeinwirkung ihre Stärke in Zucker umwandelten. Honig war ein Importartikel und teuer, genau wie Zucker. Erst später kam das Süßen durch Zucker oder Sirup auf.

Zu Weihnachten werden Lebkuchen gebacken, die mit der Kirche nach Finnland kamen. Ihre Formen haben religiöse Bedeutung. Zu Beginn wurden sie mit Honig gesüßt, welcher heute durch Sirup ersetzt wird. Daher müssen sie nicht wie die mit Honig gemachten Lebkuchen zum Weichwerden in eine Dose eingeschlossen werden, sondern sind bröseliger und knuspriger und können gleich verzehrt werden.

Pulla, das finnische Kaffeegebäck, aus Hefe gemacht und oft mit Kardamom gewürzt, gibt es in unzähligen Ausführungen und mit unterschiedlichen Füllungen. Die am meisten verbreitete ist *korvapuusti,* zu Deutsch „Ohrfeige", aufgerollte kleine Hefeteigstückchen mit Zucker, Kardamom und Zimt.

In Fett gebackene Mehlspeisen gibt es vor allem in Form von Krapfen und dem einem Vogelnest ähnelnden *tippaleipä,* das in erster Linie zum „vappu"-Fest am 1. Mai gegessen wird. „Arme Ritter" sind eine einfache Köstlichkeit, bei der getrocknetes Brot in Milch und Zucker getunkt und gebacken wird. Mit süßer Sahne und Erdbeermarmelade serviert ist diese Speise ein Gedicht.

Kiisseli ist eine Nachspeise, die man probieren sollte. Frische Beeren oder Beerensaft wird aufgekocht und mit Kartoffelstärke gebunden. *Kiisseli* wird gekühlt mit süßer Sahne oder Eiscreme genossen. Eine himmlische Angelegenheit.

Aus Preiselbeeren wird *marjapuuro* gemacht, ein traditionell finnisches Dessert, das am besten immer die Oma zuzubereiten weiß. Pürierte Preiselbeeren werden mit einem dünnen Roggenbrei aufgeschlagen und gesüßt. Vielleicht nicht jedermanns Sache, aber dieses Dessert kombiniert die Vitamine der Preiselbeeren mit den Ballaststoffen des Roggen und ist daher gesund.

Im Sommer wird viel Eis gegessen. Wenn man in der warmen Jahreszeit zum Nachmittagskaffee eingeladen ist, dann fehlt selten Vanilleeis, das mit frischen Beeren angerichtet und unter Umständen mit einem guten Likör übergossen wird.

In Finnland essen nicht nur Kinder, sondern auch Erwachsene gerne Naschereien wie Bonbons und Fruchtgummi. Diese gibt es in fast jedem Supermarkt, in Kinos und Videotheken zum Grammpreis. Besonders beliebt sind die schwarz gefärbten Lakritzgummis und die so genannten *salmiakki,* die härtere Variante von Lakritz, die Ammoniumchlorid enthalten und oft sogar gesalzen werden. Wollen sie etwas ganz Eigenwilliges ausprobieren, empfehlen wir *Turkin pippuri,* „Türkischen Pfeffer", pechschwarze Bonbons, die sauer-salzig schmecken und ziemlich gewöhnungsbedürftig sind. Genauso sind *tervapastilleja* (Teerbonbons) nicht unbedingt jedermanns Sache. Sie enthalten Baumteer und sind eine rauchige finnische Spezialität.

Festtagsspeisen

Mit dem katholischen Glauben kamen langsam auch die mit Fastenzeit und religiösen Festen verbundenen Gerichte ins Land. An die Fastengewohnheiten der Katholiken erinnert heute noch die Osterspeise *mämmi,* ein süßer, dunkelbrauner Brei mit Malz.

Kiisseli, eine nicht allzu süße, fruchtige Nachspeise

049fn Foto: ih

Pasha ist das österliche Dessert der Orthodoxen, das aus süßer Sahne, Quark, Rosinen und Vanille besteht und aus einer pyramidenartigen Form auf den Teller gestürzt wird.

In der Vorweihnachtszeit wird fleißig *glögi* getrunken, ein gewürztes Getränk aus Rotwein und Johannisbeersaft. Wenn man sein Glas ausgetrunken hat, sollte man einen kleinen Löffel zur Hand nehmen, denn am Boden des Glases liegen Mandelsplitter und Rosinen, die zum Genuss dazugehören. Zur Adventszeit gehören auch Weihnachtskuchen aus Blätterteig, die wie Windräder aussehen und mit Pflaumenmus gefüllt werden und Lebkuchen.

Zu Weihnachten wurde früher Stockfisch gegessen, heute gibt es aber meistens einen Schinken. Als Beilage isst man *rosolli,* einen Salat aus roten Rüben, Karotten, Kartoffeln, Äpfeln und Zwiebeln. Weitere traditionelle Weihnachtsgerichte sind *imelletty perunalaatikko,* ein Kartoffelbrei, der durch langes, langsames Garen süß schmeckt, Steckrübenauflauf und Karrottenauflauf. Am Weihnachtsmorgen isst man Reisbrei, in dem eine Mandel versteckt wird. Wer sie auf seinem Teller findet, wird im Folgejahr Glück haben. In vielen Familien wird der Reisbrei mit einer gewürzten Sauce aus Dörrpflaumen und Rosinen gereicht.

Zur Fastnacht tut man sich an *laskiaispulla* gütlich, einem runden süßen Hefewecken, der mit Marzipan und süßer Sahne mit Milch serviert wird.

Haus- und Malzbier wurde vor allem im Westen zubereitet, im Osten zog man Hefebier vor, das aus einem Stück Brot gegoren wurde und nur sehr leicht alkoholisch war. Noch heute brauen die Finnen aus allerlei Pülverchen, die es im Supermarkt zu kaufen gibt, zu Hause ihr eigenes **Bier.** Zum „vappu"-Fest wird *sima,* ein mit Hefe vergorenes Sirupgetränk getrunken, das mit Rosinen versetzt wird und zitronig schmeckt. Finnen trinken gern Alkohol, auch von der harten Sorte. Früher brannte man seinen **Schnaps** selber, heute steht darauf eine Strafe und das staatliche Alkoholmonopol „ALKO" hütet seine Vormachtstellung eifersüchtig.

Obwohl Tee aus dem Osten mit Vermittlung der Karelier und Skoltsaamen auch nach Finnland gefunden hat, ist das Nationalgetränk nach wie vor der **Kaffee.** Seit dem 18. Jahrhundert ist er in Finnland bekannt, lange Zeit wurde er jedoch durch Zichorien und andere Stoffe ersetzt. 1946 brachte ein Schiff namens „Herakles" endlich nach langen Jahren der Entbehrung den echten Kaffee aus Brasilien nach Finnland. Seitdem trinken die Finnen zu jedem möglichen Anlass Kaffee. In der Nachkriegszeit war so mancher Mann ungehalten über den seiner Meinung nach übermäßigen Kaffeegenuss seiner Ehefrau, denn Kaffee war teuer und galt als Luxusartikel. Heute sind die Finnen mit rund 11 kg Kaffee pro Kopf und Jahr weltweit führend im Kaffeeverbrauch. Zum Vergleich: Die Deutschen tranken 2002 6,60 kg und die Österreicher 7,07 kg Kaffee.

Finnen trinken zum warmen Mittagessen gerne ein Glas **Milch.** Alternativ werden auch Wasser und *kotikalja* angeboten, ein praktisch alkoholfreies Malzgetränk, das aus Pulver und Zucker oft selbst gemacht wird.

Zum Abschluss noch ein Tipp der Autoren

Machen Sie einen Abstecher zum lokalen Markt. Auf finnischen Märkten gibt es immer ein köstliches Angebot lokaler Speisen, oft zu einem Bruchteil dessen, was selbiges in einem Restaurant kosten würde. In Markthallen gibt es typischerweise eine reichhaltige Tagessuppe (besonders köstlich: Lachssuppe mit Milch, die oft auch bei Hochzeiten gegessen wird) samt Brot und Butter, aber meist wird im Sommer im Freien herrlicher gebratener Lachs mit Kartoffeln in großen Pfannen geröstet angeboten. Ein Geheimtipp sind die in Fett gebackenen, mit Fleisch und Reis gefüllten Fleischpasteten, die man bei der Bestellung meist zusammen mit einem Becher Kaffee bekommt. Hier lohnt es sich allerdings, darauf zu achten, dass die Pasteten auch frisch herausgebacken sind, dann sind sie nämlich köstlich und man bekommt keine Bauchschmerzen davon.

Setzen sie sich ans Meeresufer, nehmen sie sich den Pappteller auf den Schoß und genießen sie.

Sumpffußball und Gummistiefelweitwurf: Sportliche Eigenarten

Ohne Sport wäre Finnland nicht Finnland. In etwa 6800 aktiven Sportvereinen schwitzen Tag für Tag tausende Finnen. Es ist also eindeutig: Sport ist eine der beliebtesten Freizeitbeschäftigungen. Ein aktives, gesundes Leben schließt neben einer bewussten Ernährung für rund 60 Prozent aller Finnen auch mindestens zweimal pro Woche sportliche Betätigung mit ein. Außerdem ist es sowohl in Städten als auch auf dem Land sehr verbreitet, zur Arbeit mit dem Fahrrad zu fahren oder zu Fuß zu gehen. In den 1980er Jahren wurde verstärkt staatliche Kampagnen für einen gesunden Lebensstil durchgeführt - mit Erfolg: Heute gibt es viel mehr Sportinteressierte und „Gesundheitsfreaks" als in den 1970er Jahren.

Zu den **beliebtesten Disziplinen** zählen die Sportarten, die im Freien ausgeübt werden können, wie Radfahren, Jogging, Wandern, Langlaufen, Schwimmen und Eislaufen. Hierzu könnte man noch das im Sommer und Herbst emsig ausgeübte Beeren- und Pilzsammeln zählen, das unserer Meinung nach in puncto sportlicher Leistung Sportarten wie Golf keineswegs unterlegen ist, vor allem, wenn man das Um-sich-Schlagen dazuzählt, mit dem man die Mücken zu vertreiben sucht. Das Jedermannsrecht garantiert ein sorgloses, freies Bewegen in der Natur, von dem viele Finnen Gebrauch machen. Schnelles Gehen und lange Spaziergänge im nahe gelegenen Wald unternehmen viele Finnen mindestens einmal pro Woche. In den letzten Jahrzehnten haben sich neben diesen traditionellen Sportarten auch einige neue in Finnland „eingenistet", wie zum Beispiel östliche Selbstverteidigungsdisziplinen, Skifahren, Golf, Basketball und Bodybuilding. Finnische Kinder treiben eifrig Sport, in den Schulen ist er seit 1843 Teil des Lehrplans.

Wie in anderen Ländern auch, hat der Sport in Finnland ebenfalls einen **patriotischen Beigeschmack.** Sport wurde im 19. Jahrhundert neben der Verteidigung des Vaterlandes und der Schaffung eines gesamtfinnischen kulturellen Gutes zu einem identitätsstiftenden Faktor. Verschiedene Vereine, zum Beispiel die Abstinenzbewegung, Arbeitervereine und Klubs für Jugendliche sammelten sportlich begeisterte Landsleute um sich. Um das Jahr 1900 gab es in Finnland bereits mehr als 300 Sportvereine. *Urheilu,* das finnische Wort für „Sport", war eine Neuschöpfung dieser Zeit, die eine Verbindung zum Nationalepos „Kalevala" herstellte und Assoziationen zu Tapferkeit und Tollkühnheit weckte.

Zu Beginn des 20. Jahrhunderts instrumentalisierten die Finnen den Sport zu einem **Mittel des Widerstandes** gegen ihr Herrscherland Russland. Als 1912 die Olympischen Spiele in Stockholm eröffnet wurden, weigerte sich die finnische Mannschaft, gemeinsam mit dem zaristischen Team einzumarschieren und ließ es sich nicht nehmen, mit einem eigenen „Finnland"-Schild aufzutreten. 26 Medaillen nahmen die Finnen damals mit nach Hause. Russland dagegen musste sich mit zwei Silber- und drei Bronzemedaillen zufrieden geben. Die Finnen hatten der Welt gezeigt, dass sie trotz Fremdherrschaft ihre eigenen Herren waren.

Als dann Finnland unabhängig wurde und der Bürgerkrieg im Jahre 1918 ausbrach, teilte sich das Land in zwei Lager: in Rote und Weiße. Gleiches passierte auch im sportlichen Bereich: Der Nationale Sportverband Finnlands, der die patriotischen Weißen um sich scharte, konkurrierte mit dem roten Arbeitersportverband. Lange Zeit, eigentlich bis zum Jahr 1993, als der **Finnische Sportverband** als neue Dachorganisation über sämtliche Sportvereine gegründet wurde, blieb diese Trennlinie aufrecht. In den 1920er Jahren kam noch ein weiterer trennender Faktor hinzu: Der Sprachenstreit, der die schwedischsprachige Bevölkerung von der muttersprachlich finnischen trennte. Die schwedischsprachigen Sportvereine spürten den Druck, mit dem die finnischsprachige Bevölkerung den Einfluss des Schwedischen zurückdrängen wollte, und gründeten einen eigenen schwedischen Sportverein.

Finnen sagen gerne, sie seien auf Skiern zur Welt gekommen und so falsch ist das gar nicht, wenn man bedenkt, dass Jahrhunderte hindurch **Skier ihr Hauptfortbewegungsmittel** waren. Die finnische Armee bildet ihre Soldaten auch heute noch für Kampfhandlungen im Schnee aus und im Zweiten Weltkrieg konnten sich die Finnen gegen die übermächtigen Sowjets unter anderem deshalb so lange behaupten, weil sie auf ihren Skiern flink und wendig waren. Langlaufen als Freizeitbeschäftigung kam erst um 1880 auf.

Dem Sport gegenüber ist kaum ein Finne gleichgültig. Das kann er sich auch kaum leisten, denn dann wird er schnell als hochnäsig und snobistisch abgestempelt. Sport ist die Sache aller, unabhängig von Alter oder sozialem Status. Der langzeitige Präsident Finnlands, *Urho Kekkonen* war in seiner Jugend Landeshochsprungmeister und ließ es sich während seiner Präsidentschaft nicht nehmen, Staatsgäste auf Skiern durch die finnischen Wälder zu bugsieren. Aber auch seine Nachfolger *Mauno Koivisto* und *Martti Ahtisaari* betätigten sich sportlich, ersterer als Volleyballspieler, letzterer verbrachte gern Zeit auf dem Golfplatz. Massensportveranstaltungen erfreuen sich großer Beliebtheit, so zum Beispiel „Finnland läuft", ein Staffellauf von etwa 1600 Kilometern vom lappländischen Utsjoki bis Helsinki. Der „Volkslauf" ist ein winterliches Ereignis, bei dem Finnland auf Langlaufskiern durchlaufen wird. Der „Frauen-Zehner" ist ein beliebter

Frauen-Straßenmarathon, der alljährlich im Frühling in Helsinki stattfindet. Seit 1964 gibt es in Finnland einen eigenen Behindertensportverband, der 20 offizielle Disziplinen umfasst. Seit 1960 nehmen Finnen an den Paralympics erfolgreich teil.

Der finnische Sport wird hauptsächlich von den Sporttreibenden selbst finanziert. Die Gemeinden betreiben Sportstätten und organisieren Sportveranstaltungen. Finnland hat das dichteste Sportstättennetz der Welt im Vergleich zur Bevölkerungszahl. Schwimmhallen sind modern und gut ausgerüstet - und der Eintritt samt Saunabenutzung kostet nur einige Euro.

Finnischer Spitzensport

Im Spitzensport sind die Finnen traditionell in den Disziplinen Langstreckenlauf, Speerwerfen, Langlauf und Skispringen erfolgreich. Da diese Sportarten alle **Individualdisziplinen** sind, sagte man den Finnen lange nach, dass sie einsame Kämpfer seien, was sicherlich einige Berechtigung hat.

Die Jahre von 1908 bis 1936 gelten als goldene Jahre des finnischen Olympiasports, in denen Finnland nach den USA, Großbritannien und Schweden die meisten Medaillen einheimsen konnte.

Der wohl international berühmteste finnische Sportler ist der Läufer **Paavo Nurmi,** der bei der Olympiade 1920 in Antwerpen seine kometenhafte Karriere begann. Aus Antwerpen brachte er zwei Goldmedaillen nach Hause, doch seinen größten Triumph erlebte er 1924 in Paris, als er sowohl auf 1500 Meter als auch 5000 Metern gewann und gleichzeitig einen Weltrekord aufstellte. In Amerika war er als „Flying Finn" bekannt, nachdem er bei einer Tournee durch die Vereinigten Staaten 53 von 55 Wettbewerben gewann. Ein patriotischer Moment für alle Finnen war es, als *Paavo Nurmi* bei den Olympischen Spielen in Helsinki 1952 die Olympische Flamme entzündete. *Lasse Virén* führte das Vermächtnis *Nurmis* in den 1970er Jahren weiter, als er auf zwei Olympiaden Gold erlief.

Eine überragende Größe im **Langlauf** der 1980er Jahren war *Marja-Liisa Kirvesniemi.* In dieser Zeit erzielte *Matti Nykänen* im **Skisprung** große Erfolge. *Nykänen* versucht sich heutzutage eher weniger erfolgreich als Sänger und Skandalpersönlichkeit, indem er immer wieder als Frauenschläger und Säufer von sich reden macht.

Auch im **Motorsport** ist Finnland erfolgreich. Die Ralleyfahrer *Juha Kankkunen* und *Tommi Mäkinen* und die Formel-1-Piloten *Mika Häkkinen, Mika Salo* und *Kimi Räikkönen* sind weltbekannt. Dass Finnland ausgezeichnete Rallyefahrer in solch einer großen Zahl hervorbringen kann, liegt an den exzellenten Trainingsmöglichkeiten in Finnland, so sagt man. Tausende Kilometer leerer, kurvenreicher, ungeteerter Straßen machen das Üben einfach. Die Tausend-Seen-Rallye bringt jedes Jahr internationale Rennfahrer nach Finnland.

Im Mannschaftssport sind die Finnen, mit Ausnahme von **Eishockey,** weniger erfolgreich. *Jari Kurri, Saku Koivu* und *Teemu Selänne* werden zu den Profis der Amerikanischen Hockey Nationalliga gezählt. 1995 gewann das finnische Männerteam die Weltmeisterschaft im Eishockey. Der Sieg war süß, denn das Finalspiel wurde in Stockholm gegen die schwedische Mannschaft gespielt und ging 4:1 zugunsten Finnlands aus. Gegen die ehemalige Kolonialmacht Schweden gilt ein Sieg für Finnland doppelt. Zwei Variationen des Eishockeys sind Eisball oder Bandy, bei denen man statt einem Puck einen Ball verwendet, und *ringis,* bei dem ein Ring mithilfe eines Stockes ins gegnerische Netz gebracht werden soll.

Fußball ist zwar sehr beliebt, internationale Erfolge Finnlands in dieser Disziplin bleiben trotz international bekannten Profis im finnischen Nationalteam wie beispielsweise *Jari Litmanen, Antti Niemi, Joonas Kolkka* und *Pekka Lagerblom* jedoch bislang aus.

Finnische Spitzensportleistungen werden als patriotische Errungenschaft vom ganzen Land gefeiert. Dabei wird immer wieder mit einem anerkennenden Kopfnicken festgestellt, dass der finnische *sisu* mal wieder den Sieg davongetragen hat. *Sisu* ist ein unübersetzbarer Begriff, der Ausdauer, Zähigkeit, Tapferkeit und Verbissenheit in einem Wort vereinigt und zum Topos finnischer Tugenden geworden ist.

Doping widerspricht diesen Tugenden natürlich vollkommen. Daher war es auch ein besonders schmerzhafter Schlag für die Finnen, als bei den Langlaufweltmeisterschaften in Lahti im Januar 2001 ein Großteil der finnischen Langläufer wegen Dopings sowohl die Medaillen als auch das Teilnahmerecht verlor. Damit endete auch die Erfolgsserie des finnischen Langlaufes, der über ein Jahrzehnt angehalten und den nationalen Stolz genährt hatte. Zur Verteidigung muss man sagen, dass das von den Finnen verwendete Doping unter den neu verbotenen Mitteln war, was die Finnen angeblich nicht wussten. Manche Finnen glauben an eine schwedisch-norwegische Verschwörung.

Eine Sitte, siegreich heimkehrende Spitzensportler zu ehren, ist zum Beispiel, dass finnische Olympiasieger und Weltmeister ein Haus in ihrer Heimatgemeinde geschenkt bekommen.

Die **Politik** hält sich auch nicht heraus: Finnischen Spitzensportlern wird vom Präsidenten der Republik immer persönlich gratuliert, bei Empfängen lassen sich die Politiker gerne mit erfolgreichen Sportlern zeigen.

Mölkky, ein traditionelles karelisches Wurfspiel

Etwas andere Sportarten

050fn Foto: ih

Finnland hält jedoch trotz all dieser „ernsten" Sportarten noch einige Überraschungen parat. Wussten Sie, dass in Finnland jährlich eine Weltmeisterschaft in Gummistiefelweitwurf veranstaltet wird, die vom Stiefelwurfverband organisiert wird? Finnen stellten den Rekord im Dauerhändeschütteln auf und schafften es, 14 Menschen in eine Telefonzelle von 85x85x220 cm zu quetschen. Jeden Sommer wird in Sonkajärvi, Nordfinnland, eine Meisterschaft in *Eukonkanto* (Weibertragen) veranstaltet, bei der der Ehemann seine Frau durch einen Hindernislauf auf dem Rücken tragen muss. Die Position der werten Gattin darf während des Laufes zwar verändert werden, den Boden darf sie jedoch nicht berühren. Sumpffußball ist eine wenig salonfähige Disziplin, bei der neben dem Ball auch jede Menge Schlamm durch die Gegend fliegt. Nicht nur Finnen finden diese Sportart lustig: Eurosport überträgt hier und da eine Schlammfußballmeisterschaft aus Finnland. *Avantouinti* (Eislochschwimmen) betreiben tausende Finnen und schwören darauf. Angeblich passt sich der Körper nach einer zweiwöchigen Gewöhnungsphase, bei der man sich jeden Tag einmal in die eiskalten Fluten stürzt, an die extremen Verhältnisse an und der Organismus wird abgehärtet. Man verkühlt sich nicht, im Gegenteil: Die Grippe, die sich schon fast entfaltet hat, verschwindet wieder. Oft sieht man im Winter an Flüssen, Seen und an der Meeresküste eigenartige Zelte aufgestellt. Es handelt sich um Planen, die über die Eislöcher gezogen werden, damit sie nicht wieder zufrieren.

Alte, traditionelle finnische Sportarten sind *kyykkä* und *mölkky*, bei denen mit Holzklötzen eine Art Kegelspiel vollführt wird. Beide Spiele gehen auf das Waldarbeitermilieu zurück. Auch Orientierungslauf, der in Finnland sehr beliebt ist, hat sich wohl aus der Alltagssituation der Waldarbeiter entwickelt. Rudern ist auch beliebt, sowohl als Mannschaftssportart als auch als Einzelvergnügung. Früher gab es so genannte „Kirchenboote", mit denen man am Sonntag zur Kirche fuhr, wenn diese jenseits eines Sees lag. *Pesäpallo,* also „Nestball" ist die finnische Form von Baseball, die vom finnischen Läufer *Lauri Pihkala* nach seinem Amerikabesuch 1912 mit dem Ziel eingeführt wurde, die Sprintleistungen der Finnen zu verbessern. Heute ist *pesäpallo* in allseits gespieltes, beliebtes Spiel. Eine weitere finnische sportliche Eigenart ist Nordic Walking, eine neue Sportdisziplin, die sukzessive auch international Furore macht. Eine denkbar simple Methodik führt zum sicheren Erfolg: Man geht. Aber nicht so einfach dahin schlendern, nein, man gebraucht dabei jeden Muskel seines Körpers und legt einen schnellen Schritt ein. Professionelle verwenden dabei sündteure Stöcke, die Skistöcken ähneln, aber statt einer Spitze am Ende Gumminoppen haben. Mit diesen Stöcken trainiert man angeblich gleichzeitig den Schultergürtel und den gesamten Oberkörper. Jedenfalls sieht man beim Ausüben dieser eigenartigen Sportart fast genauso lächerlich aus, als ob man seine Ehefrau über die Schulter geworfen hätte und gerade dabei wäre, eine Hürde zu erklimmen.

007fn Foto: ih

EINBAHNSTRASSE ODER GEGENVERKEHR?
ALS FREMDER IN FINNLAND

Auf den Seiten dieses Buches haben Sie bisher Finnland so kennen lernen können, wie wir es sehen und die Finnen es vielleicht teilweise selbst auch Tag für Tag erleben. Im Folgenden möchten wir Ihnen einige praktische Hinweise mit auf die Reise geben. Die folgenden Seiten können und wollen einen Reiseführer nicht ersetzen, der über einzelne regionale Besonderheiten Bescheid gibt. Vielmehr wollen wir Ihnen einige Dinge nahe legen, die für das gegenseitige Verständnis von Nutzen sein können und Hinweise geben, was man als Reisender von Finnland erwarten kann. Verstehen Sie die folgenden Seiten als Tipps, die Ihnen möglicherweise weiterhelfen können, keinesfalls jedoch als absolut gültige Stellungnahmen. Finne ist schließlich nicht gleich Finne, kein Saunaaufguss gleicht dem anderen und jeder Tourist erlebt das Land etwas anders.

Autobus-Haltestelle im Norden Lapplands

Zu Gast bei Finnen

Finnen laden ausländische Freunde gerne zu sich nach Hause ein. Viel seltener als in Deutschland und Österreich trifft man sich zu einem gemeinsamen Abendessen in einem Restaurant, dies liegt wohl auch an den hohen Preisen. **Einladungen nach Hause** sollte man nicht ablehnen: Die Wohnungen sind meist Musterstücke finnischer Kultur, quasi wie Museen interessanter nationaler Besonderheiten, die mit Freuden vorgestellt werden. Finnische Familien zeigen gerne ihr Heim, meist in Verbindung mit einer Einladung zum Kaffee, der dann mit Sandwiches, karelischen Piroggen und typisch finnischen Süßigkeiten genossen wird. Dabei fragt die Hausfrau den Besucher immer wieder: „Kennen Sie das schon? Sie müssen es unbedingt kosten, das ist typisch finnisch."

Bald schon wird einem ausländischen Besucher auffallen, dass es Finnen im Allgemeinen sehr interessiert, was Nichtfinnen über sie und ihr Land denken. Die Annahme, dass dies von einem schwachen nationalen Selbstbewusstsein und einer gehörigen Portion Unsicherheit herrührt, mag stimmen und wird auch immer wieder von Einheimischen bestätigt. Was jedoch auch stimmt, ist die Tatsache, dass die Finnen gern über ihre eigenen nationalen Fehler lachen und viel weniger sensibel im Bezug auf ihre Nationalität sind als viele andere mitteleuropäische Nationen.

Wenn man in einem finnischen Heim **zu Besuch** ist, wird erwartet, dass man seine Schuhe auszieht und in Socken durch die Wohnung stapft. Viele Einfamilienhäuser haben einen Vorraum, der durch eine weitere Tür vom Wohnbereich abgetrennt ist. Hier werden die Schuhe stehen gelassen. Im Winter ist es in finnischen Innenräumen aufgrund der guten Isolierung meistens so warm, dass man unbesorgt kurzärmelig und mit Socken umherspazieren kann.

051fn Foto: ih

Ein Gast sollte sich bei Besuchen in finnischen Heimen bewusst sein, dass er wahrscheinlich eine schweißtreibende Bekanntschaft machen wird. Die **Sauna** ist der Stolz vieler finnischen Familien, sie wird mit Sorgfalt gebaut und gerne gezeigt. Finnen freuen sich über nichts mehr, als wenn man sich in ihrem Heim und ihrer Sauna wohl fühlt.

Geständnisse nach reichlich Alkohol

Bei einem Besuch, der sich länger hinzieht, oder bei einer Wochenendeinladung ins Sommerhaus am See ist nicht selten Alkohol im Spiel. In solchen Fällen kann man einen ganz wundersamen Vorgang miterleben: Ein unter Finnen weit verbreitetes Phänomen ist nämlich eine Art Melancholie und Herzlichkeit, die beim reichlichen Genuss von Alkohol plötzlich auftritt. Unerwartet gestehen sie, wie gern sie einander haben und was für ein toller Mensch der andere doch ist. Sie fallen einander um den Hals und erzählen von ihren Gefühlen.

Dass Finnen (vor allem männliche) ihre Gefühle schwer kommunizieren können, ist ein oft diskutiertes Thema in Finnland. Viele behaupten, dass der Alkohol ein Mittel dazu ist, sich die Seele endlich frei zu reden und angesichts der gehäuften Liebesbekenntnisse und todtraurigen Geschichten, die man ausschließlich bei solchen Gelegenheiten zu hören bekommt, ist diese Behauptung durchaus berechtigt.

Dem Nichtfinnen wird sich sogar manchmal der Gedanke aufdrängen, dass nicht getrunken wird, um Spaß zu haben, sondern um in Melancholie zu schwelgen und so richtig traurig sein zu können. Fröhlichkeit und Traurigkeit schließen einander im Falle von reichlichem Alkoholgenuss jedoch nicht unbedingt aus: Der detailreichen und manchmal fast masochistisch wirkenden Auffächerung von Unglücksfällen können Erzähler und Zuhörer immer wieder auch erheiternde Facetten abringen – in solchen Fällen werden die sich aufdrängenden Tränen von Gelächter in die Knie gezwungen. Als ausländischer Zuhörer befindet man sich oft in der Situation des Beobachters, der die ganze Situation wie von einem Logenplatz aus verwundert beobachtet. Ein mögliches Problem ergibt sich erst am darauffolgenden Tag, wenn alle wieder nüchtern sind. Wie nämlich soll man sich nach solchen Bekenntnissen gegenüber dem „Beichtenden" verhalten? Hier ist es ratsam, sich an die Praxis der Einheimischen untereinander zu halten und einfach so zu tun, als sei nichts geschehen. Ob man die persönlichen Sympathiebekundungen des Vorabends als bare Münze nimmt, sei jedem selbst überlassen, obwohl sich die Autoren der Ahnung nicht erwehren können, dass es sich dabei wie mit Legenden verhält: Sie haben irgendwo ihren wahren Kern. Auf keinen Fall empfehlen wir jedoch, auf die Vorfälle des Vorabends und auf Gesagtes hinzuweisen, denn die jeweiligen Personen könnten irritiert und peinlich berührt reagieren und erinnern sich möglicher Weise gar nicht mehr an das Gesagte. Eher sollte man solche Aussagen als Betriebsgeheimnisse betrachten und zum Schutz aller Beteiligten den Mund halten.

Eine reine Mär ist aber die oft in Reiseführern aufgestellte Behauptung, dass Finnen sehr gekränkt seien, wenn man freundlich, aber bestimmt einen „echt finnischen" Saunabesuch ablehnt. Ein wenig enttäuscht mögen manche vielleicht sein, ein Grund zur Aufkündigung der Freundschaft ist dies jedoch noch lange nicht. In der Sauna sollte man übrigens so vorgehen, wie es einem gefällt. Kein Nichtfinne braucht sich davor zu fürchten,

Kaffee bekommt man bei einer Einladung nach Hause bestimmt

irgendwelche Saunaregeln zu brechen. Die gibt es nämlich nicht. Entspannung ist das Stichwort.

In Sommerhäusern, in denen es keine Luxusausstattungen wie Wasserleitung und Strom gibt, sehen es die Gastgeber gerne, wenn man als Gast beim Zubereiten des Essens oder dem Anheizen der Sauna mithilft.

Finnische Etikette

Im Allgemeinen wird es dem Finnlandreisenden leicht fallen, sich in der finnischen Gesellschaft zurechtzufinden, da es keine strengen Verhaltensregeln und komplizierten Gesellschaftsmechanismen gibt. Einige Kleinigkeiten, die einem Mitteleuropäer möglicherweise auffallen, seien hier genannt.

Finnen sind meistens freundlich. Fragt man auf der Straße nach dem Weg, wird einem zumeist hilfsbereit zur Seite gestanden. Auf dem Land kommt es nicht selten vor, dass man von Busfahrern beim Ein- und Aussteigen in fast verwirrend freundlicher Art begrüßt und verabschiedet wird.

Interessant ist der Gebrauch von **„bitte" und „danke".** Kellner in Restaurants und Bars bedanken sich zum Beispiel extra für jede einzelne Bestellung, gleich nachdem der Gast seinen Wunsch genannt hat. Beim Aufstehen vom Esstisch sagt man in Finnland „danke", aber nicht unbedingt direkt dem Koch oder der Köchin, sondern „so einfach in die Luft". Sogar in Speisesälen von Schulen und in Restaurants ist es üblich, sich beim Aufstehen zu bedanken. Dabei handelt es sich wohl um ein Rudiment aus früheren Zeiten, als man vor und nach dem Essen ein Dankesgebet sprach. *Kiitos,* also „danke", verwenden die Finnen auch anstelle des Wortes „bitte". Wenn Finnen in der Bar ein Bier verlangen, sagen sie *„olutta, kiitos"*. Dass Bedanken wird also sozusagen vorweggenommen. Das Wort für „bitte", *ole hyvä,* wird nicht zum Erbitten von Dingen verwendet, sondern dann, wenn man jemanden einen Wunsch erfüllt hat und als Antwort auf das Dankeswort. In Selbstbedienungsrestaurants und Mensen werden diese Höflichkeitsfloskeln oft weggelassen. Dann marschieren die Finnen nacheinander an der Angestellten (die oft eine sehr undekorative, an eine Duschhaube erinnernde Plastikhaube trägt, damit keine Haare ins Essen fallen) vorbei und murmeln schroff „Makkaroniauflauf", „Spinatsuppe" und ähnliches, worauf diese eine Portion des Verlangten auf den Teller klatscht und sich der Gänsemarsch langsam vorwärts schiebt.

Apropos Gänsemarsch: Finnen sind **disziplinierte Schlangensteher.** Vordrängeln wird äußerst ungern gesehen und in vielen Geschäften, in

Banken und auf dem Postamt gibt es Wartenummern, die aus einem Automaten entnommen werden können. Die Kunden warten in einem Wartebereich so lange, bis ihre Nummer auf einem Digitalbildschirm erscheint.

Noch ein Wort zu **Selbstbedienungsrestaurants.** Kein Finne lässt in einem solchen sein Tablett nach dem Essen auf dem Tisch stehen, sondern bringt es gewissenhaft zum Tablettständer oder sortiert seine Teller und sein Essbesteck in die dafür vorgesehenen Behälter. Beim Unterlassen dieser praktischen Sitte handelt man sich böse Blicke ein.

Man sollte sich nicht allzu sehr wundern, wenn beim Kommen und Gehen nicht immer ein **Gruß** ausgesprochen wird. Keiner stößt sich daran, wenn zum Beispiel ein Familienmitglied das Haus betritt und sich schweigend an den Esstisch setzt, um mit den anderen zu Abend zu essen. Genauso wenig sollte man sich vernachlässigt fühlen, wenn man vor dem Schlafengehen und in der Früh nicht mit den entsprechenden Floskeln begrüßt wird. Dies ist nicht unbedingt Zeugnis von Gefühlskälte oder schlechter Laune, sondern eine Frage der Gewohnheit.

Im **städtischen Nachtleben** erlebt man in Finnland einiges, was einen unter Umständen unangenehm berührt. So zum Beispiel ist der Anblick von jungen Männern, die ihr „kleines Geschäft" an Häuserwänden erledigen, nicht unbedingt angenehm. Auch die auf der Straße herumtorkelnden, sturzbesoffenen Mädchen sind ein gewöhnungsbedürftiger Anblick. An Freitagen und Samstagen herrscht auf den Damentoiletten von Bars und Nachtlokalen ein schubsendes Gedränge vor dem Spiegel. Nicht selten haben junge Frauen ihr gesamtes Make-up-kit mit, um sich in stündlichen Abständen neu herzurichten. Bei jungen Mädchen wird der angeheiterte Zustand oft von einem enervierenden, überdrehten Gekreische und schrillen Gelächter begleitet. Im finnischen Nachtleben sollte man auf seine Kleidung Acht geben: Es kann nämlich schon mal vorkommen, dass man mit zerissenem Oberteil heimkommt, nachdem der eine oder andere Angetrunkene sich allzu sehr an einem festgeklammert hat.

In Finnland wird viel weniger geraucht als in Mitteleuropa. Daher sind die Finnen auch recht streng, was das **Rauchen** in Innenräumen betrifft. In Privatwohnungen werden die Raucher meist auf Balkone und Terrassen verbannt, in Restaurants gibt es extra Raucherabteilungen. In Bars und Nachtlokalen darf überall geraucht werden, außer direkt an der Theke. Die Finnen sind äußerst gesetzestreu, daher halten sie sich auch an die Rauchverbote. In vielen Mietwohnungen, die meist von Studenten bewohnt werden, steht im Mietvertrag ein Rauchverbot in allen Innenräumen. So gibt es vor jedem Wohnhaus eine designierte Raucherstelle, an der man auch an den kältesten Wintertagen Menschen fröstelnd qualmen sieht.

Ausländische Frauen sollten von **nicht sehr kavaliersmäßigen Verhaltensweisen** wie dem Nichtaufhelfen von Mänteln oder dem Nichtaufhalten von Türen nicht schockiert sein: Dies ist ein Ergebnis der Frauenemanzipation und Gleichberechtigung.

Im Allgemeinen wird **Pünktlichkeit** in Finnland ernst genommen. Das „akademische Viertel", also eine fünfzehnminütige Verspätung, gilt hier oft als unhöflich. Auch zu Theaterstücken und anderen kulturellen Ereignissen sollte man pünktlich kommen. Ansonsten kann es leicht passieren, dass man vor verschlossenen Türen steht.

Zum Abschluss noch einige Worte über das **stille Örtchen:** Finnische Toilettentüren blockieren beim Versperren die Klinke. Man sollte nicht gleichzeitig die Klinke drücken und den Drehknopf zu öffnen versuchen. Keine Panik: Schon so manche Finnlandtouristin glaubte, ihr restliches Leben in einer finnischen Toilette fristen zu müssen. Man sollte zuerst die Klinke loslassen und dann versuchen, den Knopf zu drehen. Wenn eine Richtung nicht klappt, gilt es, die andere auszuprobieren. Denn seltsamerweise öffnen sich viele finnische Türen, auch solche, die mit Schlüsseln verschließbar sind, durch Drehen des Schlüssels oder Knopfes in die unlogische Richtung, also zur Wand hin. Viele Türen verschließen automatisch, wenn sie ins Schloss fallen. Man sollte also entweder den Schlüssel dabei oder zuvor den kleinen Knopf am Schloss verstellt haben, damit die Tür wieder aufgeht. Und falls Sie sich über die Dusche im WC wundern sollten: Es handelt sich hierbei um eine hygienische Art von Bidet.

Mit dem Auto unterwegs

Auch wenn es vielleicht für solch ein technologisch entwickeltes, modernes Land verwunderlich klingt: In Finnland gibt es kaum Autobahnen. Nur zwischen Helsinki und Tampere und in der Umgebung von größeren Städten des Südens existiert ein Autobahnnetz. Schnellstraßen in gutem Zustand gibt es bis hinauf in den höchsten Norden. Seit der Einführung von Asphalt in den 1960er Jahren wurde das **Schnellstraßennetz** immer weiter ausgebaut, aber noch aus den 1980er Jahren gibt es Berichte über zahlreiche Löcher in Windschutzscheiben, die durch schnelles Fahren auf den damals weit verbreiteten Kieselpisten verursacht wurden. Viele Dörfer wurden überhaupt erst in den 1970er Jahren mit Straßen an die Außenwelt angebunden. Viele untergeordnete Straßen sind auch heute

Schnurgerade, wenig befahrene Straßen in Lappland

noch Kieselpisten, was langsameres Fahren und dadurch verkehrsberuhigte Wohnbereiche nach sich zieht. Man sollte nicht vergessen, dass Finnlands Fläche zwar der Deutschlands entspricht, aber nur 5 Millionen Einwohner hat und damit auch bedeutend weniger Steuergelder, mit denen Straßen gebaut werden können.

Die **Straßenbenutzung** ist in Finnland kostenlos und die Instandhaltung der Straßen wird mit Steuergeldern bestritten. Allerdings gestalten sich einige Fahrten länger, als man aufgrund der Entfernungen annehmen könnte. Die Geschwindigkeitsbegrenzung auf Schnellstraßen liegt nämlich bei 100 km/h mit vielen 60–80 km/h-Stellen und der hin und wieder starke Lastwagenverkehr bremst zusätzlich. Außerdem gibt es in Finnland bekanntlich zahlreiche Seen, die umfahren werden müssen. So sind die Straßen vor allem auf der Seenplatte äußerst kurvig und gewunden und verlängern die Dauer der Fahrten.

Im Winter werden die Straßen im Allgemeinen sehr gut geräumt. Gute Straßenbeläge garantieren auch einen Schutz vor Frostschäden und sich daraus ergebenden Schlaglöchern. Auf jeden Fall zu empfehlen sind Winterreifen, in Lappland schon ab Mitte Oktober, denn man kann nie so ganz genau wissen, wann der Winter zuschlägt. Räder mit Spikes sind in Finnland erlaubt.

So mancher Ausländer hat sich schon darüber gewundert, was die kleinen, verschließbaren Kästchen auf den Parkplätzen zu bedeuten haben. In dem Kästchen ist eine Starkstromsteckdose, an die ein Kabel angeschlos-

052fn Foto: ih

sen wird, über das der Motor vorgewärmt werden kann. So wird gewährleistet, dass das Auto auch bei minus 30 Grad anspringt. Zeitschaltungen werden an diese Systeme oft ebenfalls angeschlossen, was den Vorteil hat, dass Autobesitzer nicht in die Kälte hinaus müssen, um das Auto eine halbe Stunde vor der Wegfahrt an das Netz anzuschließen.

Rentiere und Hirsche fürchtet man vor allem während der Dämmerung zu Recht. Dumm nur, dass im Winter fast den ganzen Tag über Dämmerung herrscht ... Sollte man tatsächlich eines dieser großen **Tiere** überfahren haben, muss das der Polizei gemeldet werden.

Betrunken am Steuer zu sitzen, wird in Finnland hart bestraft: Die **Promillegrenze** liegt bei 0,5 ‰ und bei Überschreitung von 1,5 ‰ macht man Bekanntschaft mit einem finnischen Gefängnis. Probleme beim Finden von **Parkplätzen** gibt es in finnischen Städten kaum, über Parkgebühren geben Schilder Auskunft. Wenn auf einem Schild eine gewisse Anzahl von Stunden steht (meist von 0,5 bis 3 Stunden), so muss man eine Parkuhr *(kiekko)* in die Windschutzscheibe legen und diese auf die Ankunftszeit einstellen. Selbst gebastelte Parkuhren oder einfach auf Zettel gezeichnete Uhrzeiten werden nicht akzeptiert. Eine Parkstrafe beläuft sich auf etwa 40 Euro, es lohnt sich also, in eine Parkuhr zu investieren, die an Tankstellen zu erhalten ist. Wer ebendort nach **bleifreiem Benzin** Ausschau hält, sollte sich das recht anspruchsvolle Wort *lyijytön* einprägen!

Erkundungen in der Natur

Viele, die schon einmal in Finnland waren, meinen, dass das Land nicht wegen seiner Städte, sondern wegen seiner Natur interessant sei. Wir schließen uns dieser Meinung an. Die Natur in diesem Land hat aufgrund ihrer Wildheit und Weite einen besonderen Reiz, den man nur schwer beschreiben kann – man muss ihn erleben. Die Extrem-Variante des finnischen Naturerlebnisses ist eine richtige Campertour mit Zelt und Rucksack. Vor allem bei **Wandertouren** in Lappland muss man jedoch daran denken, dass es in Finnland bewirtschaftete Hütten wie im alpinen Bereich nicht gibt. Man muss sorgfältig im Voraus planen, denn auf dem Weg durch die einsame Wildnis gibt es außer der einen oder anderen, vor Wind und Wetter schützenden Blockhütte samt Feuerstelle kaum einen Ort, an dem man Unterschlupf finden könnte. So schleppt man also bei einer Wandertour durch Finnland seine Verpflegung und seine Unterkunft auf dem Rücken mit. Die beliebtesten Wanderstrecken liegen in Lappland, aber man kann auch im Süden des Landes schöne Wanderungen unternehmen.

Die meisten Wanderer machen sich im Sommer auf den Weg, obwohl das bekanntlich die Zeit der **Mücken** ist, die einem Trekker das Leben schwer machen können. In Finnland gibt es überall gute Mückenschutzmittel zu kaufen, sollte dies aber noch nicht reichen, so empfehlen erfahrene Lappland-Wanderer geschlossene Kleidung und einen Hut mit einem Netz, das Gesicht, Nacken und Hals vor den aggressiven Tierchen schützt. Nicht jedes Jahr gibt es eine Mückenplage, aber in einem „guten Mückenjahr" kann man nur versuchen, sich so gut als möglich an die Schutzmaßnahmen der Einheimischen zu halten. Diese beinhalten unter anderem das Öffnen von nur kleinen Teilen der Fenster, vor denen außerdem auf jeden Fall Mückennetze angebracht sein sollten. Frischluftfanatiker werden möglicherweise etwas leiden, was aber angesichts der Aggressivität der finnischen Mücken ein kleines Opfer ist. Die Autorin weiß, wovon sie spricht: Im glorreichen Sommer des Jahres 2004 kam sie mit gezählten 67 juckenden Mückenstichen von einer bloß viertägigen Lapplandreise zurück – und das trotz des ständigen Insektenschutzmittelgeruches in der Nase. Wind und starke Sonne mögen die kleinen Biester nicht und wenn man schnell genug geht, können sie nicht mithalten. Fragt sich nur, wie lange man eine Wanderung im Eilzugtempo durchhält ...

Wer in Finnland eine Wanderung unternimmt, wird wohl kaum dem **Wald** entgehen können – schließlich sind rund 65 % des Landes davon bedeckt. Finnen fühlen sich im Allgemeinem im Wald in ihrem Element, so z. B. auch die finnischen Soldaten, die während des Zweiten Weltkrieges ihre Angriffe aus dem Dunkel der Wälder unternahmen, während viele Soldaten des Dritten Reiches von einem Waldkoller befallen wurden und gerne alles um sich herum kahl geschlagen hätten. Das sei einem Wanderer übrigens nicht geraten, denn Bäume zu fällen ist strengstens verboten, auch wenn es scheint, als ob man für sein Lagerfeuer unbedingt eine der tausenden herumstehenden Birken sehr gut gebrauchen könnte. Man riskiert eine Strafverfolgung und finnische Beamte reagieren sehr streng, wenn es um ihre Wälder geht. Genauso wenig sollte man ohne Erlaubnis jagen oder gar ein Rentier erlegen. Man erinnere sich: Rentiere sind nur halbwild, haben also einen Besitzer und sind nicht zum Abschuss freigegeben, es sei denn durch den Besitzer selbst. Ein Jäger-Tourist aus Deutschland ist unlängst im Bezirk Oulu in Schwierigkeiten mit den Behörden geraten, als er dabei ertappt wurde, wie er gerade einem Rentier die Haut abzog. Jäger sollten sich überhaupt vor einer Jagdtour genau darüber informieren, welche Tiere zum Zeitpunkt gerade bejagt werden dürfen.

Das **Jedermannsrecht,** das das freie Bewegen in der Natur erlaubt, wird von manchen Touristen falsch interpretiert: Jedes Jahr geraten einige – meist deutsche – Personen in Schwierigkeiten mit der finnischen

Polizei, weil sie inmitten der finnischen Einöde beginnen, sich ohne Erlaubnis und Besitz des Landstückes ein Haus zu bauen, noch dazu mit willkürlich gefällten Bäumen. Für solche Unternehmungen bekommt man im besten Fall eine saftige Strafe und die Verpflichtung, das Gebaute wieder abzutragen.

Wer im Sommer in der finnischen Natur unterwegs ist, sollte vier Dinge nicht vergessen: Gummistiefel, einen Finnendolch, *puukko* genannt, der sehr scharf und in vielen Fällen sehr nützlich ist, Streichhölzer und ein Mückenschutzmittel. In Lappland empfiehlt sich zusätzlich ein Kompass zur **Orientierung.** Es gibt ein gut gekennzeichnetes Netzwerk von Wanderpfaden, über das man sich auf Wanderkarten informieren kann. In den unbewirtschafteten Hütten entlang dieser Pfade gilt die Regel, alles Mitgebrachte wieder mitzunehmen, aber nichts, was bereits vor der Ankunft in der Hütte war. Dieses System funktioniert bislang gut und man sollte sich unbedingt nach diesen Regeln richten, damit das System erhalten werden kann und diese Hütten auch weiterhin gratis zur Verfügung stehen.

Im Winter lassen sich in Finnland überall ausgeschilderte, lange und wunderschöne **Langlauftouren** unternehmen. Skiabfahrten sind eher weniger zu empfehlen, da die niedrigen Berge (der höchste ist der Halti mit 1328 Metern) meist nur wenige Pisten mit nur niedrigem Schwierigkeitsgrad bieten.

053fn Foto: ih

Mit Kindern in Finnland

Die finnische Gesellschaft schätzt Kinder als zukünftige mündige Staatsbürger. Daher gibt es auch ein **reiches Angebot an sinnvollen Beschäftigungen** für kleine Leute. Die Palette reicht von sportlichen Aktivitäten über Stadtführungen für Kinder bis zu Theater- und Filmfestivals extra für die Kleinen. In Staunen und Aufregung werden auch ausländische Kinder in verschiedensten Vergnügungs- und Freizeitparks versetzt, so zum Beispiel im

Vergnügungspark Linnanmäki in Helsinki, Särkänniemi in Tampere oder im Tierpark Ranua in Nordfinnland.

Eine finnische Besonderheit ist **Muumimaailma,** die Welt der kleinen Trollfigurenfamilie Mumin in Naantali, einem Städtchen an der Westküste in der Nähe von Turku. Die finnlandschwedische Autorin *Tove Jansson* erschuf diese liebenswerten Figuren und bezauberte Kinder auf der ganzen Welt mit Geschichten aus dem Mumintal in Büchern, die zwischen 1945 und 1970 erschienen. Zeichentrickfilme und Comics, die später dazu erschienen sind, machten die Mumins zu international bekannten Figuren. Die Geschichten um die Muminfamilie sind sowohl für Kinder als auch für Erwachsene geeignet, weil sie neben einer einfach verständlichen, kindergerechten Erzählstruktur auch eine weitere, tiefer liegende Ebene enthalten, die äußerst humorvoll, einfühlsam und manchmal auch ein bisschen wehmütig Lebensweisheiten preisgibt. Die Muminwelt in Naantali ist dem Mumintal aus den Büchern nachempfunden und ist eine reizende Zauberwelt, die jedes Kind in ihren Bann ziehen kann. In der Stadtbibliothek von Tampere befindet sich ein Muminmuseum mit dem Namen Mumintal, in dem von *Tove Jansson* persönlich angefertigte Illustrationen und Schaukästen mit Szenen aus den Mumingeschichten zu sehen sind. Zauberhaft sind die kleinen handgemachten Mumintrolle sowohl für Kinder als auch Erwachsene.

Ein weiterer bekannter Autor finnischer Kinderliteratur ist *Mauri Kunnas,* der beispielsweise auf Grundlage des finnischen Nationalepos „Kalevala" ein Kinderbuch mit Hundefiguren als Protagonisten herausgegeben hat. International bekannt ist er unter anderem mit seinem Weihnachtsmann-Buch geworden.

Die finnische Natur birgt auch jede Menge **Abenteuer für Kinder.** Pilz- und Beerensuche, Wanderungen auf Naturlehrpfaden oder ein Aufenthalt auf einem finnischen Bauernhof sind für Kinder geeignete Feriengestaltungen.

Um die **Weihnachtszeit** hat Finnland für Kinder einen besonderen Reiz: Schließlich wohnt der Weihnachtsmann in Finnisch-Lappland! Neben einem gesamten Weihnachtsmanndorf gibt es unweit der lappländischen Stadt Rovaniemi auch einen Vergnügungspark namens Santapark. Kinder aus aller Welt können dem Weihnachtsmann an die Adresse Santa Claus' Main Post Office, Santa Village, FIN-96930 NAPAPIIRI schreiben. Ob sich die Wünsche erfüllen, ist eine andere Frage ...

Der kleine Mumintroll ist der Liebling aller Kinder

008fn Foto: ih

ANHANG

Gummistiefel gehören zur Grundausrüstung der naturverbundenen Finnen

Literaturtipps

Einige der hier aufgeführten Titel sind leider vergriffen und nur noch in Bibliotheken oder eventuell im antiquarischen Buchhandel erhältlich:

- **Alho, Olli** (Hrsg.): Kulturlexikon Finnland. Helsinki, 1998. Eine sehr nützliche und ausführliche, alphabetisch geordnete Sammlung von Tatsachen der finnischen Kultur, bei der eigenartiger Weise der Tango völlig fehlt.
- **Arstila, Antti:** Suomalainen Sauna. The Finnish Sauna. Espoo, 1983. Ein zweisprachig englisch-finnisches Buch über die finnische Sauna, ihre geschichtlichen Hintergründe, ihre Ausstattung und die Traditionen, die sich mit ihr verbinden.
- **Klinge, Matti und Kolbe, Laura:** Helsinki. Tochter der Ostsee. Eine kurze Biographie. Helsinki, 1999. Das bekannte finnische Historikerduo beschreibt sowohl die Geschichte, als auch die Atmosphäre der finnischen Hauptstadt in einem Handbuch.
- **Lönnrot, Elias:** Kalewala: das finnische Epos. Salzburg, Wien, 2004. Die brandneue, ausgezeichnete Übersetzung des finnischen Nationalepos von *Gisbert Jänicke* berücksichtigt die neuesten Forschungsergebnisse und erlangt eine gewandte Sprache, wie es bisher in noch keiner deutschen Übersetzung gelungen ist.
- **Paasilinna, Arto:** Das Jahr des Hasen. München, 1996. Der finnische Erfolgsautor erzählt in diesem Roman die abenteuerliche Reise eines finnischen Journalisten quer durch Finnland. Humorvoll führt Paasilinna den Leser durch die finnischen Wälder und stellt fest, dass ein Hase dem Leben neuen Sinn verleihen kann.
- **Seume, Johann Gottfried:** Mein Sommer 1805. Frankfurt, 2002. Ein Tagebuchbericht über eine Reise zu Fuß durch Polen, Russland, Finnland und Schweden.
- **Sobik, Helge:** Das letzte Postamt diesseits des Polarsterns. Finnische Fundstücke (Picus Lesereisen). Wien, 2002. Eine unterhaltsame Sammlung von Erlebnissen in Finnland, die von Schamanen, Weihnachtsmännern und Schlittenfahrten handeln.
- **Tapaninen, Jaakko** (Hrsg.): Finnland. Der Norden, das neue Europa und das kommende Jahrtausend. Helsinki, 1999. Ein mit vielen Bildern versehenes Handbuch in journalistischem Stil, das einen guten Überblick über das Land bietet.
- **Trobitzsch, Jörg:** Finnischer Abenteuer-Almanach. Frankfurt am Main, 1980. Zwar etwas veraltet, aber noch äußerst unterhaltsam und durchaus brauchbar ist dieser Leitfaden des finnischen Natururlaubers mit Tipps zum Jagen, Kanufahren, Wandern, Skifahren und Fischen.

Internetlinks

- **http://virtual.finland.fi/**
  Eine ausgezeichnete Informationsquelle zu Finnland, die vom finnischen Außenministerium betrieben wird. Auch auf Deutsch, aber mehr und ausführlichere Informationen auf Englisch.
- **www.stat.fi/tk/tp/tasku/suomilukuina_sa.html**
  Statistische Fakten und Zahlen über Finnland auf Deutsch vom Finnischen Statistischen Zentralamt.
- **www.eduskunta.fi/**
  Die Seiten des finnischen Parlaments. Außer Finnisch nur auf Englisch, Französisch und Schwedisch.
- **www.valtioneuvosto.fi/vn/liston/base.lsp**
  Homepage der finnischen Regierung auf Finnisch, Schwedisch und Englisch.
- **www.sauna.fi**
  Die offizielle Seite der Finnischen Saunagesellschaft beinhaltet allerlei interessante Informationen über die finnische Sauna. Nur auf Finnisch und Englisch.
- **www.finlit.fi/kalevala/indexsak.html**
  Die Finnische Literaturgesellschaft bietet hier auch auf Deutsch Informationen zum finnischen Nationalepos.
- **www.siida.fi**
  Die wunderschön gestaltete, interessante Homepage des Saamenmuseums Siida in Inari. Macht Lust auf einen persönlichen Besuch, der sich lohnt. Auch auf Deutsch.
- **www.lomarengas.fi**
  Die unkomplizierteste Art, einen typisch finnischen Sommerurlaub zu verbringen. Auf den Seiten von Lomarengas können Sie nach eigenen Wünschen nach einem Mietsommerhäuschen suchen und es unkompliziert gleich für den gewünschten Zeitraum buchen. Auch Ferien auf dem Bauernhof lassen sich hier buchen. Auch auf Deutsch.
- **www.muumimaailma.fi**
  Die Muminwelt in Naantali stellt sich vor. Die Seite beinhaltet eine reizende Vorstellung der Muminfiguren. Leider nur auf Finnisch, Schwedisch und Englisch.
- **www.maurikunnas.net**
  Wer die finnischen Hundecomicfiguren kennen lernen will, der sollte einen Abstecher auf diese Seite (nur auf Finnisch und Englisch) machen. Alle Bücher von *Mauri Kunnas* sind hier aufgelistet und auch Informationen darüber, in welchen Sprachen sie zu haben sind.

- **www.santaclausvillage.info**
  Die ziemlich kommerziell orientierte Internetseite des Weihnachtsmanndorfes in der Nähe von Rovaniemi. Enthält Links zum Postamt des Weihnachtsmannes, zum Santa Park und anderen Weihnachtsmannseiten. Auf Finnisch und Englisch.
- **www.festivals.fi**
  Ein Überblick über alle Festivals des Landes, mit einer guten Suchmaschine versehen. Auch Deutsch.

Kultur Schock
VR CHINA/TAIWAN

Jens Sobisch
Kultur Schock
CUBA

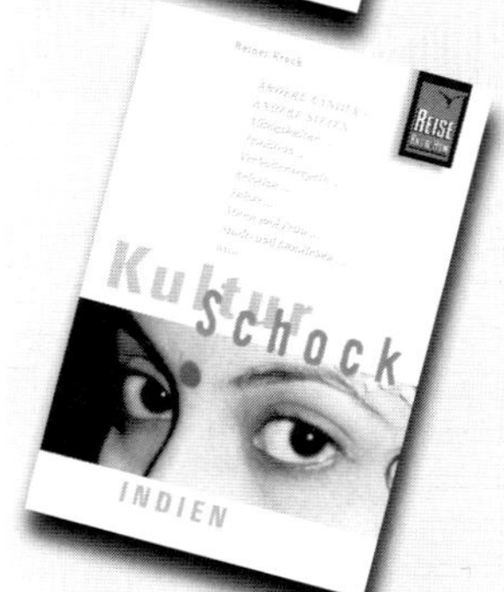
Kultur Schock
INDIEN

Know-How auf einen Blick

Spaniens Mittelmeerk.
Spiekeroog
Sri Lanka
St. Lucia, St. Vin., Gren.
Südafrika
Südnorwegen, Lofoten
Südwestfrankreich
Sydney
Sylt
Syrien

Taiwan
Tansania, Sansibar
Teneriffa
Thailand
Thailand – Tauch- und Strandführer
Thailands Süden
Thüringer Wald
Tokyo
Toscana
Transsib
Trinidad und Tobago
Tschechien
Tunesien
Tunesiens Küste
Türkei, Hotelführer

Uganda, Ruanda
Umbrien
USA/Canada
USA, Gastschüler
USA, NO, S, SW, W
USA – Südwesten, Natur u. Wandern
USA SW, Kalifornien, Baja California
Usedom

Venedig
Venezuela
Ver. Arab. Emirate
Vietnam

Wales
Warschau
Westafrika – Sahel
Westafrika – Küste
Wien
Wo es keinen Arzt gibt

Yukatan

Zypern

Edition RKH

Abenteuer Anden
Burma – Land der Pagoden
Durchgedreht
Finca auf Mallorca
Geschichten/Mallorca
Goldene Insel
Mallorca, Leib u. Seele
Mallorquinische Reise
Please wait to be seated!
Salzkarawane, Die
Südwärts Lateinamerika
Taiga Tour
Traumstr. Panamerikana
Unlimited Mileage

Praxis

(Auswahl, vollständiges Programm siehe Homepage.)

Aktiv Algarve
Aktiv Andalusien
Aktiv Dalmatien
Aktiv frz. Atlantikküste
Aktiv Gardasee
Aktiv Gran Canaria
Aktiv Istrien
Aktiv Katalonien
Aktiv Marokko
Aktiv Polen
Aktiv Slowenien
Als Frau allein unterwegs
Australien: Reisen/Jobben
Australien: Outback/Bush
Auto durch Südamerika
Ayurveda erleben
Bordbuch Südeuropa
Clever buchen/fliegen
Clever kuren
Drogen in Reiseländern
Fernreisen, Fahrzeug
Fliegen ohne Angst
Fun u. Sport im Schnee
Geolog. Erscheinungen
Gesund. Dtl. Heilthermen
GPS f. Auto, Motorrad
GPS Outdoor
Inline-Skaten Bodensee
Inline Skating
Islam erleben
Kanu-Handbuch
Konfuzianismus erleben
Kreuzfahrt-Handbuch
Küstensegeln
Maya-Kultur erleben
Mountain Biking
Mushing/Hundeschlitten
Orientierung mit Kompass und GPS
Paragliding-Handbuch
Reisefotografie
Reisefotografie digital
Respektvoll reisen
Richtig Kartenlesen
Safari-Handbuch Afrika
Selbstdiagnose unterwegs
Shoppingguide USA
Sicherheit/Bärengeb.
Spaniens Fiestas
Sprachen lernen
Tango in Buenos Aires
Transsib – Moskau-Peking
Trekking-Handbuch
Trekking/Amerika
Trekking/Asien Afrika
Tropenreisen
Unterkunft/Mietwagen
Verreisen mit Hund
Wandern im Watt
Was kriecht u. krabbelt in den Tropen
Wein-Reiseführer Italien
Wein-Reiseführer Toskana
Wildnis-Ausrüst., Küche
Wohnmobil-Ausrüstung
Wohnmobil-Reisen
Wüstenfahren

KulturSchock

Ägypten
Argentinien
Australien
Brasilien
China, VR/Taiwan
Cuba
Familenmanagement
Finnland
Golf-Emirate, Oman
Indien
Iran
Islam
Japan
Jemen
Kambodscha
Kaukasus
Laos
Leben in fremd. Kulturen
Marokko
Mexiko
Pakistan
Polen
Russland
Spanien
Thailand
Türkei
USA
Vietnam

Kauderwelsch?
Kauderwelsch!

Die **Sprachführer der Reihe Kauderwelsch** helfen dem Reisenden, wirklich zu sprechen und die Leute zu verstehen. Wie wird das gemacht?

- Die **Grammatik** wird in einfacher Sprache so weit erklärt, daß es möglich wird, ohne viel Paukerei mit dem Sprechen zu beginnen, wenn auch nicht gerade druckreif.
- Alle Beispielsätze werden doppelt ins Deutsche übertragen: zum einen **Wort-für-Wort,** zum anderen in "ordentliches" Hochdeutsch. So wird das fremde Sprachsystem sehr gut durchschaubar. Ohne eine Wort-für-Wort-Übersetzung ist es so gut wie unmöglich, einzelne Wörter in einem Satz auszutauschen.
- Die **Autorinnen und Autoren** der Reihe sind Globetrotter, die die Sprache im Lande gelernt haben. Sie wissen daher genau, wie und was die Leute auf der Straße sprechen. Deren Ausdrucksweise ist häufig viel einfacher und direkter als z.B. die Sprache der Literatur. Außer der Sprache vermitteln die Autoren Verhaltenstipps und erklären Besonderheiten des Landes.
- **Jeder Band** hat 96 bis 180 Seiten. Zu jedem Titel ist **begleitendes Tonmaterial** separat erhältlich.
- **Kauderwelsch-Sprachführer** gibt es für über 100 Sprachen in **mehr als 180 Bänden**, z.B.:

Finnisch – Wort für Wort
Band 15, 176 Seiten

Schwedisch – Wort für Wort
Band 28, 112 Seiten

Norwegisch – Wort für Wort
Band 30, 176 Seiten

Russisch – Wort für Wort
Band 7, 160 Seiten

REISE KNOW-HOW Verlag, Bielefeld

Register

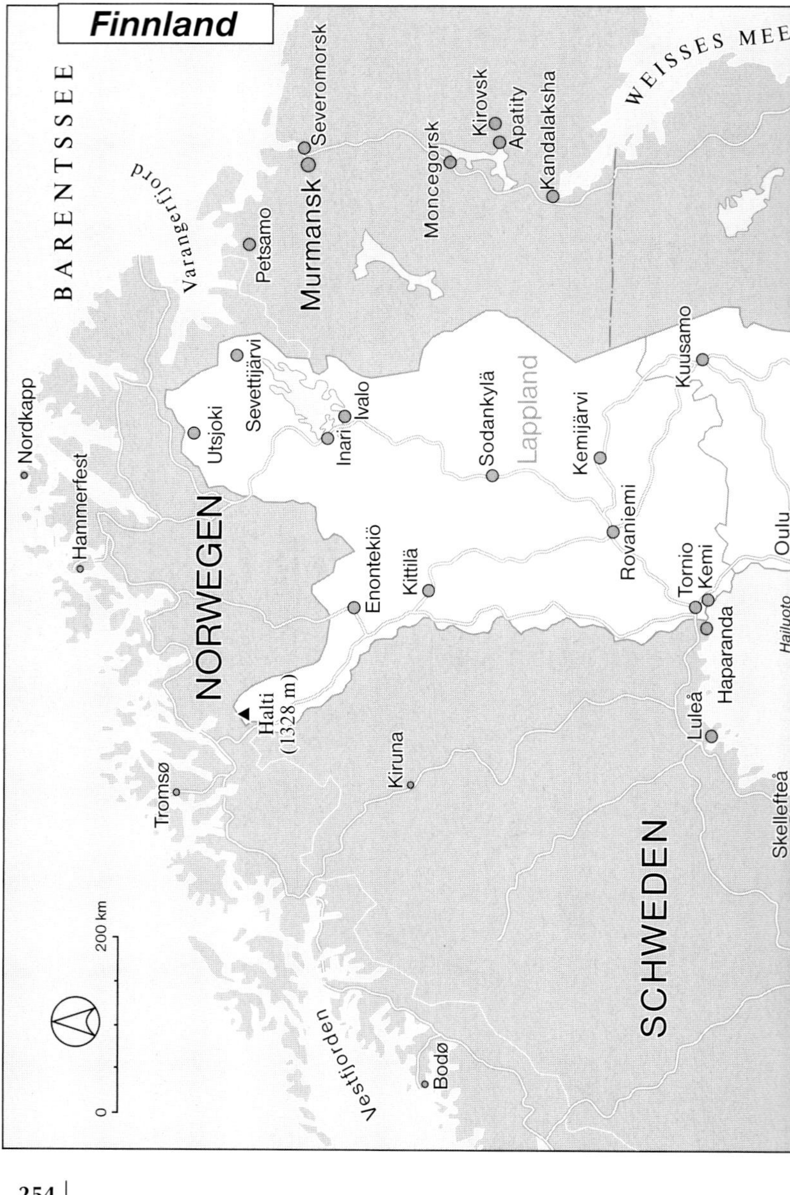

Finnland
BARENTSSEE
WEISSES MEE
Varangerfjord
Nordkapp
Hammerfest
Petsamo
Murmansk
Severomorsk
Moncegorsk
Kirovsk
Apatity
Kandalaksha
Utsjoki
Sevettijärvi
Inari
Ivalo
Sodankylä
Lappland
Kemijärvi
Kuusamo
Rovaniemi
Oulu
Tornio
Kemi
Haparanda
Hailuoto
NORWEGEN
Enontekiö
Kittilä
Halti
(1328 m)
Kiruna
Tromsø
Luleå
Skellefteå
SCHWEDEN
0
200 km
Vestfjorden
Bodø

RUSSISCHE FÖDERATION
Autonome Republik Karelien
ESTLAND
Ostbottnien
Kainuu
Mittel-finnland
Nord-karelien
Savo
Häme
Eigentliches Finnland
Uusimaa
Åland
Åland Inseln (Fin)
Bottnischer Meerbusen
Finnischer Meerbusen
OSTSEE
Ladogasee
Onega-see
Hiiumaa
Umeå
Örnskoldsvik
Sundsvall
Stockholm
Mariehamn
Kokkola
Jakobstad
Nykarleby
Vaasa
Seinäjoki
Närpio
Kristinestad
Pori
Rauma
Turku
Hanko
Nokia
Tampere
Hämeenlinna
Salo
Lohja
Espoo
Helsinki
Jyväskylä
Lahti
Kouvola
Porvoo
Kotka
Lappeenranta
Imatra
Viipuri
Mikkeli
Savonlinna
Kuopio
Iisalmi
Kajaani
Kuhmo
Joensuu
Kostamus
Segeza
Sortavala
Valamo
Petroskoi
Sankt-Petersburg
Volchov
Kolpino
Gatschina
Narva
Slantsy
Kohtla Järve
Tallinn
801fn

054fn Foto: ih

055fn Foto: ih

Die Autoren

Ildikó Hámos wurde 1977 als Tochter ungarischer Eltern in Wien geboren. Während ihres Studiums der Finno-Ugristik begann sie sich für die finnische Sprache zu interessieren. Bald schon wurden die Abstecher nach Finnland zu längeren Aufenthalten und seit einem Unterrichtspraktikum im nordfinnischen Haukipudas im Jahr 2000 binden sie auch gefühlsmäßige Bande an das Land. Ildikó kann sich für zwei Dinge besonders begeistern: für Sprachen und Reisen. Ihre Sprachkenntnisse – vor allem ihre Muttersprache Ungarisch – führten sie in die Welt des Radios, wo sie als Sprecherin, Redakteurin und Moderatorin tätig ist. Als freie Journalistin, Übersetzerin und Autorin reist sie leidenschaftlich gerne und bringt von ihren Reisen immer die eine oder andere sprachliche Delikatesse mit. Die Zuneigung zu Finnland kann ihr aber kein noch so exotisches Land nehmen.

Ilari Sohlo, Jahrgang 1970, wurde in Oulu, Finnland geboren. Er wuchs teilweise in den USA auf, kehrte aber in seine Geburtsstadt zurück, um Philologie zu studieren. Während seiner Austauschstudentenzeit in Belgien und den USA führten ihn längere Reisen auch in den Mittleren Osten und nach Osteuropa. Nach Abschluss seiner Studien arbeitete er als freiberuflicher Redakteur und begann an einem Roman zu arbeiten, der bis heute in der Schublade liegt. Da Schriftstellerei nicht reich macht, studierte Ilari immer wieder eingehend verschiedenste Berufssparten, unter anderem Verkäufer, Zigarettenfabriksarbeiter, Lehrer, Bauarbeiter, Barkeeper und Studienprojektleiter. Das letzte Jahr, während er an diesem Buch arbeitete, verbrachte er in Schottland, wo er Naturressourcen-Management studierte.